「復帰」50年と沖縄経済

沖縄国際大学公開講座 32

はしがき

沖縄は日本の辺境としてあつかわれるきらいがある。本土を中心に描かれる日本経済に沖縄経済はあまり出てこない。沖縄は日本の国土面積の〇・六％、総人口の一・一％、日本経済への寄与率は〇・八％である。それでも日本は沖縄の重要性を看過できないはずである。沖縄はアジアに近く、海洋・海底資源が眠っており、在日米軍関連施設の七割以上が集中し、それが県土の一〇％を占有する。日本にとって沖縄は地政学的役割を担い、日本経済成長のけん引役としての潜在力がある。復帰直後の米ドルから円への通貨交換は世界的にも稀有な出来事であった。沖縄の本土復帰から五〇年の節目に、これまでの沖縄経済の道のりをふり返り、今を確認する機会が県民だけでなく、本土の人々にも必要だろう。

沖縄国際大学は、地域に根ざした大学として、日頃の教育・研究の成果を地域に還元することを目的に、毎年「うまんちゅ定例講座」を無料で開講している。今回、本学経済学部経済学科の教員が中心となって企画した二〇二二年度のテーマは『「復帰」五〇年と沖縄経済』である。七月三〇日から一〇月八日までの毎週土曜日に計一〇回にわたって開講した。本書は、各回の講演録を、講師陣（一〇名）が補筆した上で一冊にまとめたものである。本書では、復帰から五〇年間の沖縄振興、その経済効果、県財政、県民生活の変化、金融、観光、教育、賃金、データサイエンス、琉球・沖縄史などの様々な分析視角から沖縄経済の道のりと現在の課題を明らかにしている。

また、本年は一九七二年創立から五〇周年を迎えた本学にとっても記念の年でもある。このようなタイミングで本講座を実施し、本書を出版できることは誠に感慨深いものがある。二〇一九年新型コロナウイルス感染症（以下、コロナ）によって過去二年間はオンライン配信以外の選択肢はなかった。今回は制約の多いコロナ禍から通常を取り戻したいとの願いを込めて、来場型講座を復活させた。まだ日本社会は都道府県ごとのコロナ感染者数が連日報道される最中にあった。そのため感染予防対策として、各回事前申込・定員五〇名に制限することになる。本学広報課職員が毎回来場者の座席を指定し、受付時に検温・手指消毒をお願いするという方法で、例年以上に仕事量が増えてしまったが、来場型開催には手ごたえを感じることができた。来場者から質問があがり、意見交換を通じて講師陣は新たな研究課題を得ることができた。また、未来に対する不安の中で展望を知りたいという地域の声を拾うこともできた。そこで同年一二月一七日に『「復帰」五〇年とこれからの沖縄経済―地域とともに沖縄の未来を考える』をテーマにシンポジウムを企画・開催することになり、その講演録も本学のブックレットとして本書とは別に出版することになった。

最後に、本講座の準備から広報、実施、本書の編集などに関し、本学広報課職員、編集工房東洋企画のみなさまには多大なご協力とご尽力を賜わることになった。心より感謝の意を表したい。

二〇二二年度沖縄国際大学公開講座委員長　鹿　毛　理　恵

2022年度 沖縄国際大学公開講座（うまんちゅ定例講座）

回	日付	演題	講師
第1回	7月30日(土)	沖縄振興の50年	宮城 和宏（経済学部経済学科 教授）
第2回	8月6日(土)	復帰後50年、県民は幸せになったのか —県民生活の変化—	名嘉座元一（経済学部経済学科 非常勤講師）
第3回	8月13日(土)	沖縄振興予算の経済効果	比嘉 正茂（経済学部経済学科 教授）
第4回	8月20日(土)	沖縄経済における観光産業の貢献と課題	鹿毛 理恵（経済学部経済学科 准教授）
第5回	8月27日(土)	沖縄県における金融の変遷	安藤 由美（経済学部経済学科 准教授）
第6回	9月3日(土)	沖縄財政の50年	高 哲央（経済学部経済学科 講師）
第7回	9月10日(土)	データサイエンスで見た復帰50年	大城 絢子（経済学部経済学科 講師）
第8回	9月17日(土)	沖縄の学校教育 —これまでの50年、これからの50年—	照屋 翔大（経済学部経済学科 准教授）
第9回	10月1日(土)	賃金を経済思想史から考える —沖縄県の賃金の推移—	吉原 千鶴（経済学部経済学科 講師）
第10回	10月8日(土)	歴史を学ぶこと・問うこと —琉球・沖縄史の展望—	小濱 武（経済学部経済学科 講師）

※役職肩書等は講座開催当時

「復帰」50年と沖縄経済 ―― 目次

宮城和宏

復帰後50年　県民は幸せになったのか
―県民生活の変化、幸福度、経済の自立化―

名嘉座　元一

沖縄振興予算の経済効果

比嘉正茂

沖縄経済における観光産業の貢献と課題

鹿毛理恵

沖縄県における株式の変遷

安藤由美

沖縄財政の50年

高　哲央

データサイエンスで見た復帰50年

大城絢子

歴史を学ぶこと・問うこと

―琉球・沖縄史の展望―

小濱　武

※本文は講座開催の順序で編集

沖縄振興の50年

宮城和宏

宮城　和宏・みやぎ　かずひろ

【所属】経済学部経済学科　教授

【主要学歴】名古屋大学大学院経済学研究科博士後期課程単位取得満期退学、名古屋大学博士（学術）

【所属学会】沖縄経済学会、日本経済政策学会、日本計画行政学会等

【主要著書・論文等】

・「沖縄振興体制の構造・課題・未来について」『琉球』三月号（№八七）（二〇二二年）

・「沖縄振興の組織と制度の構造について―沖縄振興予算を巡る政治経済学―」『地域産業論叢』（沖縄国際大学大学院地域産業研究科紀要）第一七集、三七―六九頁（二〇二二年）

・「県内四一市町村の一人当たり所得格差の実証分析：島嶼地域の一人当たり所得が高いのはなぜか？」『地域産業論叢』（沖縄国際大学大学院紀要）第一六集、一―二三頁（二〇二一年）

・「沖縄経済の軌跡」沖縄国際大学経済学科編『沖縄経済入門　第二版』東洋企画（二〇二〇年）

・「ゲーム理論と行動経済学で考える米軍基地問題」沖縄国際大学経済学科編『沖縄経済入門　第二版』東洋企画（二〇二〇年）

・「沖縄経済の成長と生産性に関する実証分析」宮城和宏・安藤由美編『沖縄経済の構造　現状・課題・挑戦』東洋企画（二〇一八年）

・「沖縄経済の成長、生産性と「制度」に関する一考察」『地域産業論叢』（沖縄国際大学大学院地域産業研究科紀要）第一四集、一―三二頁（二〇一八年）

※役職肩書等は講座開催当時

一　はじめに

一九七二年の「復帰」から二〇二一年度末までの五〇年間に渡る沖縄振興の結果、沖縄経済は量的には飛躍的な発展を遂げてきた。しかし、「自立」への展望が見えない中、沖縄振興における県裁量や「自律」の程度は低迷しているように思われる。例えば、沖縄振興特別措置法（以下、沖振法）上の「沖縄の特殊事情」と「沖縄の自主性尊重」の象徴であるはずの「沖縄振興一括交付金」は、辺野古新基地建設を巡る政府と県の対立の中、政府裁量により年々減少される一方、県をバイパスして政府と市町村が直接リンクする補助事業が存在感を増してきている。

沖縄振興五〇年の節目には、今後も沖縄振興制度を続けるべきか否か、振興手段の是非等を巡り新聞紙上等で様々な議論が行われてきた。最終的には、従来の沖振法を踏襲した改正・沖振法が二〇二二年度末に成立、それを根拠に二〇二二年度より第六次沖縄振興計画（以下、沖振計）が実施され現在に至っている。(1) 沖縄振興の基本構造はそのまま温存されたため、諸課題もそのまま残されたことになる。

本稿の目的は、過去五〇年間、沖縄振興の制度、組織、手段がどのような仕組みの中でいかに機能してきたのか明らかにすることである。その上で、「自律」の観点から制度、組織、手段に問題があるとすれば、それはどのようなものなのか、いかにして改善可能あるいは不可能なのかをみていく。そして仮に制度を廃止するなら、どのような展開・影響が予想されるのか、逆に制度を続けるとすればどのような方向性が考えられるのかについて検討する。

以下第二節で復帰五〇年の県民意識調査から沖縄振興における自治のあり方に注目する。第三節では沖縄振興の「特殊事情」の今を吟味する。第四節では沖縄振興の制度、組織、手段の内容と課題について検討する。第五節では今後の沖縄振興の方向性について考える。その際、国際人権法上の「内的自決権」に注目する。最後に、これまでの議論を総括する。

二　復帰五〇年の県民意識調査結果

一九七二年の「復帰」から半世紀が経過した。まず始めに、二〇二二年現在、沖縄の人々が沖縄の現状と今後の方向性についてどのように考えているかについてみておく。下図のQ１～Q５は、『沖縄タイムス』が二〇二二年三月～四月にかけて実施した県民意識調査からいくつかの結果を示したものである。(2)

まず図１より、沖縄と本土との間には「さまざまな格差」が未だに存在していると考える人が八九％と最も多く、図２より格差の中では特に所得（六二％）、基地問題（二三％）が問題と考えている人が多いことがわかる。基地問題よりも所得の割合が三倍近く高いのは、設問に対し一つの選択肢のみ回答可能なことや二〇二〇年以降顕著なコロナ禍（COVID-19）の影響が特に強く反映されているものと考えられる。

図1　Q1 沖縄と本土には「さまざまな格差がある」という見方があります。その通りだと思いますか。そうは思いませんか。

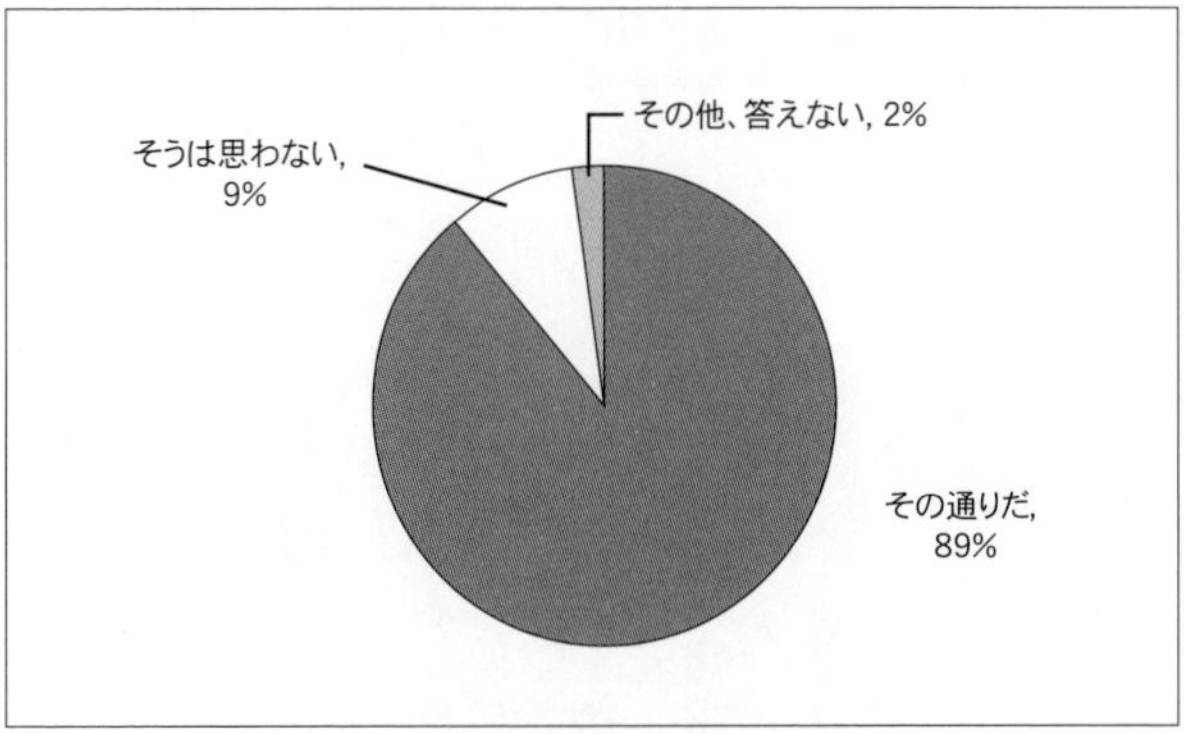

出所：「沖縄タイムス」2022年5月11日・12日より作成。

図 2　Q2（「その通りだ」と答えた人に）格差の中で一番問題だと思うのはどれですか。

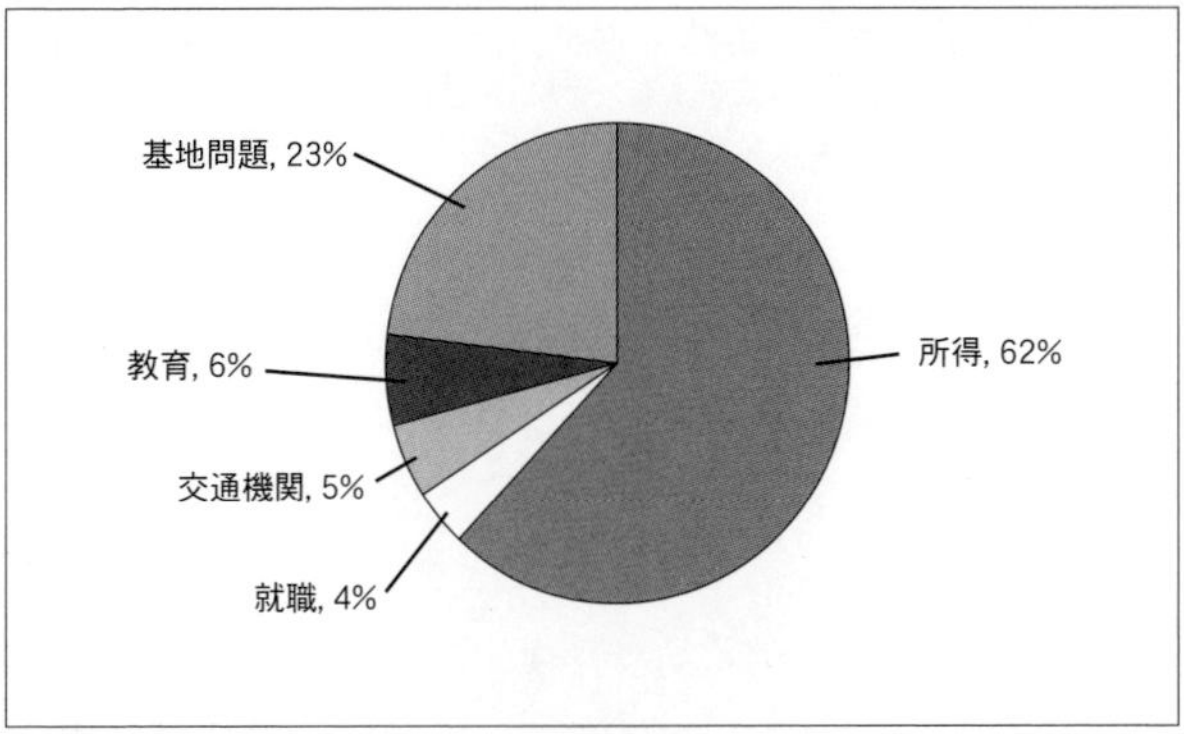

出所：図1に同じ。

図３　Q3 復帰にあたって、当時の琉球政府は、日本政府と国会に対して「沖縄の声」を建議書としてまとめました。その中で訴えた次の項目で、いまも実現が不十分だと思うものに、2つまでマルをつけてください。

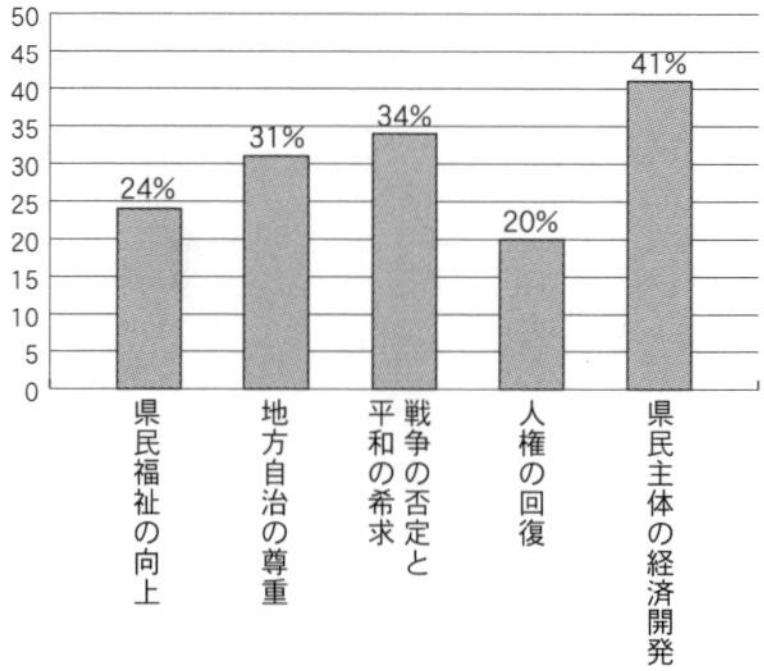

出所：図1に同じ。

図４　Q4 沖縄の本土復帰後、政府は特別の法律を作って、沖縄の振興開発を進めてきました。この政策を今後も続けるべきだと思いますか。そうは思いませんか。

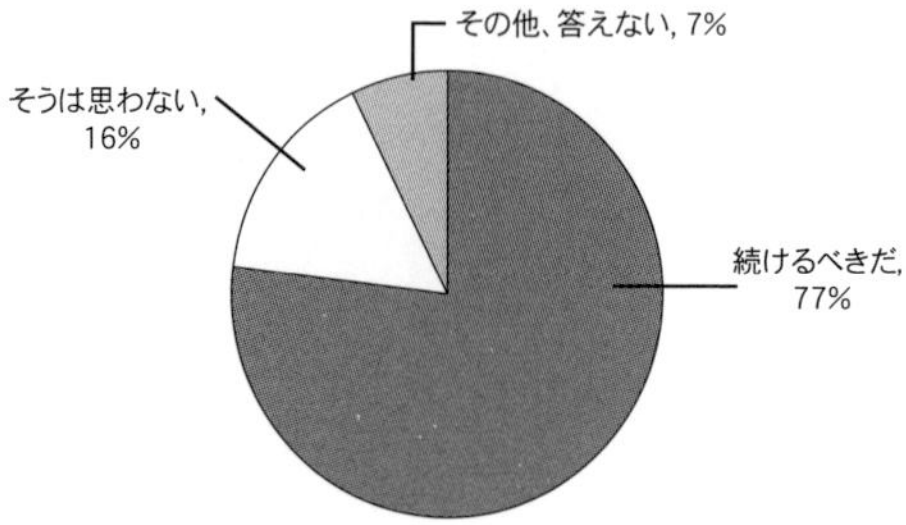

出所：図1に同じ。

図 5　Q5 沖縄県の今後についてうかがいます。沖縄県はどのような自治のあり方を目指すのがよいと思いますか。

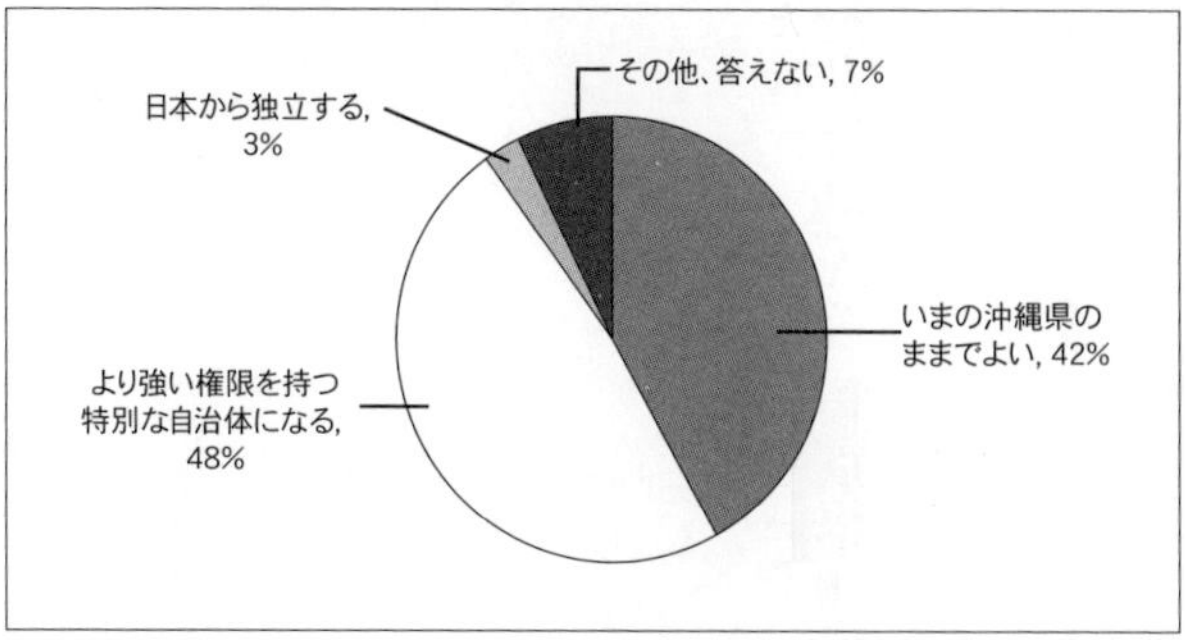

出所：図1に同じ。

次に、図3は「復帰措置に関する建議書」で当時、琉球政府が国に訴えた五項目の実現度について聞いている(複数回答)。実現が不十分なものとして「県民主体の経済開発」(四一％)、「戦争の否定と平和の希求」(三四％)、「地方自治の尊重」(三一％)が高い割合を示している。このうち「県民主体の経済開発」や「地方自治の尊重」が高い割合を示していることは、これまでの沖縄振興のやり方では「県民主体」の経済開発が難しいことを示唆している。

図4は沖振法と沖振計のセットで沖縄振興を行う、これまでのやり方を今後も続けるべきか否かについての設問である。これについては、七七％の大多数が「続けるべきだ」と回答し、「そうは思わない」一六％を圧倒している。ただし、この設問だけでは「続けるべきだ」の回答が制度への積極的な支持を反映しているのかどうかわからない。すなわち、現行制度を続けるにしても「そのまま続ける」のか、現状の諸課題を「改善した上で続

ける」のかについては明らかではない。また「そうは思わない」についても単純に「廃止すべき」と考えているのか、それとも現行制度を廃止した上で「新たな制度」を求めているのかについては明らかではない。

この点に関しては、沖縄県の今後の自治のあり方を聞いた図5の回答が興味深い結果を示している。まず今後の自治のあり方について「いまの沖縄県のままでよい」と考えている人は四二％と半分にも満たない。一方、「より強い権限を持つ特別な自治体になる」と回答した人が四八％で最も高い割合となっており、これに「日本から独立する」の三％を合わせると過半数を超えることが注目される。すなわち、五一％の人々が現行制度を超えた権限を持つ地域に沖縄がなることを希望していることになる。ここで「より強い権限を持つ特別な自治体になる」は国際人権法上の「内的自決権」、「日本から独立する」は「外的自決権」に相当する考え方であることが注目される。

三　沖縄振興特別措置法にみる振興目的と特殊事情

1　沖縄振興の目的

「復帰」以降、五〇年間続いてきた沖縄振興制度の詳細をみる前に、まず沖縄振興の目的を概観する。沖縄振興の目的は、二〇一二年に改正されて以降、沖振法の第一章総則（目的）第一条で以下のように記されている（傍線部分は筆者追加）。

「この法律は、沖縄の置かれた特殊な諸事情に鑑み、沖縄振興基本方針を策定し、及びこれに基づき策定された沖縄振興計画に基づく事業を推進する等特別の措置を講ずることにより、沖縄の自主性を尊重しつつその総合的かつ計画的な振興を図り、もって沖縄の自立的発展に資するとともに、沖縄の豊かな住民生活の実現に寄与することを目的とする」

第一条より沖縄振興の背景には「沖縄の置かれた特殊な諸事情」があることがわかる。この沖縄の「特殊な諸事情」は、一九七二年に施行された最初の沖縄振興開発特別措置法以降、一貫して明記されており、法律上は「特殊な諸事情」が消滅すれば、沖縄振興の目的もなくなり、沖振法の役割は終焉を迎えることになると考えられる。

2 「特殊事情」の再検討

沖縄振興の背景には「沖縄の置かれた特殊な諸事情」があるが、その具体的内容が沖振法に明記されているわけではない。ここでは内閣府HP等で示されている三つの「沖縄の特殊事情」の現状を検討することにより、今後の沖縄振興の必要性について検討する。

(1)歴史的事情

歴史的事情とは「先の大戦における苛烈な戦禍（県民の約四人に一人に当たる約九・四万人の一

般住民が死亡。計二〇万人の犠牲)」あるいは「戦後四半世紀余りにわたり我が国の施政権外にあったこと等」のことである。「歴史的事情」と沖縄の現状は、以下の通りである。

第一に、「歴史的事情」は、今も在日米軍専用施設・区域の七〇・三%を沖縄に集中させることにより、後述の「社会的事情」をもたらし続けている。

第二に、沖縄戦とその後の米軍統治の歴史がもたらした諸制度が「歴史的経路依存性」を通じて、未だに「子どもの貧困」、「全国最低の一人当たり所得」、「脆弱な製造業と肥大化した三次産業」に影響を及ぼし続けている(宮城、二〇二〇)。

例えば、子どもの貧困の背景には、米軍統治下で子どもに対する福祉政策が大幅に遅れたことが遠因としてある(山内、二〇一七)。一方、沖縄の脆弱な製造業と三次産業に偏った産業構造の原型は、米軍統治下で形成された「米軍基地依存型輸入経済」が起源となっている。現在につながるサービス業、小売業等に偏った産業構造は、多くの非正規雇用をもたらし、低所得の一因となっている。

なお、上記「歴史的事情」をさらに遡れば、その遠因は一八七九年の「琉球処分(併合)」にある。「琉球処分」による日本への強制的併合が、その六六年後の沖縄戦と米軍統治につながるからである。「琉球処分」を加えた「歴史的事情」の再考は、国際法上の自決権を考える上でも今後重要となるだろう。

(2)地理的事情

地理的事情とは「東西一、〇〇〇km、南北四〇〇kmの広大な海域に多数の離島が存在し、本土から遠隔」のことである。沖縄県の特徴は、沖縄県内の離島はもちろんのこと、沖縄島も含めて県全体が日本「本土」から遠隔な「離島」となっており、県全体が「本土」への物流輸送において空路・海路に依存せざるをえないことにある。これが、他の多くの離島を抱える県、本州から遠隔な地域との大きな違いである。

第一に、四七都道府県の中には長崎県のように多くの離島を抱える地域もあるが、沖縄県のように県全体が「本土」から遠隔な「離島」となっている地域はない。長崎県は九州の一県であり、九州内や本州との間は陸路でつながっている。北海道は青函トンネルにより本州とつながっており、JR北海道が北海道新幹線等の列車運行をおこなっている。四国と本州の間にはしまなみ海道、瀬戸大橋、大鳴門橋の三本の架橋があり、陸路でつながっている。

第二に、「本土」への輸送手段が空路ないし海路に限定されているため、県内離島だけでなく沖縄島から「本土」への輸送コストは他地域に比べ割高になる。

第三に、輸送コストの高さから多くの県内企業の市場は、観光業、IT産業を除き、県内に限定されやすい。県内市場の小ささから規模の経済が作用しにくいため、企業規模の拡大が見込めず、生産性の上昇は困難となる。一人当たり所得の低さ、中小・零細企業割合の高さは、このような「地理的事情」が大きな影響を及ぼしている。

(3) 社会的事情

社会的事情とは「国土面積の〇・六％の県土に在日米軍専用施設・区域の七〇・三％が集中。脆弱な地域経済」とされている。在日米軍施設・区域が沖縄に集中することにより、沖縄は様々な外部不経済（基地が在るが故の都市機能、交通体系、土地利用上の不利益やＰＦＯＡ／ＰＦＯＳ等の環境汚染対策上の費用負担など）や基地の高い機会費用（別用途利用による利益を犠牲）を負担し続けなければならない。

例えば、既に返還された米軍基地跡地の直接経済効果は、那覇新都心地区で返還後三二倍に、小禄金城地区で一四倍、桑江・北前地区（北谷町）で一〇八倍、雇用者数については、それぞれ九三倍、二九倍、皆増となっている（沖縄県、二〇二〇）。沖縄県（二〇〇七）によれば、これら三地域全てにおいて返還後の直接経済効果と間接的な経済波及効果を合わせたプラスの効果は、返還によって失われたマイナスの効果を大きく上回っている。

二〇一〇年に返還された米軍泡瀬ゴルフ場跡地（約四八ヘクタール）については、再開発により大型ショッピングセンター「イオンモール沖縄ライカム」や大規模病院を誘致し、同地区にはマンション、民間スポーツ施設等が建設され法人住民税を大幅に増やしたことが知られている。二〇一〇年度に対する二〇二〇年度の法人住民税収の増加率を九州・沖縄地区で見ると、同期間において県レベルで法人住民税がプラスの県はなく、沖縄県全体ではマイナス四・五％となっているのに対し、モール、病院、マンション等が立地する北中城村の同増加率は三〇三・五％で、九州・

沖縄地区第二位となっている。[3]

今後返還が予定されている米軍基地についてはどうであろうか。沖縄県（二〇二〇）によれば、返還によるキャンプ桑江の直接経済効果は返還前の八倍、キャンプ瑞慶覧は同一〇倍、普天間飛行場は同三二倍、牧港補給区は同一三倍、那覇港湾施設は同三六倍となっている。誘発雇用人数については それぞれ、一〇倍、八倍、三二倍、一四倍、四七倍といずれも増加する予定である。以上より明らかなことは、沖縄は高い機会費用を払って、つまり本来、得るべきプラスの効果を犠牲にした上で基地負担を行ってきたし、今も行っているという事実である。

県内にはいまだに多くの米軍専用施設・区域が集中していることより、これらが今も沖縄経済発展の「最大の阻害要因」となっていることはまちがいない。基地がもたらす「脆弱な地域経済」は現在進行形なのである。

以上、三つの「特殊事情」をみてきたが、現在も「特殊事情」に基因する様々な課題を沖縄が抱えていることがわかる。よって、沖振法の目的が「沖縄の特殊事情」にあるとすれば、今後も沖振法を根拠とする沖縄振興は必要ということになるだろう。

四　沖縄振興の制度・組織・手段とその変容

1　制度・組織・手段

(1) 制度の成立過程

一九七二年の「復帰」以降、一〇年の時限立法である「沖縄振興（開発）特別措置法」（以下、沖振法）に基づき一〇年単位で「沖縄振興（開発）計画」（以下、沖振計）が策定されてきた。最近の事例を基に、制度の成立過程をみていく（表1と図6参照）。

二〇二二年三月末に成立した改正・沖振法は、まずは自民党・沖縄振興調査会における議論（県・県経済界・自民党沖縄県連等からの意見・要望聴取、調査会による沖縄振興に関する提言作成等）が先行し→内閣府原案作成→政府による閣議決定→内閣が国会（衆議院・参議院）提出→国会での審議・承認可決を経たものである。この過程で沖振法の方向性、中身の決定権を実質的に握っているのは政権与党と政府であり、沖振法成立過程でどれくらい沖縄県の声が反映されるかは、現状では政府・

表1　沖縄振興の制度の変遷

根拠法	沖縄振興開発特別措置法	沖縄振興特別措置法	（改正）沖縄振興特別措置法	（改正）沖縄振興特別措置法
振興（開発）計画	沖縄振興開発計画（第1次～第3次）	第4次沖縄振興計画	第5次沖縄振興計画（沖縄21世紀ビジョン基本計画）	第6次沖縄振興計画（新・沖縄21世紀ビジョン基本計画）
期間	1972年度～2001年度	2002年度～2011年度	2012年度～2021年度	2022年度～2031年度
振興（開発）計画の目標	・本土との格差是正 ・自立的発展の基礎条件の整備など	・民間主導の自立型経済の構築 ・アジア太平洋地域の発展に居する地域など	・自立的発展の基礎条件整備 ・我が国の発展に居する新生沖縄の創造など	・持続可能な沖縄の発展 ・誰一人取り残さない社会など

出所：各沖縄振興（開発）計画等を参考に作成。

図6　沖縄振興の制度・組織・手段

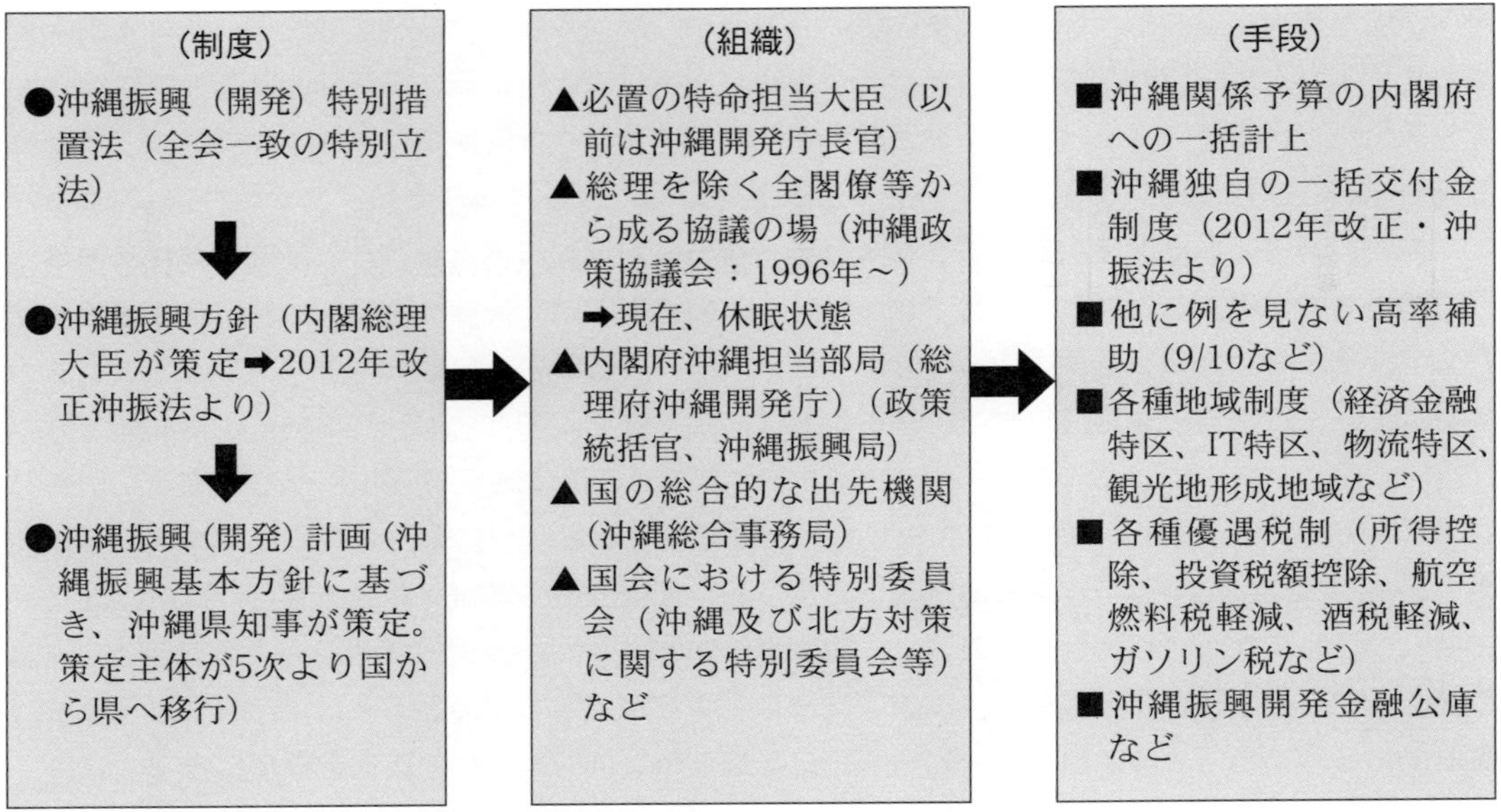
（制度）
●沖縄振興（開発）特別措置法（全会一致の特別立法）
●沖縄振興方針（内閣総理大臣が策定➡2012年改正沖振法より）
●沖縄振興（開発）計画（沖縄振興基本方針に基づき、沖縄県知事が策定。策定主体が5次より国から県へ移行）
（組織）
▲必置の特命担当大臣（以前は沖縄開発庁長官）
▲総理を除く全閣僚等から成る協議の場（沖縄政策協議会：1996年～）
➡現在、休眠状態
▲内閣府沖縄担当部局（総理府沖縄開発庁）（政策統括官、沖縄振興局）
▲国の総合的な出先機関（沖縄総合事務局）
▲国会における特別委員会（沖縄及び北方対策に関する特別委員会等）
など
（手段）
■沖縄関係予算の内閣府への一括計上
■沖縄独自の一括交付金制度（2012年改正・沖振法より）
■他に例を見ない高率補助（9/10など）
■各種地域制度（経済金融特区、IT特区、物流特区、観光地形成地域など）
■各種優遇税制（所得控除、投資税額控除、航空燃料税軽減、酒税軽減、ガソリン税など）
■沖縄振興開発金融公庫
など

出所：内閣府HP（https://www8.cao.go.jp/okinawa/etc/about.html ）を加筆修正。2022年7月2日アクセス。

与党と県の間の米軍基地を巡る政治状況に左右されやすい。実際には、辺野古新基地建設問題を巡る政府との対立下で、県が改正案に与えた影響力は小さかったといえよう。

次に、沖振法を法的根拠として策定される沖振計についてはどうであろうか。沖振計の策定主体については、二〇一二年度の改正・沖振法以降、従来の沖縄県知事が沖振計原案を作成し、内閣総理大臣が関係行政機関等の了承を得た上で沖振計を決定し、県知事に「通知」する形式から、沖振法に明記された沖縄振興基本方針や沖縄振興計画に関する事項を根拠に内閣総理大臣が具体的な沖縄振興基本方針を策定した後に、この基本方針に基づき県が沖振計を策定する方式に変更された。つまり、沖振計の策定主体は国から県へと移行した。

この策定主体の変更により、一見、沖振計策定における県（知事）の裁量が拡大したようにみえるかもしれない。しかし、県の沖振計策定は事前に国が沖振計で示した沖縄振興基本方針と沖縄振興計画の事項に基づき内閣総理大臣が沖縄振興基本方針を具体的に示した「沖縄振興基本方針」で予め設定された枠組み（沖縄振興の意義及び方向、振興事項の枠）の範囲内での自由度にすぎない。よって、「社会的事情」の解決のために、仮に沖縄振興基本方針に明記されていない「米軍基地返還計画」等を独自に計画に書き込もうとすれば、沖振法第四条第六項（関係行政機関の長が振興計画への意見を総理大臣に申し出ることができる）や同第四条第七項（総理大臣は県の計画が「沖縄振興基本方針」に適合していない場合、県に変更すべきことを求めることができる）により修正を余儀なくされるだろう。よって、沖振計の策定主体変更前と同様に県の計画策定の自由度は今でも予め制限されている。

現行の沖縄振興の制度下で、沖振法第一条にある「沖縄の自主性を尊重」は担保されるであろうか。これについては、沖振計に関連する補助事業等を遂行する際に必要な「沖縄振興予算」の毎年度の予算編成から予算計上、運用・交付に至る権限を政府（内閣府沖縄担当部局等）がほぼ独占している現状では絵に描いた餅にすぎないといえよう。[4]

以上より、沖振法・沖振計の策定から実施に至る一連の過程と制度は実質的に政府が権限を掌握しており、「沖縄の自主性」を発揮するために必要な沖縄の権限は非常に限定されている。

(2) 組織

沖縄振興の「制度」を支える組織について概観する（図6の（組織）参照）。その中心にあるのが内閣府沖縄担当部局とその総合的な出先機関、沖縄総合事務局である。それ以外にも現在、休眠状態の沖縄政策協議会、国会で沖縄振興等を審議する特別委員会がある。これらは、それぞれどのような機能をもっているだろうか。

①内閣府沖縄担当部局と沖縄総合事務局

一九七二年五月一五日の「復帰」を機に、沖縄振興開発の総合的な計画作成、実施に関する事務の総合調整と推進を任務として国務大臣（沖縄開発庁長官）を長とする「沖縄開発庁」が総理府の外局に設置された。「沖縄総合事務局」はその地方支分部局として沖縄に設置されたものであり、許認可事務、指導助言等の行政事務、振興開発関連の建設工事等について、一元的かつ総合的な事務処理を行う組織である。

二〇〇一年の中央省庁再編に伴い沖縄開発庁は内閣府に統合され、内閣府に沖縄担当部局を設置して沖縄開発庁長官に代わる沖縄担当大臣が置かれるようになった。沖縄振興に関する施策は内閣府の所管となり、内閣府の地方支分部局として引き続き「沖縄総合事務局」が従前の機能を継続している。現在の内閣府沖縄担当部局、沖縄総合事務局は政府主導の沖縄振興制度を構築し、支える組織ということができる。

②沖縄政策協議会

ここしばらく機能していない組織に「沖縄政策協議会」がある。同協議会は、一九九五年の米軍人による少女暴行事件後、「沖縄問題についての内閣総理大臣談話（閣議決定）」に基づき一九九六年九月に設置された総理を除く全閣僚と沖縄県知事からなる沖縄振興等に関する協議の場である。かつては、同協議会で「特別の調整費」等の沖縄振興策が検討、提起されてきた。この協議会の特徴は、米軍基地（普天間飛行場移設）を巡る政府と県の関係が良好な時には、沖縄振興策を進める場として機能するが、逆の場合にはすぐに中断される組織ということである。協議会開催の権限、議論の主導権は政府が握っている。後述のように、大田県政時には知事の普天間基地移設拒否表明により直ちに中断され、移設を容認する稲嶺知事の誕生で復活した。近年は、辺野古新基地建設反対を表明して誕生した翁長県政から現在の玉城県政に至るまで再開されていない。つまり、同協議会は普天間移設を促すための組織とみることができる。また構成員の中に沖縄側から出席可能なのは県知事のみであり、政府と県が協議する場というよりは、県が一方的にお願いする場でしかない。

③国会における特別委員会

国会において沖縄振興等を審議する特別委員会には衆議院「沖縄及び北方対策に関する特別委員会」、参議院「政府開発援助等及び沖縄・北方問題に関する特別委員会」がある。衆議院の同委員会の員数は二五人（二〇二二年八月一二日現在）、参議院は三五人（二〇二二年九月一一日現在）のうち沖縄振興に関する県政の立場を代弁する県選出の国政野党系の委員（県政与党のオール沖縄系委員）は、前者二名、後者一名にすぎない。沖縄選挙区選出・比例代表選出の国政与党系・沖縄県出身議員は、衆議院同委員会五名、参議院同委員会二名となっている。いずれにせよ、国会に占める沖縄県出身議員は少数であることより、沖縄の声は政策に十分に反映されているとは言えないのが現状である。

(3)手段

政府による沖縄振興は、毎年度、内閣府に一括計上される国直轄事業関係費や高率補助の補助事業費（国庫支出金）等からなる「沖縄振興予算」（内閣府沖縄担当部局予算）の他、各種の地域制度、各種優遇税制等を通じて行われてきた（図6の（手段）参照）。

特区・地域制度としては、一九七二年の「工業開発地区」、「自由貿易地域」の指定にはじまり、現在は観光地形成促進地域、情報通信産業振興地域・同産業特別地区、産業イノベーション促進地域、国際物流拠点産業集積地域、経済金融活性化特別地区が存在しており、所得控除、投資税額控除や地方税（事業税、不動産取得税、固定資産税、事業所税）の減免・軽減が行われている。他の各種優遇税制には、航空燃料税軽減や酒税軽減等がある。

本稿では、紙幅の制約上、上記手段のうち、「沖縄振興予算」を用いて毎年度、県や市町村が実施する主な補助事業に焦点を当てることにする。

2　沖縄振興体制の変容

政府による沖縄振興は、一九九五年九月の米軍人による少女暴行事件を契機に「基地と振興策の交換」により市町村を掌握することを意図した「補償型政治」の強化へと変容を遂げてきた。特に国庫補助事業では、政府が県をバイパスして市町村と直接結びつく事業形態が登場し、投資的経費も従来の社会資本整備（道路・港湾・公園等）中心から「非公共事業」（施設・整備）へ、そして新たな経常的経費であるソフト事業へと拡大していくことになる。図7はその間の沖縄振興予算を用いた県・市町村を対象とした主な補助事業と県政の変遷を示したものである。

表2は、これらの補助事業を「補助金の交付根拠」（沖振法に根拠をもつか否か）と「交付方法」（県経由か否か）を軸に四つの次元に分類したものである。以下、特徴を考察する。

図７　主な国・市町村向け補助事業と県政の変遷

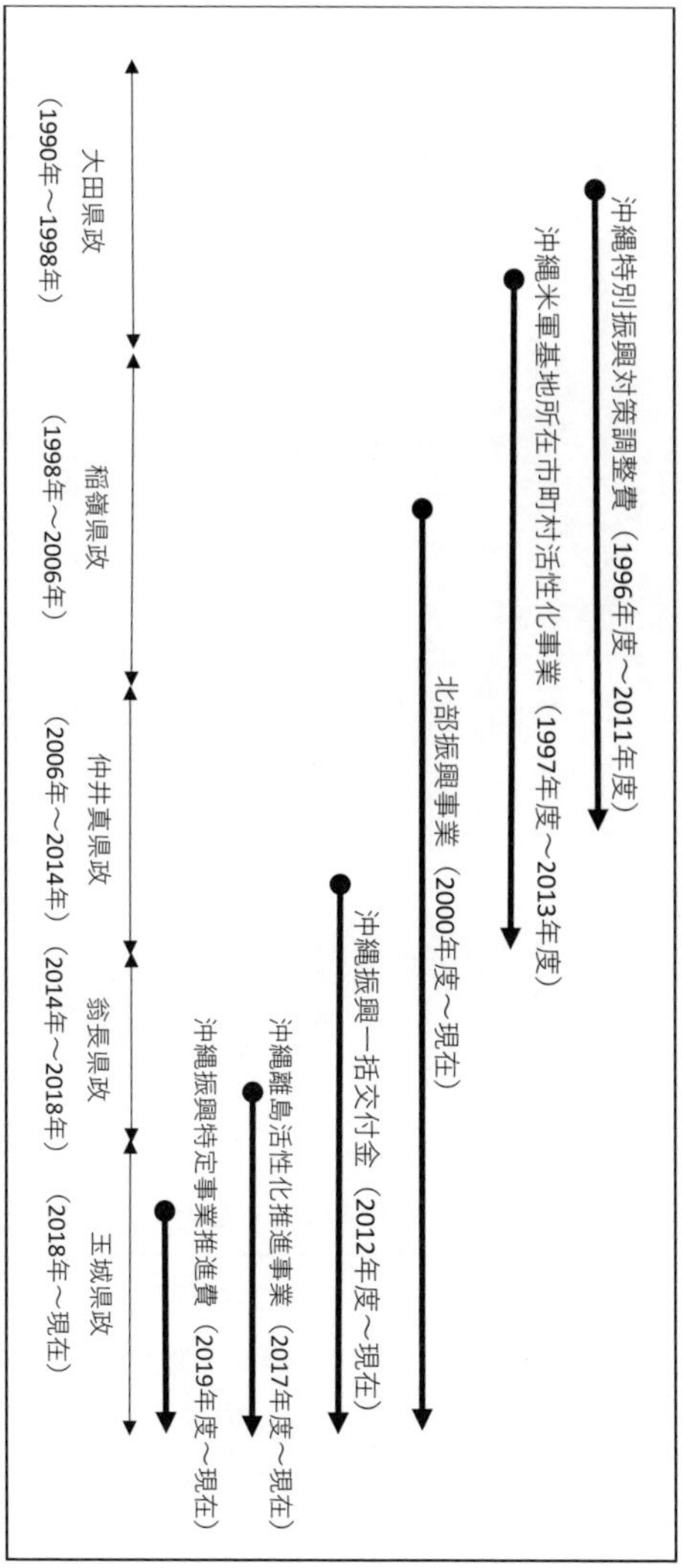

注：スケールは厳密なものではない。
出所：筆者作成

(1)県をバイパスする市町村向け「予算」補助事業

これまでの県・市町村向け国庫補助事業で最も多いのが、表2の「沖振法に根拠をもたない予算補助」×「国↓市町村交付」に分類される事業である。これらは沖縄米軍基地所在市町村活性化事業（通称、島田懇談会事業）、北部振興事業など米軍基地との関係で創設された事業が多いのが特徴となっている。以下、それぞれの事業創設の背景と特徴をみていく。

①沖縄米軍基地所在市町村活性化事業（通称、島田懇談会事業）

島田懇談会事業の始まりは、一九九五年九月の少女暴行事件、その後の大田知事（当時）による米軍用地の使用期限切れに伴う強制収用手続きの代理署名の拒否等を背景としている。

九六年八月には沖縄の米軍基地所在市町村の活性化を検討するため内閣官房長官の私的諮問機関として「沖縄米軍基地所在市町村に関する懇談会（通称、島田懇談会）」が設置され、基地所在地の「閉塞感を緩和する」という名目で様々な補助事業が実施された。

従来の国庫補助事業が、市町村の要望を県が国への窓口としてとりまとめた後に、県から国に予算要求し、県と市町村が協力する形で実

表2　補助金の交付根拠と交付方法の関係

		補助金の交付根拠	
		法律補助（沖振法に根拠）	予算補助
交付方法	国→県→（市町村）	沖縄振興一括交付金	沖縄特別振興対策調整費（特別調整費）
	国→市町村（県をバイパス）	なし	島田懇談会事業 北部振興事業 沖縄離島活性化推進事業 沖縄振興特定事業推進費

出所：筆者作成

施されてきたのに対し、同事業の特徴は県をバイパスする形で政府が米軍基地所在市町村とリンクすることである。具体的には、米軍基地所在市町村から提案された「特別プロジェクト」が、内閣内政審議室の承認を受けた後に予算が一括計上され、実施省庁へ移し替えられて実施される。事業の補助率は一〇分の九で残り一割は地方債を充当し償還財源は一〇〇％交付税措置された。補助事業には、名護市マルチメディア館、中の町・ミュージックタウンなど施設設備等への投資的経費（非公共事業）が対象であった。

②北部振興事業

県は稲嶺県政時の一九九九年一一月に「キャンプ・シュワブ水域内名護市辺野古沿岸域」を移設候補地として受諾する。これを受け政府が同年一二月の「普天間飛行場の移設に係る方針」（閣議決定）別紙二「沖縄県北部地域の振興に関する方針」に基づき二〇〇〇年度よりスタートしたのが「北部振興事業」である。

北部振興事業の予算は内閣府に一括計上された後、内閣府から各事業の所管省庁へ予算が移し替えられ実施される。事業は公共事業と非公共事業からなり、公共事業の補助率は沖振法に基づく従来の公共事業と同じ嵩上げされた高率補助が適用されるのに対し非公共事業の補助率は、当初一〇分の九（地元負担の一〇分の一については後に地方交付税措置）であったが、二〇一〇年度以降は一〇分の八に低下している。(5) 非公共事業の内容は、農業施設整備事業、活性化施設・産業支援センター施設・スポーツ交流拠点施設整備事業等の投資的経費を用いる事業の他、各種調査事業、人材育成事業、企業誘致促進事業、周遊バス創出事業、北部地域救急・救助ヘリ運航事業等の経常的経費のソフト事業も含まれている。

北部振興事業は現在、「沖縄県の均衡ある発展を図る観点」という名目で国と北部市町村が直接リンクする形（県をバイパス）で続けられている。

③沖縄離島活性化推進事業

辺野古新基地建設に反対する翁長県政の誕生（二〇一四年一二月～二〇一八年八月）により一括交付金が持続的に減少する中で、二〇一七年度より離島を対象に創設されたのが「沖縄離島活性化推進事業費」である。交付対象は、沖縄島以外の離島及び離島を含む市町村で補助率は一〇分の八以内となっている。補助事業の内容をみると、観光交流基盤整備事業、複合型スポーツ振興・人材育成拠点施設整備事業等の投資的経費のほか、特産品販路拡大支援事業、ドローンを活用した物資輸送実証事業、空き家活用事業等のソフト事業からなる。事業内容については、ソフト一括交付金の離島版といえよう。予算についても、ソフト一括交付金同様、内閣府に一括計上した後、執行についても内閣府が担当する。

ソフト一括交付金との大きな違いは、第一に国と離島市町村が県を介さずに直接リンクする点である。離島市町村は、国に直接、交付申請書、事業計画書等を提出し、国はその内容を審査した上で交付額を決定・交付する。県をバイパスする点については、島田懇談会事業、北部振興事業と同様である。第二に、「沖縄離島活性化推進事業費」は「沖縄振興一括交付金」と違い「法律補助」

ではない。

④沖縄振興特定事業推進費

翁長氏の任期途中の逝去（二〇一八年八月）により、同年九月の県知事選挙で翁長氏の意思を継ぎ、米軍普天間基地の辺野古移設阻止を訴えた玉城デニー氏（二〇一八年一〇月～現在）が当選する。それを受けて突如二〇一九年度より創設されたのが、沖縄振興特定事業推進費である。

同制度の特徴は、ソフト一括交付金を「補完」する制度ということである。交付対象事業は、ソフト一括交付金とほぼ同じであるが、違いは「機動性要件」、つまり迅速・柔軟に対応するための事業を対象としていることである。そのため、ソフト一括交付金の要件とは異なり「事前計画に記載されたことがないもの」が対象となる。ソフト一括交付金との類似点は、補助率は一〇分の八以内で、交付対象がソフト一括交付金と同じ全四一市町村となっていることである。予算についても、ソフト一括交付金同様、内閣府に一括計上した後、執行についても内閣府が担当する。ソフト一括交付金との大きな違いは、「沖縄離島活性化推進事業」同様、県を介さずに市町村が直接、国に交付申請書、事業計画書等を提出し、国はその内容を審査した上で交付額を決定・交付すること、市町村以外に民間事業者も交付対象としていることである。県をバイパスする点や「法律補助」ではない点については、島田懇談会事業、北部振興事業そして沖縄離島活性化推進事業と同様である。

(2)県向け「予算」補助事業

①特別調整費

「島田懇談会」設置直後の九六年九月、政府は橋本政権下の「沖縄問題についての内閣総理大臣談話（閣議決定）」により、大田県政（当時）の「二一世紀・沖縄のグランド・デザイン」（国際都市形成構想）推進、その趣旨に沿った施策を進めるための「特別の調整費」五〇億円の予算計上（一九九六年度補正予算）、沖縄に関連する施策全般について協議・推進する組織として「沖縄政策協議会」の設置を表明する。

特別調整費の予算枠は、新たに新設された沖縄担当大臣とその配下の沖縄政策担当室が取り扱い、沖縄振興開発予算として沖縄開発庁（後に内閣府）に一括計上後、各省庁が実施する。事業内容は、「国際都市形成構想」実現に向けた可能性調査や実施手法の調査が大部分であった。島袋（二〇一七）は、この新たな経常経費的な予算枠のことを現在の沖縄振興推進特別交付金（ソフト一括交付金）の原型と指摘している。

その後、「特別調整費」に象徴される県と国との蜜月関係は、一九九八年二月の大田知事による「普天間飛行場代替施設」県内受入れ拒否表明により消滅する。政府は特別調整費五〇億円を活用した事業を凍結、「沖縄政策協議会」も第八回（一九九七年一一月）を最後に中断、放置された（牧野、二〇一〇）。

②沖縄特別振興対策調整費

転機は、軍民共用と一五年の使用期限という条件付きながらも普天間飛行場の県内移設を容認した稲嶺県政の誕生(一九九八年一二月)により訪れた。小渕政権下で第九回の「沖縄政策協議会」が再開され、一九九九年度予算に一〇〇億円の「特別の調整費」(「沖縄特別振興対策調整費」という公式名称へ変更)の計上を指示、大田県政下で事実上停止していた沖縄振興の事業が再始動することになる。

一〇〇億円の中身は、「公共事業」(沖縄特別振興対策特定開発事業費)五〇億円、「非公共事業」(沖縄特別振興対策調整費等)五〇億円であった。「非公共事業」の特徴は、その対象が投資的経費よりも、経常的経費が中心になっていること、その使途が沖縄県との協議で決められる等、自由度が極めて高いということである(牧野、二〇一〇)。国直轄事業、国委託事業の他、知事(県)から具体的な要望があった事業については沖縄政策協議会で配分・実施が決定される。公共事業の補助率については、沖振法に基づく従来の公共事業と同じ高率補助が適用され、非公共事業については一〇分の八であった。

非公共事業の内容は「特別自由貿易地域賃貸工場整備事業」等の投資的経費もあるがそのほとんどは各種調査事業、「沖縄コンテンツ制作支援事業」、「雇用対策の拡充・強化」、「沖縄体験滞在観光強化キャンペーン」等の経常的経費である。補助対象にほとんど市町村事業が含まれていないが、自由度の高さ、使途が協議で決められることの他、「非公共事業」の内容は現在のソフト一括交付金に近いことがわかる。

(3)県を経由する「法律」補助事業

①沖縄振興一括交付金

二〇〇九年九月に自民党政権に代わる民主党政権が発足。地域主権改革による分権改革を民主党政権の「一丁目一番地」とした。地域の自由裁量を拡大する「地域主権戦略大綱（二〇一一年六月閣議決定）」に基づき、各府省所管の都道府県向けの投資に係る補助金等の一部を内閣府予算として一括計上する「地域自主戦略交付金」を二〇一一年度に創設する。その沖縄分を「沖縄振興自主戦略交付金」とした。

二〇一二年度には、同交付金の対象事業を拡大・増額する一方、沖縄に関しては改正・沖振法を根拠に「沖縄の自主性尊重」を象徴する新たな「沖縄振興一括交付金」制度が創設された。同制度は、ハード交付金とソフト交付金から構成される。

「沖縄振興公共投資交付金（ハード交付金）」は、各省庁が所管する補助対象事業（公共事業）から県が事業を自主的に選択、予算は内閣府に一括計上されたのち、従前どおり、原則各省に移し替えて執行され、既存の高率補助が適用される。制度運用において県知事は事業計画作成において県内全市町村長の意見を聴くよう努め、市町村実施事業に係る事項記載について予め当該市町村長等の同意を得ること、市町村等が実施する事業の需要把握に努めなければならない。(6)

「沖縄振興特別推進交付金（ソフト一括交付金）」は、「沖縄の特殊性に基因する事業等」に利用可能な他県にはないソフト事業実施のための「経常的経費」であり、「市町村事業」も対象とした沖縄独自の制度として創設された。その特徴は以下の通りである。

第一に、「沖縄振興公共投資交付金（ハード交付金）」を含むこれまでの制度（島田懇談会事業、北部振興事業、特別調整費事業）の予算が、いずれも内閣府に一括計上されたのち、原則各省に移し替えて執行されていたのに対し、ソフト交付金では予算の計上だけでなく執行に関しても原則内閣府が行い、補助率は一〇分の八の高率補助が適用される（この点は沖縄離島活性化推進事業、沖縄振興特定事業推進費も同じ）。

第二に、島田懇談会事業、北部振興事業、特別調整費事業等の補助事業のいずれもその法的根拠が曖昧かつその時々の基地問題を巡る政治状況を反映して創設された「予算補助」であったのに対し「沖縄振興一括交付金」は改正・沖振法に明記された「法律補助」である。特に「沖縄振興特別推進交付金（ソフト一括交付金）」は同法第一条の「沖縄の置かれた特殊な諸事情」と「沖縄の自主性を尊重」を最も象徴する制度である。ソフト一括交付金の事業例を見ると、待機児童対策事業等の経常的経費を用いる「ソフト事業」が中心であるが、中には国際物流拠点施設整備事業等の投資的経費もある。

第三に、ソフト一括交付金の県と市町村間、市町村間の予算枠配分は沖縄振興会議と沖縄振興市町村協議会を通じた県と市町村の間の話し合いやルールに基づき公平・公正に配分される。この点は、現在実施中の北部振興事業、沖縄離島活性化促進事業、沖縄振興特定事業推進費との大きな違いである。一括交付金制度が県・市町村間の協力を促すインセンティブ（誘因）をもっているのに対し、北部振興事業等における政府裁量による予算配分は県・市町村間協力からの逸脱（抜け駆けのインセンティブ）＝国・市町村間の協力のインセンティブ（結果として県と市町村の分断）をもっている。

五　沖縄振興の未来

1　沖縄振興の制度・組織・手段の特徴と諸課題

(1) 制度・組織上の課題

ここまでみてきた沖縄振興の制度・組織上の課題として第一に挙げられるのは、制度設計の権限が政権与党と政府（内閣府）に集中していることである。自民党・沖縄振興調査会（二〇二〇）によれば「沖縄の振興については、これまで与党・政府が一体となって予算を確保し、また、特別な税制措置を講じ、社会資本の整備、産業の振興等を推進してきた」のであり、同（二〇二一）では「地元首長や経済界の関係者をはじめ離島医療、漁協、海保・海自OB等一七回三四名のご意見も伺いつつ、（途中省略）現行法及び現行計画期間後の新たな沖縄振興の在り方について精力的に議論を重ねてきた」とある。これらを受ける形で、内閣府（二〇二一）「新たな沖縄振興策の検討の基本方向について」が公表され、「沖縄振興特別措置法等の一部を改正する法律」が二〇二二年三月末に成立した。改正に向けた提言、各界からの意見聴取、改正の基本方向を経て改正案に至る過程は終始「与党・政府が一体となって」リードすることになり、県の関与は極めて限られている。沖振法成立後に県が策定する沖振計についても、既に述べたように、その自由度は法律上、予め制限されている。よって、米軍基地が「沖縄経済発展の最大の阻害要因」だとしても返還計画を沖振計に盛り込むことは不可能である。

第二に、「沖縄振興予算（内閣府沖縄担当部局予算）」の予算編成権から一括計上、交付・運用の権限を政府が掌握している。沖振法には予算決定のルール、積算根拠等が明記されていないこと、予算を一括計上する内閣府沖縄担当部局は他省庁とは異なり官邸（内閣総理大臣）に直結していることより、辺野古新基地建設問題等で予算額・内容が政治化しやすい（宮城、二〇二一ａｂ）。例えば、二〇二三年度沖縄振興予算概算要求について、内閣府は二〇二二年九月投開票に向けた県知事選挙の真っ最中に県要望より約四〇〇億円低い二、七九八億円を概算要求した。しかし、県幹部によれば「なぜこの額なのか説明がない」のが現実である。(7)

(2)手段としての補助事業の課題

沖縄振興の手段としての補助事業の課題として第一に挙げられるのは、補助事業の創設、予算額、制度運用の権限が政府に集中していることである。四節でみてきたように、一九九五年九月の少女暴行事件を契機に様々な補助事業が創設されてきたが、そのうち民主党政権下で創設された「沖縄振興一括交付金」のみが沖振法に明記された「法律補助」である。それ以外の補助事業は沖振法に直接の法的根拠を持たない「予算補助」事業として創設され、長期間に渡り運用されてきた。政府は、県の要望がなくとも自由に補助事業を立ち上げ、予算額を決め、運用できる。大田県政時の「特別調整費」のように、政府の意に沿わない行動を県がとれば、「予算補助」事業の運用を直ちに停止することも可能である。

第二に、「予算補助」事業の予算交付方法の権限を政府が握っている。沖振法に明記された「法律補助」である「沖縄振興一括交付金」では、予算を国が県へ交付した後に、県を経由する形で市町村事業が行われる。法律上も、同事業を県と市町村が協力して実施する旨、記載されていることより、県と市町村の協力関係が不可欠となる。一方、多くの「予算補助」事業は県をバイパスする形で国が市町村に直接交付する形をとっている。

第三に、各補助事業への予算配分と「予算補助」事業における市町村への配分枠設定を決定する権限＝裁量は政府が握っている。そのため各市町村は、辺野古新基地建設等を巡り、県との協力関係よりも国との協力関係を重視しやすくなる。このことが県と市町村の間の分断につながっている。

2　国際人権法を利用した内的自決権の強化

⑴ 沖縄振興の選択肢

図8は将来的な沖縄振興の選択肢を示したものである。二〇二二年三月末の沖振法改正により、少なくとも二〇三一年度末までは現行制度が維持されることになっているが、二〇三二年度以降はどのような可能性があるかを示したものである。

第一の選択肢として「現行制度維持」がある。この場合、与党・政府権限が強く、県の裁量が小さい現行制度の諸課題が温存される。沖縄振興予算の政治化を止めることが困難となるため、補助金により米軍基地の維持を図る「補償型政治」が今後も続くことになる。

第二の選択肢は「現行制度廃止」である。この場合、三節で示した「沖縄の特殊事情」はそのまま残されることになる。特に「社会的事情」としての米軍基地がそのまま残るため、基地維持装置としての補助金は防衛相の「米軍再編交付金」等が中心となり、また沖振法に依らない新たな「予算補助」による、より歪な「補償型政治」を生み出す可能性がある。

第三の選択肢は、「現行制度改善」である。これは、二節の県民調査結果で示した「より強い権限を持つ特別な自治体になる」ための第一歩である。そのためには、先に示した制度上、組織上、手段上の課題を一つ一つ丁寧に解決していくことが重要となる。その際、与党・政府の権限=裁量を縮小する一方、「県の自主性を尊重」し、その裁量を拡大させていくことが肝要である。例えば、現在、市町村に対する「北部振興事業」、「沖縄離島活性化推進事業」、「沖縄振興特定事業推進費」

図８　沖縄振興体制の未来

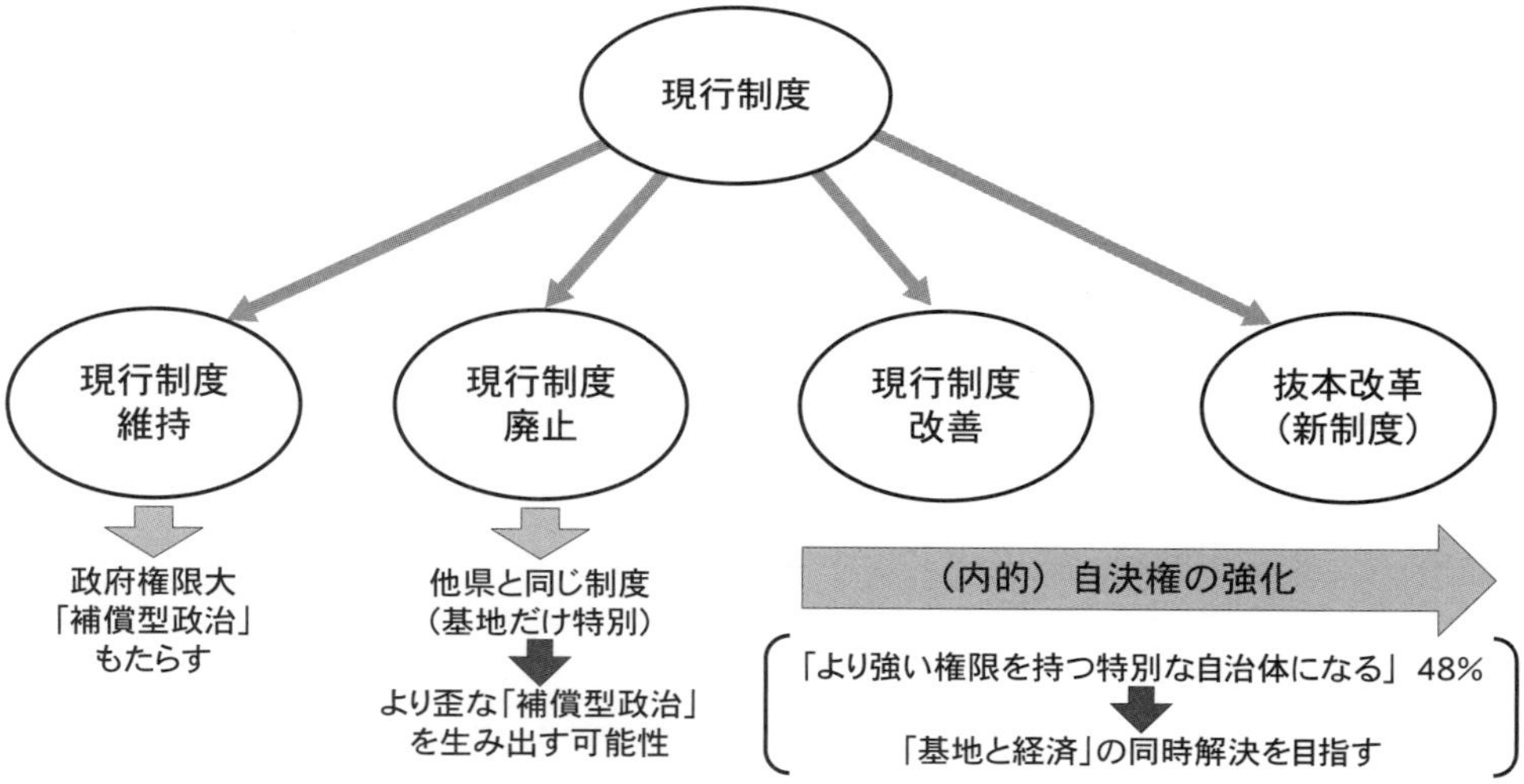

出所：筆者作成

等の「予算補助」事業が乱立しているが、それらを全て「沖縄振興一括交付金」に集約することができれば、県と市町村の間の分断が解消され、「県の自主性を尊重」する沖振法第一条の理念が名実ともに実現するだろう。他にも国と県が対等な立場で協議する場として「沖縄政策協議会」を再生させることも考えられる。構成人数における国と県の対等な割合、県の申し出で開催できる等の改善が必要となるだろう。他にも沖縄振興予算の内閣府への一括計上方式や社会資本整備における高率補助の見直しも検討の余地があるだろう。

第四の選択肢は、制度の「抜本改革」による新制度の構築である。政府が米軍基地の維持を沖縄政策の最重要プライオリティに位置づけていることを考えれば、「現行制度改革」のハードルは非常に高いといえるだろう。よって、ここでの新制度構築は国際人権法上の「内的自決権」を用いた従来とは別次元の発想を基にしたものである。

(2)国際人権法を用いた内的自決権の行使

国際人権法上、すべての人民は自決（self-determination）の権利を有しており「政治的地位を自由に決定し並びにその経済的、社会的及び文化的発展を自由に追求する」ことができる（一九七九年に日本政府が批准した国際人権規約の社会権規約と自由権規約の共通一条）。自決権の主体は「人民（peoples）」であることより、自決権は人民という「集団」の権利を意味する。自決権には内的自決権と外的自決権がある。内的自決権とは、独立国の一部を構成する人民が、国内で政治的地位を自由に決定する権利のことであり、「外的自決権」とは、植民地支配下の人民が独立を達成する権利を意味する。[8]

自決権の享有主体である人民には「植民地支配、外国による占領、及び人種差別体制と闘う人民」が含まれる（岩沢、二〇二〇）ほか、伊藤（二〇〇九）によれば、ユネスコ（国連教育科学文化機関）が人民に固有の特徴として「(a) 共通の歴史的伝統、(b) 人種的または種族的アイデンティティ、(c) 文化的同質性、(d) 言語的単一性、(e) 宗教的・観念的類似性、(f) 領土的結合、(g) 共通の経済生活―のうち一部ないしは全部を共有していること」を挙げている。また「先住民族の権利に関する国際連合宣言」（二〇〇七年採択、日本は賛成票投じる）が「先住民族（indigenous peoples）」の自決権を認めている。[9]

同宣言第三条には、「先住民族は、自決の権利を有する。この権利に基づき、先住民族は、自らの政治的地位を自由に決定し、ならびにその経済的、社会的及び文化的発展を自由に追求する」とある。さらに、「自決権の行使において、このような自治機能の財源を確保するための方法と手段を含めて、自らの内部的および地方的問題に関連する事柄における自律あるいは自治に対する権利を有」し（同第四条）、「発展に対する自らの権利を行使するための優先事項および戦略を決定し、発展させる権利を有する。特に、……経済的および社会的計画を展開し決定することに積極的に関わる権利を有し、可能な限り、自身の制度を通じてそのような計画を管理する権利を有する」とある。

基地問題に関しても第三〇条で「自由で事前の情報に基づいた同意」を無視した一方的な軍事行

動が禁止されており、先住民族は「公開された透明性のある手続きや手続きに参加する権利」を有している。よって、琉球・沖縄人が国際人権法上の「人民」あるいは「先住の人民（先住民族）」に相当するならば、既存国家の枠内で国際法上の「内的自決権」行使、例えば、沖縄振興における一定範囲の立法権限移譲や自治権強化、基地問題への介入が可能となり、「より強い権限を持つ特別な自治体になる」道が開けることになる。

ＩＬＯ一六九号条約（一九八九年）第一条によれば、「先住民族」とは、①独立国家内でその国の共同社会の人々とは異なる社会・文化的独自性を持っている人々。②征服、植民地化（同化政策を施行）された人々。③権利集団としての自己認識を持っている人々のことである（中野、二〇一六）。ここで、重要なのは国際法上の「先住民族」とは、植民地主義の歴史や支配による歴史的・政治的な規定に基づくものであり、血やＤＮＡによって定義されるものではないということである。

①～③と沖縄との関係についてみてみよう。

①については、ユネスコが二〇〇〇年に「琉球王国のグスク及び関連遺産群」を世界遺産に登録、二〇一〇年には組踊を無形文化遺産に登録、二〇〇九年に琉球諸島の奄美語、国頭語、沖縄語、宮古語、八重山語、与那国語を消滅危機言語として認定したこと等より該当することは明らかであろう。

②については、阿部（二〇一五）が「琉球処分」における明治政府・松田道之処分官による軍隊・警察の威嚇を用いた達書の一方的な申し渡し、首里城接収、琉球王尚泰の上京強要、沖縄県設置が国際法上の「征服」＝強制的併合に相当することを指摘している。中野（二〇一六）は、米仏

蘭と国際条約を締結（琉米修好条約等）していた独立国家である琉球国を武力でもって強制的に併合した後、公教育において琉球語を禁止し、皇民化教育を行ったことから、琉球・沖縄人がＩＬＯ一六九号条約第一条の規定する「先住民族」の適用範囲に該当することを指摘している。そもそも「琉球処分」以前の琉球国は「清・日本（島津藩）との朝貢関係を残しながらも、永続的住民、確定した領域、実効的政府、他国と外交関係を取り結ぶ能力という国家の要件を有する独立した主権的存在」であった（阿部、二〇一五）。

③については、一般的に「琉球・沖縄人」あるいは「ウチナーンチュ」という集団としての自己認識と日本人に対する「ヤマトンチュ（大和人）」、「ナイチャー（内地人）」という区別が存在する。一方、「ウチナーンチュ」あるいは「琉球・沖縄人」＝「先住民族」という共通認識が沖縄内で成立しているわけではない。[10]

二〇〇八年以降、国連の人権差別撤廃委員会や自由権規約委員会が琉球・沖縄人を「先住民族」と公式に認め、日本政府に対して先住民族としての承認、基地問題の差別改善、沖縄の言語・文化・歴史の保護・教育、権利保護に関する琉球の代表との協議強化等をこれまで何度も改善勧告をしてきた。それに対し、日本政府は、沖縄差別の否定、沖縄の居住者・出身者は「日本民族」だとして勧告を無視し続けている。一方、琉球・沖縄人が集団としての自決権の主体として自覚するためには、「琉球処分」以降の「人類館事件」のような差別によるトラウマの克服、琉球・沖縄人を日本人らしい日本人にするために続けられてきた「同化政策」からいかに解放されるかが今後の鍵を握っているように思われる。

六　結び

沖縄が将来的に「より強い権限を持つ特別な自治体になる」ことは可能であろうか。そのためには、現行の沖縄振興の制度、組織、手段の諸課題を明らかにした上で、これらの諸課題に対応することにより、県の裁量＝「自律」度を高めていく必要がある。

これまでの議論で明らかになった沖縄振興の課題は、①制度設計の権限が政権与党・政府に集中していること、②沖縄振興予算の編成権から一括計上、交付・運用に至る権限が政府に集中していること、③補助事業の創設から予算枠配分・交付・運用の権限が政府に集中していること等である。今後は、これらの課題を一つ一つ解決する方法を考えていくと同時に、「自律」に向け、国際人権法を活用した「内的自決権」も視野に入れていく必要がある。そのためには、琉球・沖縄人が自決権の主体＝「人民」であることの共通理解を深め、それを「ソフトパワー」に変えていくことが求められるだろう。

琉球・沖縄人が、「集団的権利」としての「内的自決権」の主体であることに気づき、分断による「囚人のジレンマ」から解放された時に初めて新たな沖縄振興の制度、組織、手段が生まれる可能性がある。

注

(1) 「離島・北部地域の振興」や「子供の貧困対策」、「脱炭素社会の実現」、「多様な人材育成のための教育の充実」、「デジタル社会の形成」等に関する努力義務の新設、沖縄振興特別措置法の五年以内の見直しを附則に規定する等の改正が行われた。

(2) 沖縄タイムスが朝日新聞社、琉球朝日放送（ＱＡＢ）と共同で二〇二二年三月～四月にかけて実施。調査方法は、沖縄県内の選挙人名簿から二千人を選び（無作為二段抽出法）、郵送法で実施。有効回答は一、二二八で、回収率六一％（『沖縄タイムス』二〇二二年五月一一日、一二日）。

(3) 『日本経済新聞』（九州・沖縄版）二〇二二年八月一三日。

(4) 沖縄振興予算決定の法的根拠である沖振法第一〇五条第三項には「沖縄振興計画に基づく事業に要する経費は、予算の範囲内で、その全部又は一部を補助することができる」とあり、予算決定のルール・積算根拠等の明記はない。

(5) 地元の負担率一〇分の二については、適債事業（地方債の発効対象として適切と認められる事業）は既存の起債措置で対応、非適債事業については五〇％が後に交付税措置されることになっている。

(6) 沖振法第一〇五条の二の四号・五号、「沖縄振興公共投資交付金制度要綱」第七条参照。

(7) 「沖縄タイムス」二〇二二年八月一八日。

(8) 自決権に関しては、通常、内的自決権を通じて実現することが原則とされている。しかし、植民地支配や外国の征服、支配、搾取下にある場合や「内的自決権」が阻害される場合には救済的分離を意味する「外的自決権」の行使（独立）が国際法上可能となる。その場合は人民の半数を超える支持が必要となる（阿部、二〇一五：二七〇—二七三）。

(9) なお同宣言自身には法的拘束力はないが「そこに規定される国家の義務は既存の国際人権諸条約の実施監視機関の実行において既に確立されているものの確認であり、これらの条約の締約国は当然に国連宣言の義務に法的に拘束されることが暗示されている」との考えや（小坂田、二〇一七）、同宣言が「一種の国際法を形成」しているとの考え（阿部ほか、二〇〇九）がある。

(10) この点を巡る県内の政治状況については上村（二〇一八）、島袋（二〇二〇）等の議論を参照されたい。

参考文献

阿部浩己・今井直・藤本俊明（二〇〇九）『テキストブック　国際人権法』日本評論社

阿部浩己（二〇一五）「人権の国際的保障が変える沖縄」島袋純・阿部浩己編『沖縄が問う　日本の安全保障』岩波書店

伊東理恵（二〇〇九）「内的自決権とマイノリティの自律」『横浜国際経済法学』一八巻二号、一六九—二一一頁

岩沢雄司（二〇二〇）『国際法』東京大学出版会

上村（二〇一八）「声を上げた日本の先住民族　国際連合での運動がもたらした成果と課題」深山直子・丸山淳子・木村真希子編『先住民からみる現代世界』昭和堂

沖縄県（二〇〇七）『駐留軍用地跡地利用に伴う経済波及効果等検討調査報告書（概要版）』（野村総合研究所・

都市科学政策研究所）
沖縄県（二〇二〇）「沖縄から伝えたい。米軍基地の話。Q&A Book」一一月
小坂田裕子（二〇一七）『先住民族と国際法―剥奪の歴史から権利の承認へ―』信山社
島袋純（二〇一七）『沖縄振興一括交付金の導入と沖縄振興体制の変容』科学研究費助成研究
島袋純（二〇二〇）「日本の政治の根幹をなす沖縄への暴力　国際人権法に基づく人権と自己決定権の沖縄からの訴え」日本平和学会編『「沖縄問題」の本質』早稲田大学出版部
自民党・沖縄振興調査会（二〇二〇）「今後の沖縄振興の方向性について」六月
自民党・沖縄振興調査会（二〇二一）「新たな沖縄振興に向けて（提言）～令和につなぐ島人ぬ宝～」八月
内閣府（二〇〇八）「沖縄米軍基地所在市町村活性化特別事業（沖縄懇談会事業）に係る実績調査報告書」一一月
内閣府（二〇二一）「新たな沖縄振興策の検討の基本方向について」八月二四日
中野育男（二〇一六）「ILO一六九号条約と先住民の権利保障及び差別除去における政府の責務」『専修商学論集』一〇三巻、八九―一〇八頁
牧野浩隆（二〇一〇）『バランスある解決を求めて―沖縄振興と基地問題―』文進印刷
宮城和宏（二〇二〇）「沖縄経済の軌跡」沖縄国際大学経済学科編『沖縄経済入門　第二版』東洋企画
宮城和宏（二〇二二a）「沖縄振興の組織と制度の構造について―沖縄振興予算を巡る政治経済学―」『地域産業論叢』第一七集、三七―六九頁
宮城和宏（二〇二二b）「沖縄振興体制の構造・課題・未来」『琉球』三月、No.八七、二一―二三頁

山内優子（二〇一七）「戦後二七年間の福祉の空白　貧困と基地の中の子どもたち」沖縄県子ども総合研究所編『沖縄子どもの貧困白書』かもがわ出版

復帰後50年　県民は幸せになったのか

―県民生活の変化、幸福度、経済の自立化―

名嘉座　元　一

名嘉座　元一・なかざ　はじめ
【所属】沖縄国際大学　非常勤講師
【主要学歴】大阪市立大学大学院前期博士課程修了
【所属学会】沖縄経済学会
【主要著書・論文等】
著書（共著）
・「沖縄における若年就業の可能性（共著）」沖縄経済環境研究所叢書　二〇一一年
・「大学的沖縄ガイド（共著）」昭和堂　二〇一六年
・「沖縄経済入門第二版」沖縄大学経済学科編　第六章グローバル化する沖縄経済担当　二〇二〇年
論文
・「健康関連産業の産業連関分析」沖縄経済学会第二四巻　二〇〇七年
・「若年者の離職行動からみた沖縄県の特性」経済論集第五巻第一号　二〇〇九年
・「沖縄県における労働移動の要因分析」沖縄経済学会第二六巻　二〇一一年
・「沖縄の競争力とブランド力の考察」経済論集第七巻第一号　二〇一一年
・「離島財政の特徴とその持続可能性」経済環境研究第四号　二〇一四年
・「労働生産性から見た沖縄県産業の特性分析」経済論集第九巻第一号　二〇一五年
・「沖縄の労働雇用問題」沖縄国際大学公開講座二〇一五年
・「沖縄における若年雇用問題―ミスマッチを生む意識構造の分析を中心に―」公庫レポート　二〇一七年
・「アジア諸国の若年労働市場と雇用対策」経済環境研究調査報告書第七号　二〇二〇年
※役職肩書等は講座開催当時

はじめに

沖縄が復帰して今年で半世紀が過ぎた。復帰までの二八年間は米軍施政権下にあり、日本の高度経済成長の恩恵を受けることなく、社会インフラ整備や産業政策など本土に大きく後れを取ることになった。広大な米軍基地の存在も県民生活に大きな影を落とした。復帰時点で本土とは様々な分野で大きな格差があったといえよう。復帰後これまで五回の沖縄振興計画と今年度からは新たな振興計画が策定され、国の振興予算だけでも約一四兆円が投下されてきた。道路や空港などのインフラ整備も進み、復帰当初あった本土との格差もかなり解消し、県民の生活も豊かになってきている様に見える。実際、各種調査による県民の幸福度は比較的高いものとなっている。

一人当たり県民所得の低さや貧困率の高さを考えるとなぜ幸福度が高いのか、これが第一の問題意識である。次の問題意識として、復帰後五〇年を経てなぜ経済自立化が進まないのか、政策の問題以外にも社会の成り立ちや我々の意識の中に自立化を阻む要因があるのかが第二の問題意識である。復帰後五〇年間の社会経済の変動を振り返りながら、この問題の答えを探し、今後の沖縄の自立化には何が必要なのかを検討しようと思う。

本講では以上の問題意識を踏まえ、復帰後五〇年間の県経済、雇用労働などの推移をＧＤＰ成長率や失業率、貧困率などの客観的指標で把握する。同時に県民の意識の変化、幸福度といった主観的指標により県民が自分たちの生活をなぜ幸せだと感じているのかについて検証した。最後に県民性を踏まえた県経済の自立化へ向けた方向性について検討した。

一　沖縄振興計画の経緯

復帰後、沖縄県は、五次に亘る振興計画及び現行計画（新たな振興計画）を策定してきた。第一次から第三次までは、主に本土との格差是正が基本方針であり、社会インフラ整備を中心に急速に本土との格差を埋めようとするものであった。復帰後三〇年経過した二〇〇二年度から「沖縄振興計画」となり、計画から開発の文字が消えた。これは自然環境へ配慮しながら開発を行うという持続的発展の意識が強くなったためである。二〇一二年に策定された二一世紀ビジョン基本計画は自立的発展を目指すものであり、県が独自に策定した初めての計画である。そして、今年（二〇二二年）には新たな振興開発計画（新・沖縄二一世紀ビジョン基本計画）が策定された。今計画の特色としては、引き続き自立経済を目指すことにあるが、漏れの少ない経済構造の構築と貧困対策、SDGsを軸とする持続可能な社会・経済・環境の構築などがある。

この五〇年間に投下された沖縄振興予算額は約一四兆円であり、年間で約三千億円近い額が国補助金として投下されてきたのである。二〇一二年度からは、新たに沖縄振興特別推進交付金いわゆる一括交付金が導入され、それまでに比べて予算額が増えた。

このように、沖縄には復帰後、莫大な公共投資が投下されてきた。その成果として、社会インフラ整備はかなり進んできた。県民総生産をみると、後述するように全国の伸びを上回っている。就業者も同期間で沖縄一・九倍、全国一・三倍と全国を上回っている。県内産業についてみると、コロナ前までは観光・IT産業ともに順調に成長していた。以下で復帰後の経済社会の変化について、県民生活の向上に貢献した面と沖縄の抱える問題点の二つに分けて検証する。

二　復帰で経済社会はどのように変化したか

1　人口

二〇二二年における人口は約一四六万人で、これは復帰直後の九六万人からこの五〇年間で五〇万人（一・五倍）も増加したことになる。単純平均で一年間に一万人の増加である。もっとも、この増加は二〇三〇年までで、二〇三〇年にはピーク人口に達し、その後は全国と同様に少子高齢化の進行とともに人口減少社会に突入していくと予測されている（図1）。

図１　沖縄県と全国の人口推移と予測

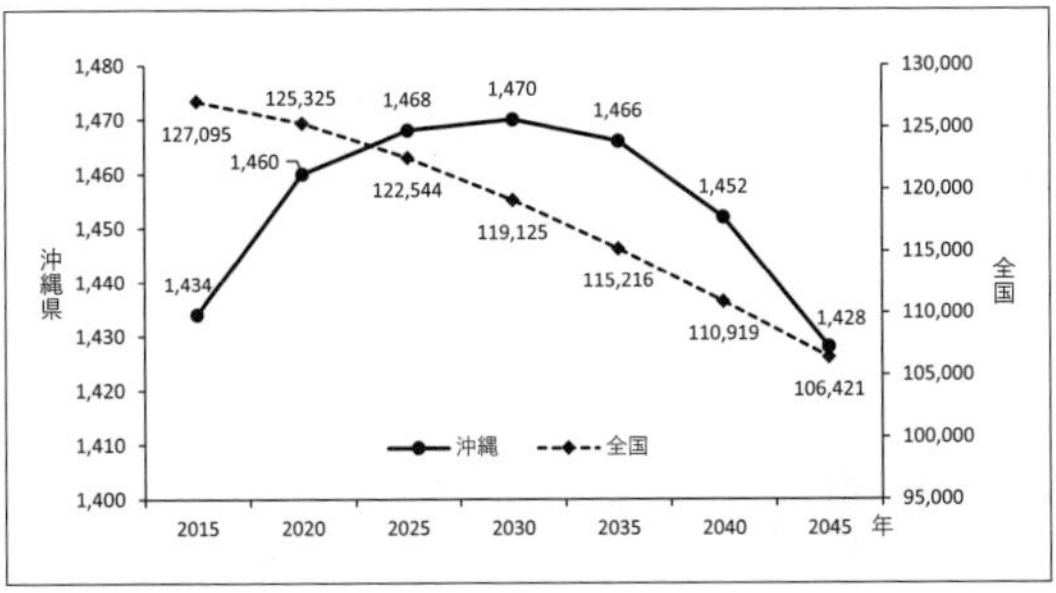

資料：国立社会保障・人口問題研究所

2　県内総生産および一人当たり県民所得

次に経済の観点から代表的な経済指標である県内総生産の推移についてみてみよう。一九七二年を一〇〇とした指標で見たのが図2である。二〇一八年には九・八倍となり、同期間の国内総生産の五・六倍を超える伸びを示している。バブル経済崩壊後は全国同様伸び悩んでいたものの二〇一四年頃から成長が伸びているがこれは後にみる観光入域客の伸びによるものであろう。

また、一人当たり県民所得は一九七二年の四四万円から二〇一八年には二三九万円と五・四倍の伸びとなっている。この数字だけをみると、県民の生活は豊かになってきていると言えよう。

3　観光

今や県経済を支える観光であるが、復帰時の観光客はわずか四四万人であった。それが二〇一九年には

図2　県内総生産と国内総生産の推移（1972＝100）

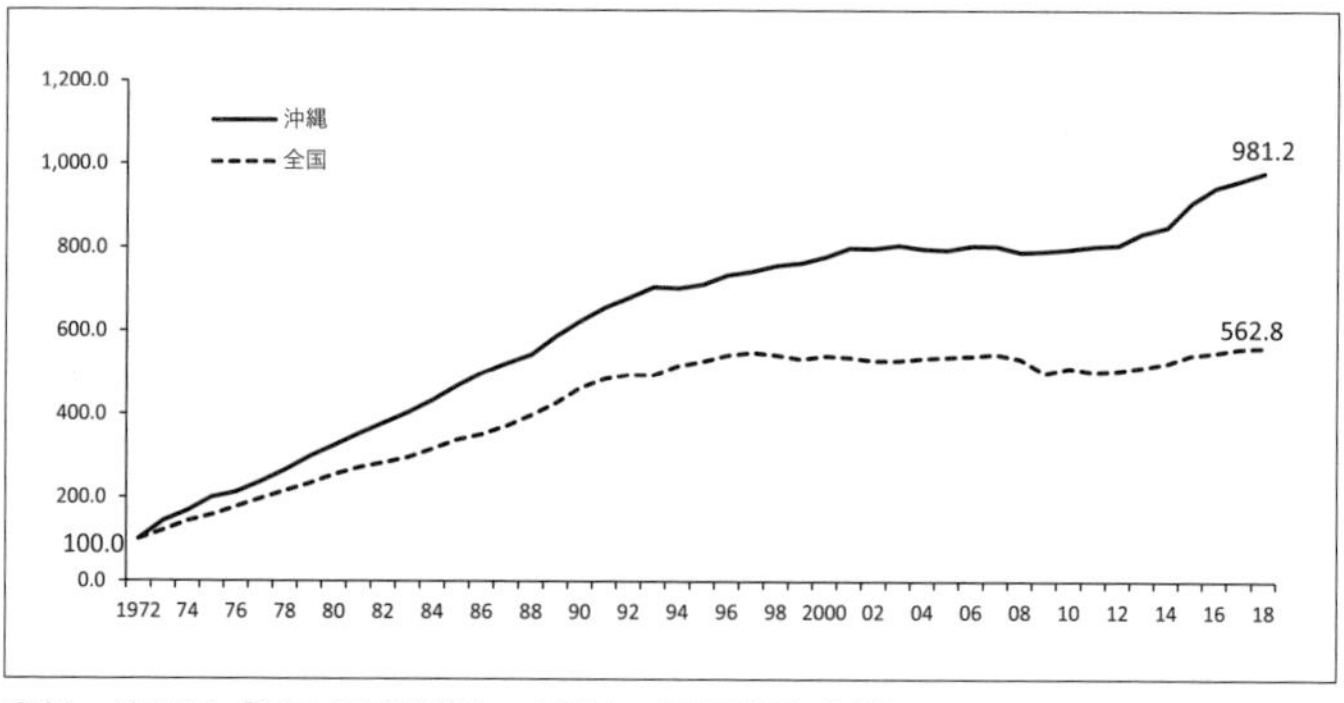

資料：沖縄県「県民経済計算」、内閣府「国民経済計算」

一千万人を超える観光客が沖縄を訪れるようになった。復帰当初、観光客がこのような規模になると誰が予想したであろう。観光客の増加に伴い観光収入も増え、二〇一九年では過去最高の七、四八三億円に上った。これは公共投資（約四千億円）や基地関連収入（約二千億円）を大きく上回るものとなっている。

4　社会インフラの整備

我々の生活基盤や産業活動を支える道路や空港、港湾などの社会インフラ整備も復帰後ずいぶん進んだ。復帰時には本土に大きく後れを取っていたが、沖縄振興計画による格差是正の名のもと莫大なインフラ投資がなされてきた。その結果、現在では面積当たり道路延長や上水道給水人口比率など全国水準を上回る整備率になる分野もある（表1参照）。

また、大規模なダムの整備も進められ、沖縄にとって大きな問題であった毎年の水不足も解消されてきた。一九九四年から現在まで連続給水二八年となり、断水や隔日給水などを知らない世代も

図３　観光入域客数の推移

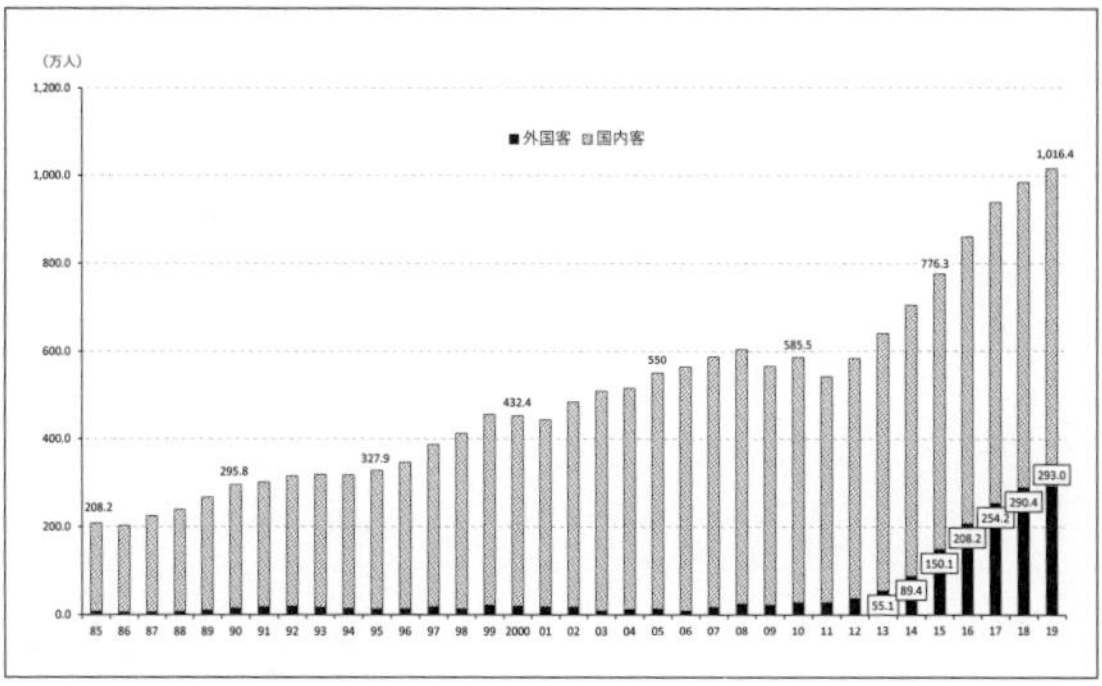

資料：沖縄県「観光要覧」

出てきている。

　離島架橋も復帰後一四の架橋が整備され、離島振興に大きく貢献している。特に二〇一五年の伊良部大橋（宮古島～伊良部島）は総工費三九九億円、九年をかけて完成し、三・五キロと日本一長い無料橋として有名で、観光客も多く訪れる観光名所となり島民の生活も大きく変えた。

　それ以外にも、沖縄自動車道の整備、那覇空港第二滑走路の整備など社会インフラ整備が進められ沖縄の観光や県民の生活利便性の向上に大きく貢献している。

表1　全国平均を上回る社会インフラ

	数値	順位
面積当たり道路延長（m／㎢）	3,560	19位
上水道給水人口比率（%）	97.8	16位
下水道普及率（%）	73.7	21位
運動公園数（可住地面積100㎢当たり）	0.94	12位

注：数値及び順位はいずれも2018年時点
資料：総務省統計局「社会生活統計指標2021」より作成

三　沖縄県の抱える問題

1　自立指標に関して

　いくつかの自立度指標で、沖縄県の自立化がどの程度進んできたのか計測したのが表2である。一人当たり県民所得は全国最下位、失業率は全国一高く、財政依存度も高いままで、経済パフォーマンスはあまりよくない。一人当たり県民所得も全国の約七割程度でほぼ横ばい、さらに労働生産性も近年は低迷している。自立度指標で見る限り、自立化へ向かって着実に進んでいるとは言い難い。

表 2　自立度指標で見た県経済の自立度の推移

	第1次振興開発計画 (1972 ~ 1981)		第2次振興開発計画 (1982 ~ 1991)		第3次振興開発計画 (1992 ~ 2001)		沖縄振興計画 (2002 ~ 2011)		21世紀ビジョン基本計画 (2012 ~ 2021)	
	1972	1981	1982	1991	1992	2001	2002	2011	2012	2018
財政依存度(%)	25.6	39.4	36.5	36.2	38.2	42.2	41.6	41.6	42.2	39.0
自立収支（%）	-30.9	-24.8	-23.9	-9.0	-9.0	-20.6	-20.8	-20.2	-22.4	-17.7
完全失業率（%）	-	5.4	4.9	4.0	4.3	8.4	8.3	7.1	6.8	3.4
県民所得格差(%)	57.8	71.4	73.6	71.6	72.9	68.2	69.0	70.6	70.0	75.8
労働生産性(千円/人)	1,262	3,681	3,888	5,491	5,793	6,362	6,401	5,965	5,913	6,373

資料：沖縄県「県民経済計算」より作成

また、重点産業である観光は、観光客数が大きく伸びているものの、宿泊数及び一人当たり消費額は伸びていない。ＩＴ産業も成長しているものの依然として下請け構造から抜けきれておらず、いずれの産業も高付加価値化が課題となっている。

2　一人当たり県民所得

二〇一八年の一人当たり県民所得は二三九万円と全国（三一八万円）の七五・一％となっている。このような全国との格差は復帰時の五九・五％から縮まっているものの、七割台の格差で推移しており、八〇年代以降ほとんど変化がない。このため都道府県の一人当たり所得ランキングでも最下位のままである。

図 4　1 人当たり県民所得の推移

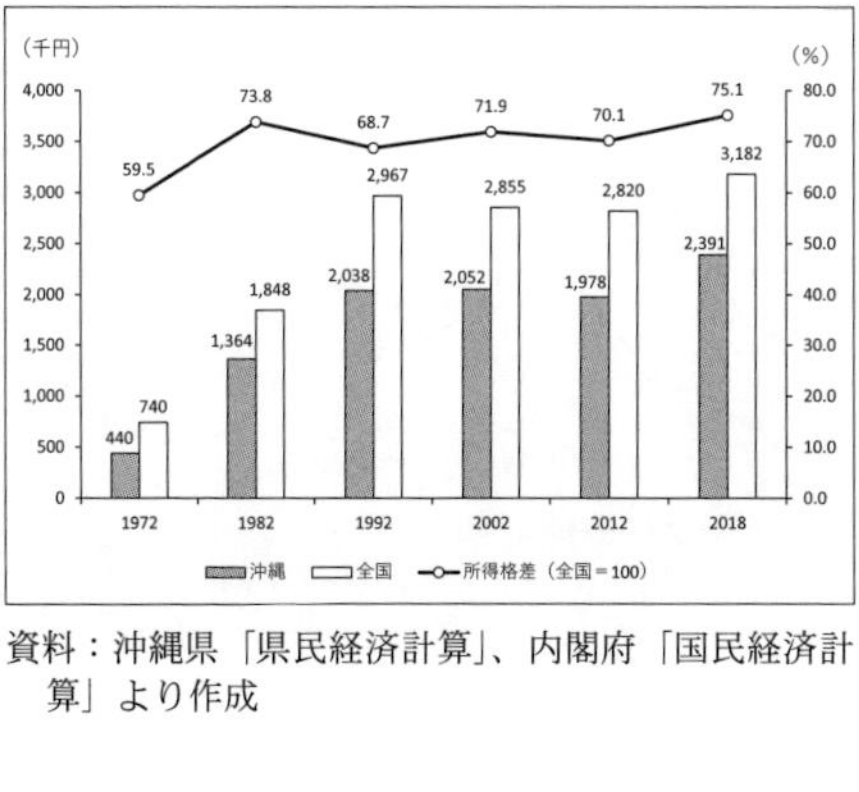

資料：沖縄県「県民経済計算」、内閣府「国民経済計算」より作成

3　雇用労働

次に雇用労働についてみる。まず、失業率は（図5）、復帰後から常に全国以上の失業率となっている。二〇一一年以降は全国沖縄とも減少傾向にあり、コロナ禍直前の二〇一九年には全国との差はわずか〇・三ポイントとなった。コロナにより失業率はまた上昇しているが全国との差が再び拡大することが懸念される。

雇用労働における沖縄県の大きな特徴は、若年者（一五歳～二四歳）の失業率の高さだ。特に一五歳～一九歳は二〇一五年で全国の四倍近く高い。また、離職率を見ても全国一高い。大卒者の三年以内の離職率もほぼ四〇％を超えており、全国の三〇％と比較しても高い。筆者も二〇一八年に公庫レポートで詳細を述べているが、大学時代をいかに有意義に過ごすかにも大きく関わってくることが当時のアンケート分析から明確に分かった。このような離職率の高さはもちろん就職後の人間関係といった職場環境の要因もあるが、学生の就活や仕事に対する

図５　失業率の推移（沖縄県と全国）

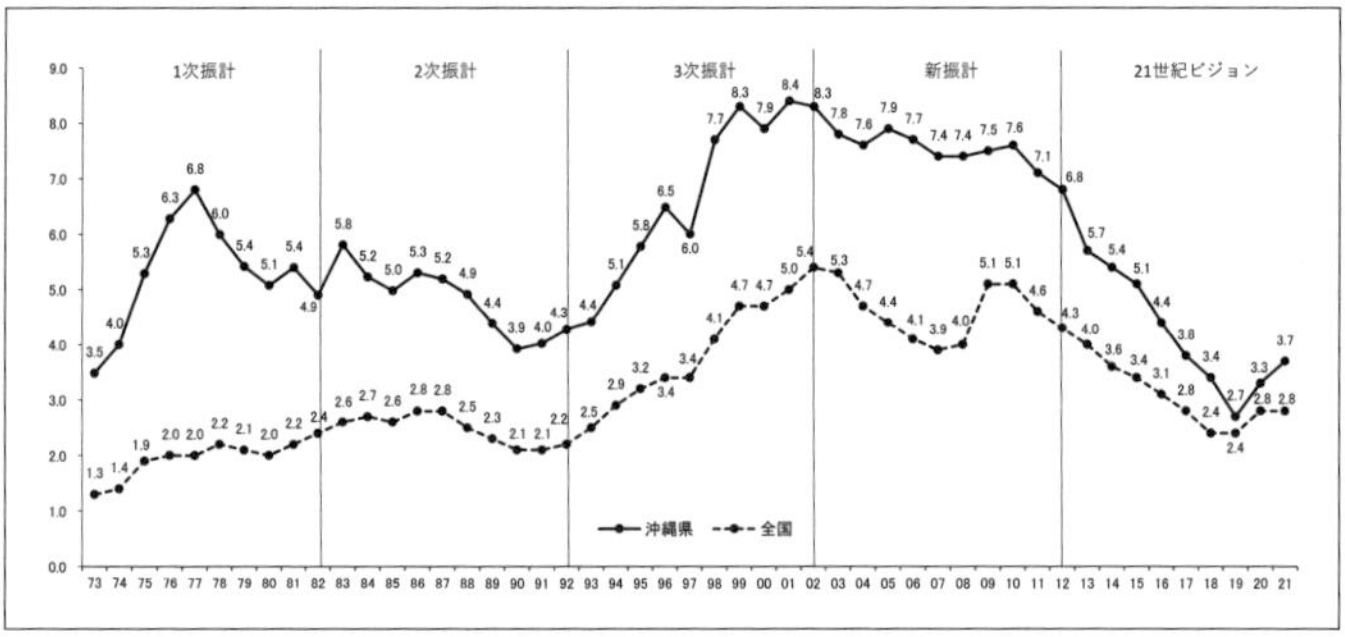

資料：沖縄県、総務省「労働力調査」より作成

意識のあり方にも大きな要因がある。

次に正規非正規雇用者割合についてみよう（図６）。沖縄は全国に比べ男女とも非正規雇用者比率が高いが、特に女性は二〇一七年で五九・八％と六割近く、正規雇用者より多い割合となっている。また、全国も同様であるが、非正規雇用の割合が男女とも上昇してきている。バブル崩壊後このような傾向が強まっており、非正規雇用者の生活の安定も含め賃金全体が上がらない要因にもなっている。

４　沖縄の格差・貧困問題

二〇一六年の県の調査で子どもの貧困率が二九・九％となることが判明し、全国（一六・三％）に比べて突出していることから大きな注目を浴びることとなった。二〇二二年スタートの新たな振興計画でも貧困の解消が政策課題として大きく取り上げられている。では、なぜ沖縄はこのように貧困率が高いのであろうか。

まず、貧困と格差の実態についてみてみよう。格差の指標であるジニ係数をみると（図７）一九九七年は〇・三五三と全国最悪であった。ジニ係数は大きいほどその地域内での格差が大きい

図６　非正規雇用の推移（全国と沖縄）

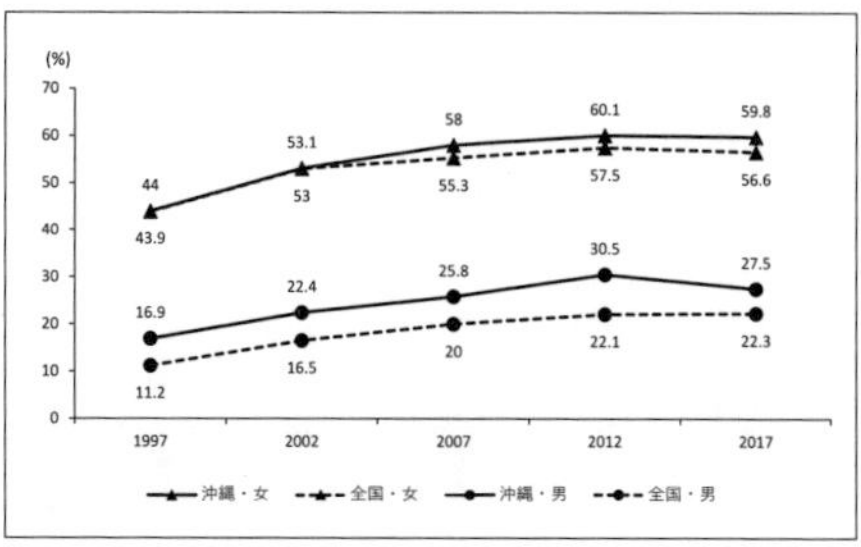

資料：沖縄県、総務省「就業構造調査」より作成

ことを意味する。つまり、全国の中でも沖縄県内の貧富の格差が大きいということである。その後の推移をみると二〇一四年には全国の中では一〇位と数値は小さくなっているものの、依然として格差の大きな地域であることに変わりはない。

沖縄の格差の構造をみると（図8）、高所得者と低所得者が二極化しているのではなく、低所得者層が多いことが分かる。年収が三〇〇万円以下の所得層が全国に比べても多く（沖縄五五・九二％に対し全国三七・六二％）、これが格差の要因となっているのだ。

　このような格差について別の角度から見てみよう。沖縄県が調査した「県民生活満足度調査」があるが、そこでは暮らし向きに対する意識について質問してい

図7　ジニ係数の推移

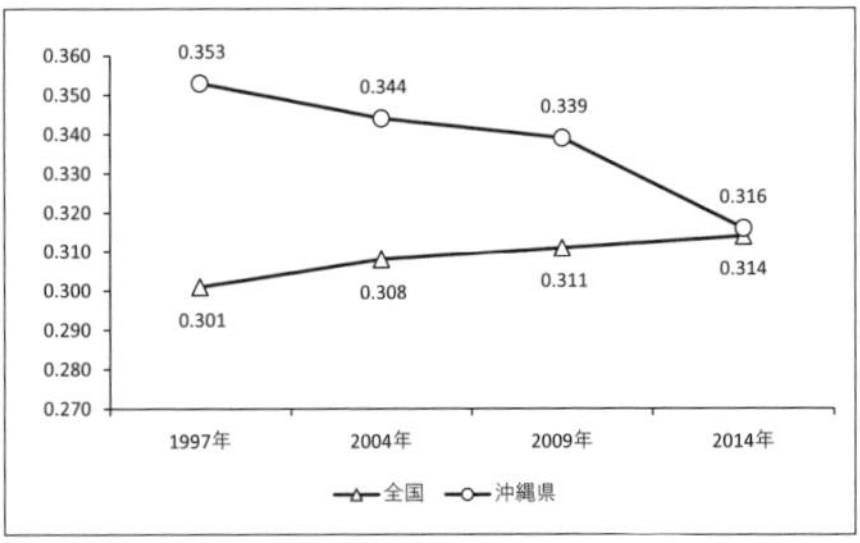

資料：総務省「全国家計構造調査」

図8　所得別世帯数の割合（沖縄と全国）

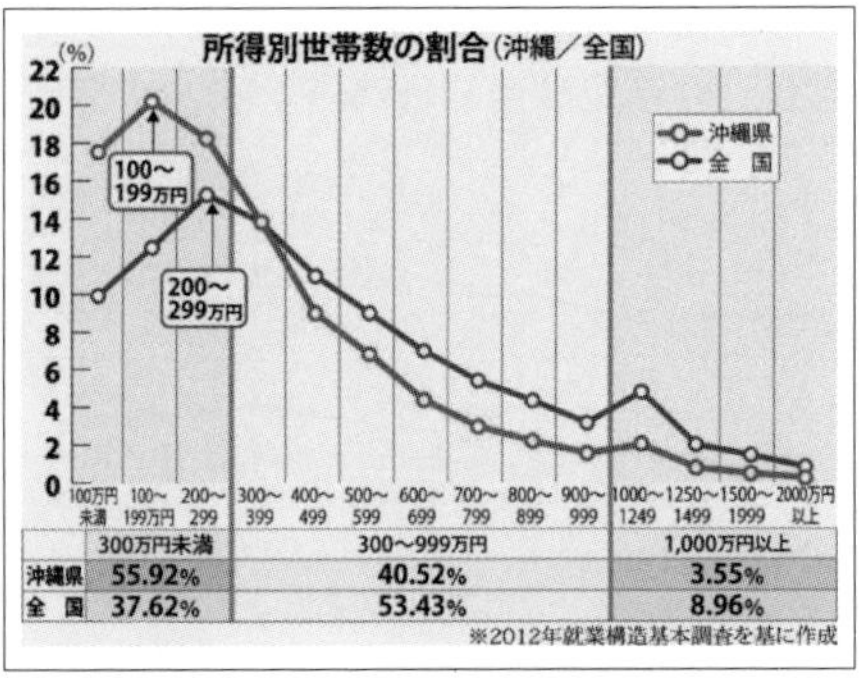

資料：沖縄タイムス　2017年5月10日

る（図9）。これは、自分の生活水準が相対的にどのレベルにあるのかを聞いたもので、県民の生活水準に対する意識の変化をみることができる。二〇二一年（令和三年）では「中の中」が四二・〇％と最も高いが、一九八四年（昭和五九年）の七四・六％からは大きく減ってきている。全国の同様な調査では五七・七％であるので中流意識は全国よりも低く、しかも減少してきているのが沖縄の特徴である。「中の中」が減った分「中の上」以上と「中の下」以下の二つに分かれてきており、特に「中の下」以下の割合が増えてきている。これは自分たちの生活レベルが低いと感じている層が多くなってきていることを意味し、図8の解釈と整合的である。沖縄の貧困を考える場合、低所得者層の増大に対する対応が課題となることを示唆している。また、この所得層には非正規雇用者やひとり親世帯が多く含まれていると推測される。

図9　暮らし向きに対する意識の推移

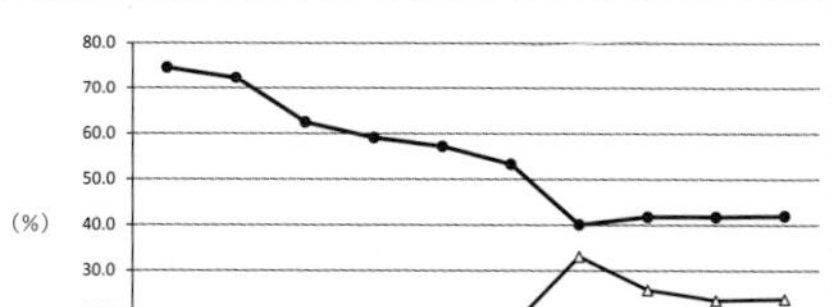

	1984	1990	1995	1999	2004	2009	2012	2015	2018	2021
上	3.0	3.0	3.6	3.9	3.9	3.7	1.4	1.6	2.0	2.4
中の上	7.5	8.3	14.8	14.9	17.3	17.4	8.4	12.0	13.4	16.0
中の中	74.6	72.3	62.5	59.1	57.2	53.3	40.1	41.8	41.8	42.0
中の下	7.9	8.6	10.9	11.2	14.3	17.6	33.1	25.8	23.5	23.8
下	2.8	2.5	2.7	4.0	3.5	4.8	9.4	10.7	10.7	9.0

資料：沖縄県「県民意識調査」2021年

5　子どもの貧困問題

前述したように県の調査で子どもの相対的貧困率は二九・九％と推計され、実に子どもの一〇人

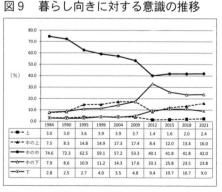

に三人が貧困状態であることが分かった。沖縄の子どもの貧困率が高い要因としては、①ひとり親世帯特に母子世帯が多い、②非正規雇用が多い、③福祉行政の遅れがあると考えられる。

①については、母子世帯数は二〇一五年で二・五八％と全国の一・四一％を大きく上回っている。実際のアンケートでもひとり親世帯の平均年収は二二三万円と低く（表3）、八割近くの世帯が「生活は苦しい」としている（図10）。県の母子世帯が多い要因としては、若年出産率の高さと離婚率の高さが指摘されている。②については、前述したように全国より非正規雇用者比率が高く、特に女性の比率が高い。非正規雇用者は年収が低く、解雇されると生活保護などに頼らざるを得ず、貧困の要因となる。③については、貧困の背景として、永井（二〇一六）は、「社会的な環境変化と生活価値観の変化に伴う、『一人親世帯』の増加という社会現象は、『貧困世帯の増加』という負の変化をもたらすこととなった。」と一人親世帯の増加を指摘し、「こうした大きな社会の変化に、国の政策を始めとする社会全体での対応が追い付かずに、『子供の貧困』と『世帯の貧困』という社会現象となって表れてきているのが現状である。」としている。具体的には、「児童・家族関係と高齢者に対する人口一人当たりの社会保障給

表3　世帯種別の各収入の平均値
（　）内は中央値

	母子世帯	父子世帯
自身の年間就労収入	187万円 (168万円)	271万円 (240万円)
自身の年間総収入	223万円 (200万円)	288万円 (290万円)
世帯の年間収入	278万円 (248万円)	327万円 (333万円)

資料：沖縄県「沖縄県ひとり親世帯等実態調査報告書」平成30年度

付費をみても児童給付費（児童手当、児童福祉サービス、児童扶養手当など）と高齢者関係給付費（年金保険給付、高齢者医療給付、老人福祉サービス給付など）を比較すると一九七五年以降長期にわたり児童給付一に対し高齢者給付が二〇～三〇倍となっていた。近年は子供手当の支給開始により一〇倍以下に縮まったもののその差は依然として大きい。」（同右、九五頁より）とし、社会保障制度が貧困に対応しきれていないことを指摘している。

　貧困の根本的な解決策は経済を活性化し、その結果、賃金が高まり、非正規雇用から正規雇用が増えることである。これには時間がかかるため（これまで五〇年間で沖縄の一人当たり県民所得が全国最下位のままであることを思い出してほしい）、対症療法にはなるが、子どもの居場所の確保、学習支援、ひとり親家庭への支援といったセーフティーネットを強化し、貧困家庭を支援していくことが必要である。

図10　現在の暮らしについて

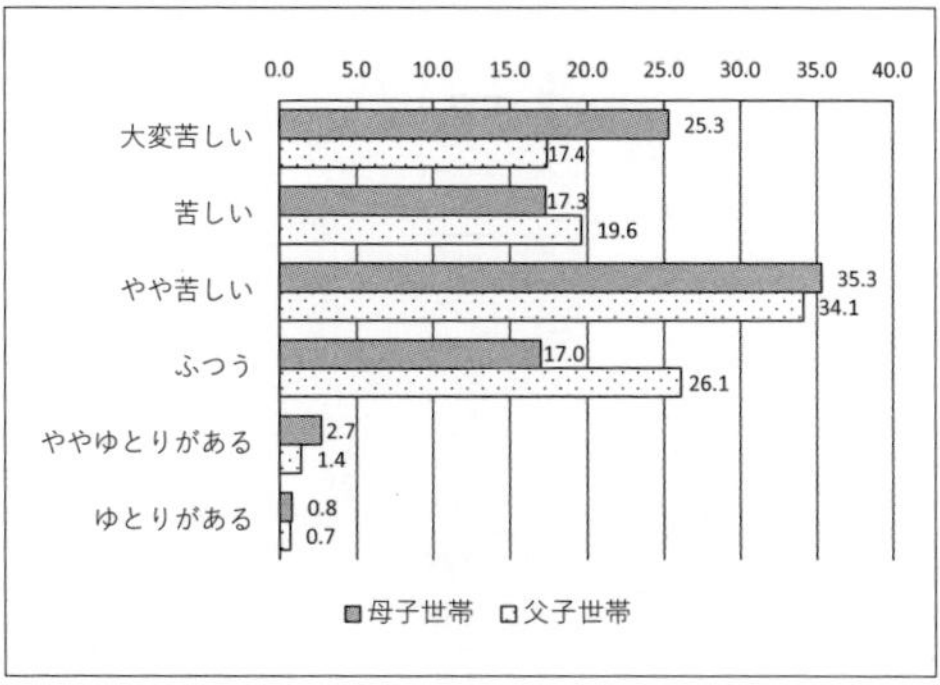

資料：表3に同じ

6　基地問題

沖縄には全国に所在する米軍専用施設・区域面積の約七割が集中している。そのため、「航空機の騒音や航空機事故、油類による河川、海域及び土壌の汚染、米軍人等による犯罪の発生など、県民の安全・安心な生活に様々な影響をあたえている。」（新・沖縄二一世紀ビジョン基本計画より）

　沖縄に基地が集中していることに対し差別的な状況だと思うかという質問に対し「そう思う」と「どちらかと言えばそう思う」で六六・三％となり大半が差別的な状況だと感じているが、過去の推移をみるとその割合が減少してきている。この要因としては、図11にみるように、若年者ほど基地を容認する意識が高くなってきているためだと推察される。このような傾向に対し、沖縄国際大学教授の前泊博盛教授は「基地問題の次世代への継承がうまくできておらず、ジェネレーション

図11　米軍基地への認識

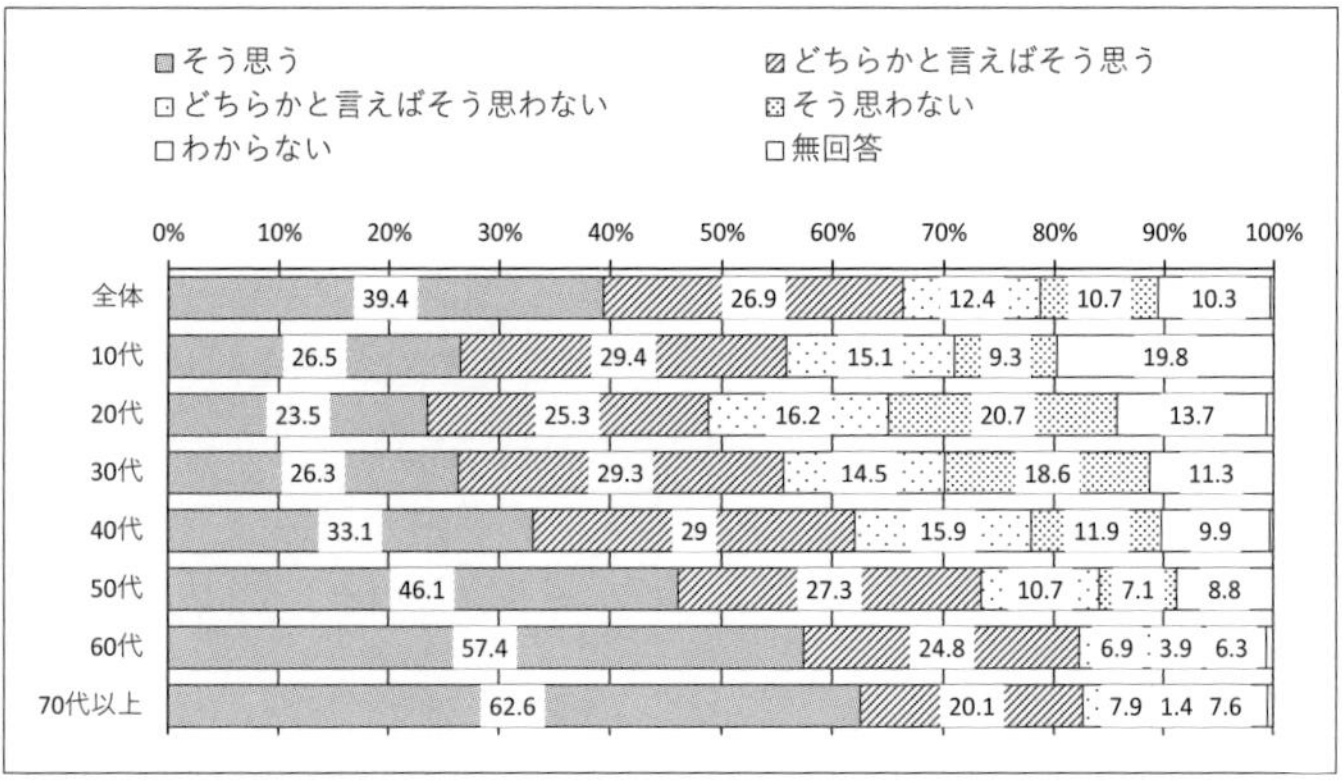

資料：沖縄県「県民意識調査」2021年

ギャップを生んでいる」と指摘し、「沖縄の置かれた不条理を知ることが必要だ」と述べている。（沖縄タイムス二〇二二年五月一五日）

基地問題は復帰五〇年を経て県民の意識も変化している現状に対し、改めて基地問題に対し県民の間で議論することが重要だと認識させられた。

四　復帰後の生活環境の変化と県民の意識　―幸福度、生活に対する満足度―

これまでは、経済、社会インフラ整備、雇用労働等について復帰後の推移や現状についてみてきた。また、貧困問題や基地問題等についても検討する中で、復帰後我々の生活を取り巻く環境がどう変化してきたのかを見てきた。本章ではそれを県民がどう受け止めているのか、その指標としての県民の幸福度及び生活満足度について検討する。

1　幸福度の変化

県民の幸福度は、生活の利便性や経済の状況、安全・安心等の暮らしやすさを、県民が総合的、主観的に判断した指標である。また、幸福度と同義で満足度も使われる。各分野における満足度を総合化して幸福度を測る方法もある。行政の目的は住民の幸福度、満足度を高めることであるので、この幸福度・満足度は様々な施策にとっても重要な指標である。そこで、以下では幸福度についてその要因も含めどう変化してきたかについて検討してみよう。

県民意識調査によると、「幸せと感じているか」という質問に対し、八割を超える人が幸せだと感じていると答えている（「感じている」と「どちらかと言えば感じている」の合計）。これは過去の調査と比べても大きな変化はない（図12）。県民は、県民所得や失業率などの経済的な状況以外にどのような要因で幸福であると感じているのであろうか。

2　沖縄県民の幸福度に関する考察

前節でみたように、県民意識調査では県民の幸福度は比較的高い。また、これまでのいくつかの幸福度に関する都道府県比較調査をみても、沖縄県は全国の中でも幸福度が比較的高いのである。これはなぜであろうか。一人当たり県民所得

図12　県民の幸せ度の推移

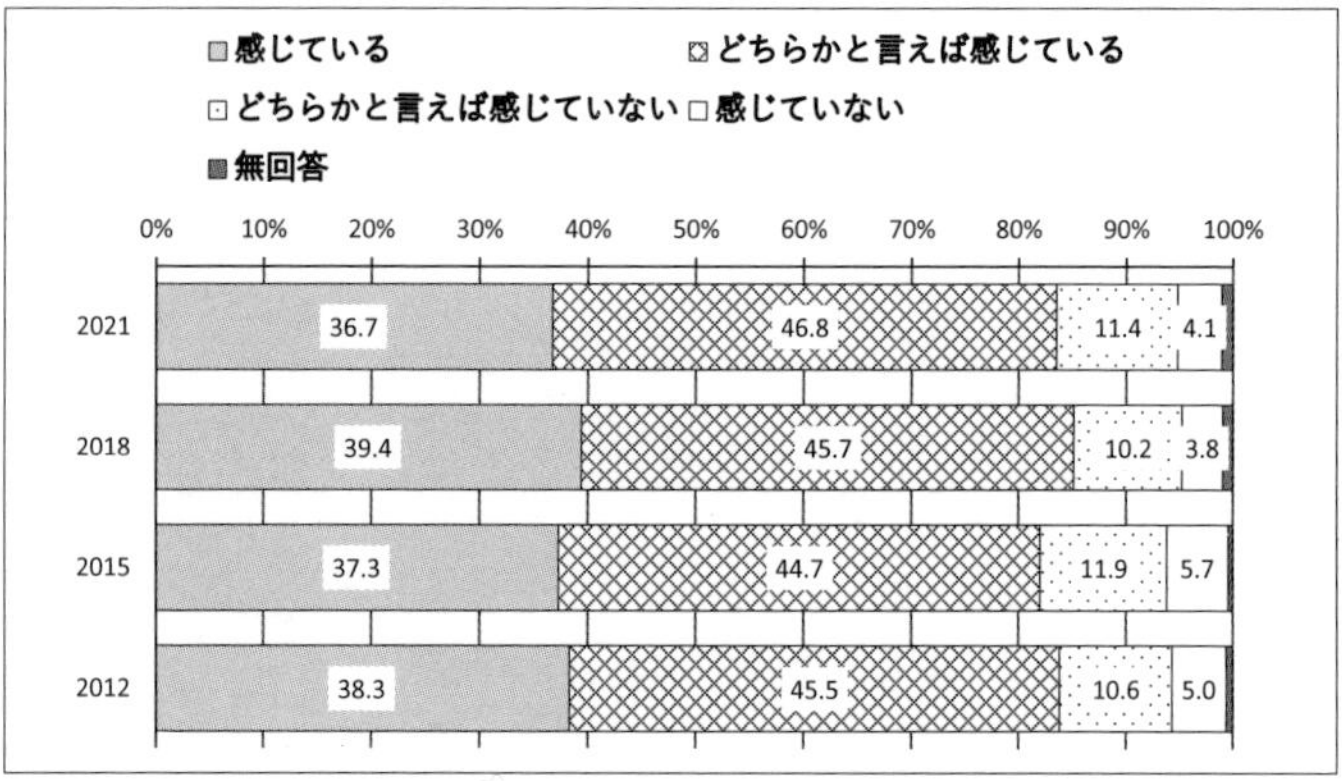

資料：沖縄県「県民意識調査」2021年

や失業率、離職率等でみて沖縄県の経済的パフォーマンスは全国一悪いか下位にあるにもかかわらずである。表4は国民生活満足度調査より個票ベースで沖縄県の結果を抽出したものである（大山二〇二〇）。それによると、各分野の客観的指標は全国水準より低いにもかかわらず、満足度といった主観的指標（アンケート結果）の順位は比較的高い。例えば雇用環境と賃金分野では、完全失業率、有効求人倍率、所定内給与、最低賃金額のすべてが全国平均を大きく下回っているのに対し、主観満足度は全国一四位と高くなっている。なぜこのように県民の幸福度は高くなっているのか、さらに考察してみよう。

まず、幸福度に影響を与える因子としては、これまでの幸福度研究によると、所得、所得格差、性別、年齢、健康度、婚姻、子どもの数、友人数、兄弟・姉妹の数、冠婚葬祭への参加などがある。

金城（二〇一五）では、独自のアンケート調査から幸福度と上記諸変数との関係について統計分析を行っている。その結果、「人間関係においては、既婚であることや、子どもがいることや行事・イベントに参加すること、主観的な健康の評価が高いことが幸福度の高さに関連していることが明らかになった。」また、沖縄の幸福度の高さを考えるうえで特徴的なものとして「友人数や行事・イベントの影響がある。これは沖縄県における人間関係、すなわち社会関係資本やそれを維持するための制度（行事・イベント）の影響があることを示唆している。」とし、さらに「沖縄の幸福度の高さは、所得や貯蓄などの経済的要因を上回るこれらの人間関係などの社会的要因があるのであろう。実際、沖縄県における友人数の多さを考えるとこうした点が沖縄県の幸福度に大きく寄与していると考えられる」としている。また、行事に参加しているか否かが幸福度の高さに影響を与えている。沖縄県におけるこうした親戚づきあいなどの人間関係の濃さが幸福度を引き上げる要因として働いているのであろう。

沖縄の幸福度の高さは一人当たり県民所得等の経済的要因では測ることのできない「豊かさ」があると考えられる。それは、一人ひとりの県民の楽観的な生き方や人との関係や交流を大切にする考え方により形成された社会の独自性とも言えるようなものであろう。

人間関係を大切にし、互いを支え合う社会が基盤としてあり、それが所得などの金銭的幸福感より大きな幸福感を持つような、ある意味で楽天的な社会を形成している。これが沖縄県の幸福度の高さの要因だと思われる。

表４　主観的指標と客観的指標の比較

分野	客観指標（主なもの）	全国	沖縄	主観満足度		
				全国	沖縄	順位
家計と資産	可処分所得金額（二人以上勤労世帯）	47.7万円／月	31.8万円／月	4.7	4.71	23
雇用環境と賃金	完全失業率（年平均）	2.4%	2.7%	4.66	4.73	14
	有効求人倍率（年平均）	1.6	1.19			
	所定内給与額	307.7千円	251.3千円			
	最低賃金額（全国は加重平均）	901円	790円			
住宅	延床面積	93.0㎡	75.8㎡	5.58	5.55	27
	住宅保有率（二人以上世帯）	83.7%	62.8%			
仕事と生活	実労働時間（一般労働者）	164.8時間／月	165.6時間／月	5.26	5.32	16
健康状態	健康寿命	男72.14	男71.98	5.56	5.72	7
		女74.79	女75.46			
教育水準・教育環境	大学進学率	54.7%	40.2%	5.56	5.60	19
社会とのつながり	ボランティア行動者率	26.0%	25.1%	5.39	5.51	10
	交際・付き合いの時間	17分／日	19分／日			
身の回りの安全	刑法犯発生件数（認知件数）	817,338件	6,878件	5.67	5.71	23
	人口100人当たり件数	0.60%	0.48%	5.20	5.23	25
子育てのしやすさ	待機児童率（＝待機児童数／申込者数）	0.6%	2.8%			
介護のしやすさ・されやすさ	受給者一人当たりの費用額(介護サービス)	194.6千円	211.7千円	4.54	4.50	31

※個票データより作成

資料：大山　雄太郎（2020）「沖縄の幸福度が相対的に高い要因に関する一考察」東京大学公共政策大学院リサーチペーパー

五　沖縄が豊かになるためには

1　経済自立化を目指すために必要なこと

これまで検討してきたように、復帰後、社会インフラ整備や様々な産業振興策により県民の生活は豊かになってきたと言えよう。また、幸福度の考察においてみたように、経済指標では測れない「豊さ」が沖縄には確かにある。豊かさを何で測るかによるが、経済指標などの客観的指標でみると、沖縄は決して「豊か」とは言えないが、精神的な「豊さ」は幸福度指標でみるように高いのである。これは、沖縄の社会の特徴としてプラスに評価することができる。

しかしながら、幸福度の高さをもって、今後の施策の必要性がなくなることはない。現実問題として貧困問題があり、また、前述した大山（二〇二〇）では主観的な満足度は相対的に高いのだが、その一方で、沖縄においては、「まったく満足していない」を選ぶ人の割合が全国より多いということが指摘されている。幸福度の高さの陰で目立たないが、幸福度の低い人々の存在は無視できない。我々の課題は、沖縄社会の楽天的な特質を生かしながら経済的豊かさも追及していく必要があるということだ。

そこで経済発展を遂げるためには沖縄の経済自立化が重要な目標となってくる。前述したように、自立化指標をみるとどれも自立化へ向かっていないことが明確であったことを踏まえ、自立化に必要なことを筆者なりにまとめてみた。

①漏れの少ない経済構造

新たな振興計画でも自給率がフレームとして示されており、観光需要のように外部からの需要を県内に取り込めるような域内循環を高める仕組みを強化していく必要がある。

②生産性を引き上げること

沖縄の生産性は全国一低く、それが一人当たり県民所得の低さの大きな要因となっている。各産業分野における生産性向上が自立化を図るための大きな課題である。

③高度人材の育成

高度人材とは、企業における中核的労働者でプロデュース能力、プロジェクトマネジメント能力、経営能力、技術力の高い人のことである。これら人材を重点的に育成することが必要である。

2　経済自立化を達成できない要因

経済自立化を達成するための課題について前節で述べた。これらは産業振興計画や人材育成計画の施策として実行されてきている。それにもかかわらず自立化が進まないのはなぜか。

一つ目の理由としては、政策の有効性である。例えば生産性向上のための様々な政策が実施されてきている。しかし現実に生産性が向上していないのだから政策を行ってもそれが生産性の向上に結び付かない要因があるはずである。補助のあり方や予算規模などのどこに問題があるのか、事業レベルでの徹底した検証が必要である。

二つ目は前章で述べた楽天的な県民性である。私はこれも自立化が進まない要因である可能性について常に考えてきたところであるが、そのヒントとなったのが樋口（二〇二一年）である。この本では、なぜ沖縄から貧困がなくならないのか筆者の体験とともに考察されている。それは、県民のメンタルな部分にかかわるものであり、結論から言うと沖縄県民は変化を好まない社会（現状維持社会）だからというのである。人間関係が濃密なだけに変化を起こそうとすると周りから浮いてしまい、できる者もできることを隠そうとする、つまり変化を起せない社会となっている。だから県民を消費者、労働者、経営者としてみると、消費者は今の商品に満足し不満があってもクレームもあまりしない。労働者も昇給や職位も無理に上げようとしない。その結果、経営者も生産性改善等の経営努力をせず無理をしない。これが沖縄県の低賃金、低生産性から抜け出せない要因となっているというのである。

これは前述した幸福度の高い県民特性と整合的である。人と人の関係を重視し、互いに支え合う社会であるがゆえに目立つことをしない、あるがままの現状を受け入れる県民性となっているのではないか。そう考えると経済の自立化が進まないもう一つの要因が明確になる。

自立化経済を目指すのであれば、生産性を上げるため、がむしゃらになる経営者が求められる。しかしながら経営者も現状維持でやっていられるので無理して生産性を上げようと努力する機会が失われているのではないのか（もちろん全ての経営者がそうだというわけではない、中には生産性を上げるためのたいへんな努力をしている企業も多くある）。

大きくこの二つの要因により、沖縄はなかなか自立できず貧困が多い社会となっているのである。

六　県民が幸せになるためには

では、沖縄はいつまでも自立できず貧困問題は解決できないままなのか。私は一県民としてそうではないと思いたいし、これからの環境の激変を考えると条件は大きく変わっていくものと考える。

環境の激変とは何か。それはコロナ禍である。本稿を執筆中の八月初旬では県内感染者数は一日当たり四千人を超え第七波の最中にある。コロナにより観光客も二〇二〇年では前年比で八割も落ち込み県経済に大打撃を与えた。また、外出制限により飲食店、小売店、イベント業などで休業や閉店が相次ぎ経済活動も大きなマイナスとなった。

コロナ前とコロナ後では人々の意識や行動も大きく変わると言われている。現に消費者行動は、リアル店舗での買い物が減り、ネットによる買い物やデリバリーによる食事が増えるなど巣ごもり需要の増加がみられた。また働き方もリモートによる在宅勤務、オンライン会議など職場に行かずに働くスタイルが普及した。このように、我々の生活はもはやコロナ前には戻らないであろう。

このような消費者の購買行動の変化、働き方の変化にうまく対応しないと企業も生き残ることが困難な時代に変わっているのである。またコロナ前からの変化として、ＩＴやＳＮＳの広がりとそれをビジネスに生かした企業や個人の躍進がみられた。コロナによりこの動きは拍車がかかるであろう。アジアとの関係も今後コロナが落ち着くとともに再び活性化すると考えられる。アジア諸国に積極的に展開しようとする企業ももっと多くなるであろう。

このような環境変化により、県内の労働者、消費者、特に経営者の意識も現状維持型から変化をせざるを得ない状況へと変わっているのである。変化しないと現状維持どころかじり貧に追い込まれるのである。

環境の変化をチャンスと捉え、〝できる人〟、〝社会を変えたい人〟が大量に出てくる社会づくりが求められる。これは土台作りのようなものであり、その上で漏れの少ない経済構造の構築、生産性の向上や高度人材育成といった政策を行っていくことで自立経済へ向かうことができると期待される。

土台作りで大切なのは、人材育成であり基礎教育におけるインセンティブ教育が重要だと考える。これは我々の社会の現状を正しく知ることであり、なぜ貧困が発生しているのか、なぜ沖縄は失業率が高いのか、などを小学生のうちから知識としてではなく議論で学んでいく。また、他の人と違うことを行って成功した人、海外へ展開した経営者の話などを聞く機会も増やすことで子供たちの意識を変えることができるかもしれない。

これは、県民の幸福度の要素を壊すことになるかも知れない。他の人と違うことをやろうとする人や変化を求める人が多く出現することにより、人とのつながりを大切にする社会も少なからず影響を受けるだろう。したがって県民の幸福度は下がるかもしれない。しかし、貧困をなくし経済的にも依存度の少ない自立した経済をつくることにより、違う方向で幸福度を高めることになるに違いない。

すべてが大きく変わるこれからの時代では変化をしなければ取り残されてしまう。そうであれば変化を受け入れ少しでも良い方向に社会が向かうように努力すべきだと思う。

参考資料

沖縄県（二〇一六）「沖縄県子どもの貧困実態調査報告書」
沖縄県（二〇一八）「沖縄県ひとり親世帯等実態調査報告書」
沖縄県（二〇一九）「観光要覧」
沖縄県（二〇二〇）「二一世紀ビジョン基本計画等総点検報告書」
沖縄県（二〇二一）「沖縄県勢のあらまし」
沖縄県（二〇二一）「県民意識調査」
沖縄県（二〇二二）「一〇〇の指標からみた沖縄県のすがた」
沖縄県「県民経済計算」
沖縄県「就業構造基本調査」
沖縄県「労働力調査」
沖縄労働局（二〇二一）「新規学卒就職者の離職状況について」令和三年一二月九日発表報道資料

総務省「全国家計構造調査」
総務省「労働力調査」
総務省統計局（二〇二一）「社会生活統計指標二〇二一」
内閣府（二〇一七）「沖縄の振興二〇一七年版」
内閣府「国民経済計算」

参考文献

大山雄太郎（二〇二〇）「沖縄の幸福度が相対的に高い要因に関する一考察」東京大学公共政策大学院リサーチペーパー
大竹文雄・白石小百合・筒井義郎編著（二〇一〇）『日本の幸福度―格差・労働・家族』日本評論社
金城敬太・伊佐玲香・伊波美咲（二〇一五）「沖縄県における幸福度とその要因に関する考察」『沖縄国際大学経済論集』第九巻第一号　七九―九八頁
橘木俊詔・高松里江（二〇一八）『幸福感の統計分析』岩波書店
戸室健作（二〇一六）「都道府県別の貧困率、ワーキングプア率、子どもの貧困率、捕捉率の検討」山形大学人文学部研究年報第一三巻　三三―五三頁
永井保男（二〇一六）中央大学経済研究所年報第四八号　六九―九八頁
樋口耕太郎（二〇二一）『沖縄から貧困がなくならない本当の理由』光文社新書

沖縄振興予算の経済効果

比嘉正茂

比嘉　正茂・ひが　まさしげ
【所属】経済学部経済学科　教授
【主要学歴】明治大学大学院政治経済学研究科博士後期課程修了
【所属学会】日本地方自治研究学会、日本経済政策学会、日本財政学会、環太平洋産業連関分析学会
【主要著書・論文等】
・「沖縄振興予算に関わる国直轄事業費の時系列的考察」『地方自治研究』ＶＯＬ・33、№２、日本地方自治研究学会、二〇一八年。
・「沖縄振興予算の時系列的考察―国庫支出金の類似県比較を中心に―」『地方自治研究』ＶＯＬ・31、№２、日本地方自治研究学会、二〇一六年。
・『国と沖縄県の財政関係』池宮城秀正編著、清文社、二〇一六年。（第九章 内閣府沖縄担当部局予算）
・（共著）「観光ビジネスにおける地域ブランドの戦略と効果：ワインツーリズムやまなしを事例に」『地域デザイン』第二号、地域デザイン学会、二〇一三年。
・「地方都市における大学立地の経済効果―都留市産業連関表を用いた分析―」『大月短大論集』第44号、市立大月短期大学、二〇一三年。
・「地方自治体における図書館事業の効率性評価―山梨県内自治体を対象としたWindow分析による時系列分析―」『地方自治研究』ＶＯＬ・26、№２、日本地方自治研究学会、二〇一一年。
・「山梨県内自治体における公共政策の規模効率性と技術効率性―ＤＥＡによる実証分析―」『大月短大論集』第42号、市立大月短期大学、二〇一一年。
※役職肩書等は講座開催当時

一　はじめに

一九七二年の本土復帰以降、沖縄県では「沖縄振興（開発）特別措置法」に基づき種々の振興策が実施されてきた。同法に基づき策定された「沖縄振興（開発）計画」は、一〇年を一つの計画期間として、これまで五次にわたって計画が実施されてきた。本土復帰から五〇年を迎える二〇二二年度には、「子供の貧困対策」や「離島振興」などを盛り込んだ第六次の沖縄振興計画（新・沖縄二一世紀ビジョン基本計画）がスタートした。

沖縄の振興策を実施するための予算は、一般的に「沖縄振興予算」と呼ばれている。沖縄振興予算の正式名称は「内閣府沖縄担当部局予算」であり、同予算の中身は他県にも同様に交付されている「国庫支出金」と「国直轄事業費」等を沖縄県について計上したものである。わが国では、沖縄の本土復帰に伴い「沖縄開発庁」が設置され、以降同庁が沖縄県分の国庫支出金と国直轄事業費を「沖縄振興予算」として一括計上する仕組みを採ってきた。二〇〇一年の省庁再編に伴い、沖縄開発庁は内閣府に統合され、現在は内閣府が「内閣府沖縄担当部局予算」として沖縄振興予算を一括計上している。

本土復帰から五〇年を迎えた現在、沖縄県では新たな振興計画がスタートし、また沖縄復帰特別措置法に基づく酒税の軽減措置の廃止が検討されるなど、沖縄の振興策は新たな局面を迎えている。このような状況にあって、近年は過去五〇年の沖縄振興に関わる各種制度についての評価・検証を求める声が多く、また沖縄振興予算の使途の妥当性や費用対効果への関心も高まっている。

こうしたことから、本稿では沖縄振興予算が沖縄県経済に及ぼす影響について、産業連関分析を用いて定量的に検討する。沖縄振興予算が産業間取引を通じて県内の産業にどのような影響を与え、そして県内総生産等に如何なるインパクトを与えているのかを明らかにするとともに、これらの分析によって「沖縄振興予算の見える化」を行い、沖縄振興の「これまで」と「これから」を検証するための基礎資料を提供しようというのが本稿の目的である。

本稿の構成は次のとおりである。次節では沖縄振興（開発）計画の概要と沖縄振興予算の制度的枠組について解説する。第三節において分析の枠組みと計測モデルを提示した後、第四節において分析結果を示す。これらの分析結果を踏まえて、最終節では沖縄振興の課題と展望について考察したい。

二　沖縄県における地域振興策の変遷と振興予算の枠組み

1　沖縄県の地域振興策

本土復帰から現在に至るまで、沖縄県では「沖縄振興（開発）特別措置法」を根拠法として種々の振興策が実施されてきた。[(1)] 同法に基づき策定された沖縄振興計画は、三次にわたる「沖縄振興開発計画」とその後の「沖縄経済振興二一世紀プラン」および「沖縄二一世紀ビジョン」、そして二〇一二年度にスタートした「新・沖縄二一世紀ビジョン基本計画」へと引き継がれてきた。

表1には本土復帰から現在までの沖縄振興計画の概要が示されている。本土復帰から二〇〇一年までの沖縄振興開発計画では、「本土との格差是正」が主要な計画目標であった。同計画では、戦後わが国の施政権外に置かれたことによって生じた経済社会分野の「本土との格差」を早急に是正することが重要課題とされ、三次にわたる振興開発計画を通じて社会資本の整備や社会福祉の拡充、産業の振興開発などの施策が展開された。

二〇〇二年に策定された「沖縄経済振興二一世紀プラン」とその後の「沖縄二一世紀ビジョン（二〇一二年）」においては、根拠法令から「開発」の文字が消えるとともに、計画目標についても従来の「本土との格差是正」から「日本経済の一翼を担う地域の創造」へと変化した。両計画では、地理的・自然的・文化的特性といった沖縄の持つ魅力を活かした施策を展開することで「沖縄が日本経済の発展に寄与する地域」になり得るとしている。両計画のこうした考えは、二〇二二年度から始まった「新・沖縄二一世紀ビジョン基本計画」にも引き継がれている。新・沖縄二一世紀ビジョン基本計画には「日本経済発展への貢献」や「わ

表1　沖縄振興策の変遷

名　称	沖縄振興開発計画 （第1次－第3次）	沖縄振興計画 （沖縄経済振興21世紀プラン）	沖縄振興計画 （沖縄21世紀ビジョン）	沖縄振興計画 （新・沖縄21世紀ビジョン基本計画）
根拠法令	沖縄振興開発特別措置法	沖縄振興特別措置法	（改正）沖縄振興特別措置法	（改正）沖縄振興特別措置法
計画期間	1972年～2001年	2002年～2011年	2012年～2021年	2022年～
計画目標	本土との格差の是正 自立的発展の基礎条件の整備	自立的発展の基礎条件の整備 我が国・アジア・太平洋地域の発展に寄与する沖縄の創造	自立的発展の基礎条件の整備 我が国の発展に寄与する新生沖縄の創造	持続可能な沖縄の発展 ポストコロナのニューノーマルにも適合する「安全・安心で幸福が実感できる島」の形成

出所：沖縄県庁ＨＰより加工し作成

が国とアジア諸国を結ぶ拠点としての沖縄」といった文言が明記され、沖縄が日本経済の発展に貢献し得る地域であるとの認識で計画が策定されている。

このように、本土復帰以降の沖縄の振興策は、一九七〇年代～九〇年代までは「経済的に遅れた地域としての沖縄」という位置付けのなかで「本土との格差の是正」が目標に掲げられ、その後二〇〇〇年代に入ると「日本経済の発展に貢献し得る地域としての沖縄」へとその位置付けが変化してきた。(2) 現在、沖縄県では「新・沖縄二一世紀ビジョン基本計画」がスタートしたところであるが、同基本計画では沖縄県経済の発展や日本経済への貢献だけでなく、わが国とアジア諸国・地域を結ぶ拠点としての沖縄やＳＤＧｓを取り組んだ施策の展開、人口減少社会への対応、さらにはポストコロナに対応した社会の構築というように、これまで以上に多岐にわたる課題への対応が求められている。

2　沖縄振興予算の制度的枠組み

前述したように、沖縄振興予算の正式な名称は「内閣府沖縄担当部局予算」である。わが国では、沖縄の本土復帰に伴い「沖縄開発庁」が設置され、同庁が沖縄振興開発計画の作成や沖縄振興開発金融公庫の監督等の役割を担ってきた。こうした振興計画等の業務を円滑に遂行するために、沖縄振興に関わる予算は同庁に一括計上される仕組みが採用された。二〇〇一年の省庁再編後は、内閣府がこれらの業務を引き継いでおり、現在の沖縄振興予算は、「内閣府沖縄担当部局予算」として内閣府による一括計上が行われている。

二〇二〇年度の沖縄振興予算（決算）を図1に示した。同年度の沖縄振興予算は、当初予算ベースで三、〇一〇億円、補正後予算に前年度繰越額を含めた歳出予算現額では五、二八五億円となっている。沖縄振興予算の内訳をみると、公共事業関係費（一、二八八億円）が最も多く、次いで一括交付金のソフト交付金（五二二億円）およびハード交付金（四九二億円）の順となっている。沖縄振興一括交付金については、「沖縄振興公共投資交付金（ハード交付金）」と「沖縄振興特別推進交付金（ソフト交付金）」があり、前者は対象となる事業が施設整備等の公共投資に限定される補助金で県や市町村がハード交付金の対象となる事業を選択した後、各省庁に移し替えて交付金が支出される。後者は、原則内閣府が直接執行するもので、人材育成等の「ソフト事業」も交付の対象となる。(3)

このように、沖縄振興予算は、内閣府沖縄担当部局が予算を一括計上した後、内閣府が直接執行するか、あるいは国交省や厚労省等の他省庁に移し替えて執行される。沖縄振興予算については、「内閣府への一括計上」という他県とは異なる予算要求の仕組みが採られていることや、基地問題等の政治的課題との関連で議論がなされる場合がある等の理由から、沖縄のみに特別に支出されている補助金であるとの誤解も多い。しかし、沖縄振興予算の中身は、他県にも同様に交付されている「国庫支出金」と「国直轄事業費」等であり、この二つの項目とは別枠で「沖縄振興予算」が存在するわけではない。(4)

図１　沖縄振興予算の仕組み（2020年度決算）

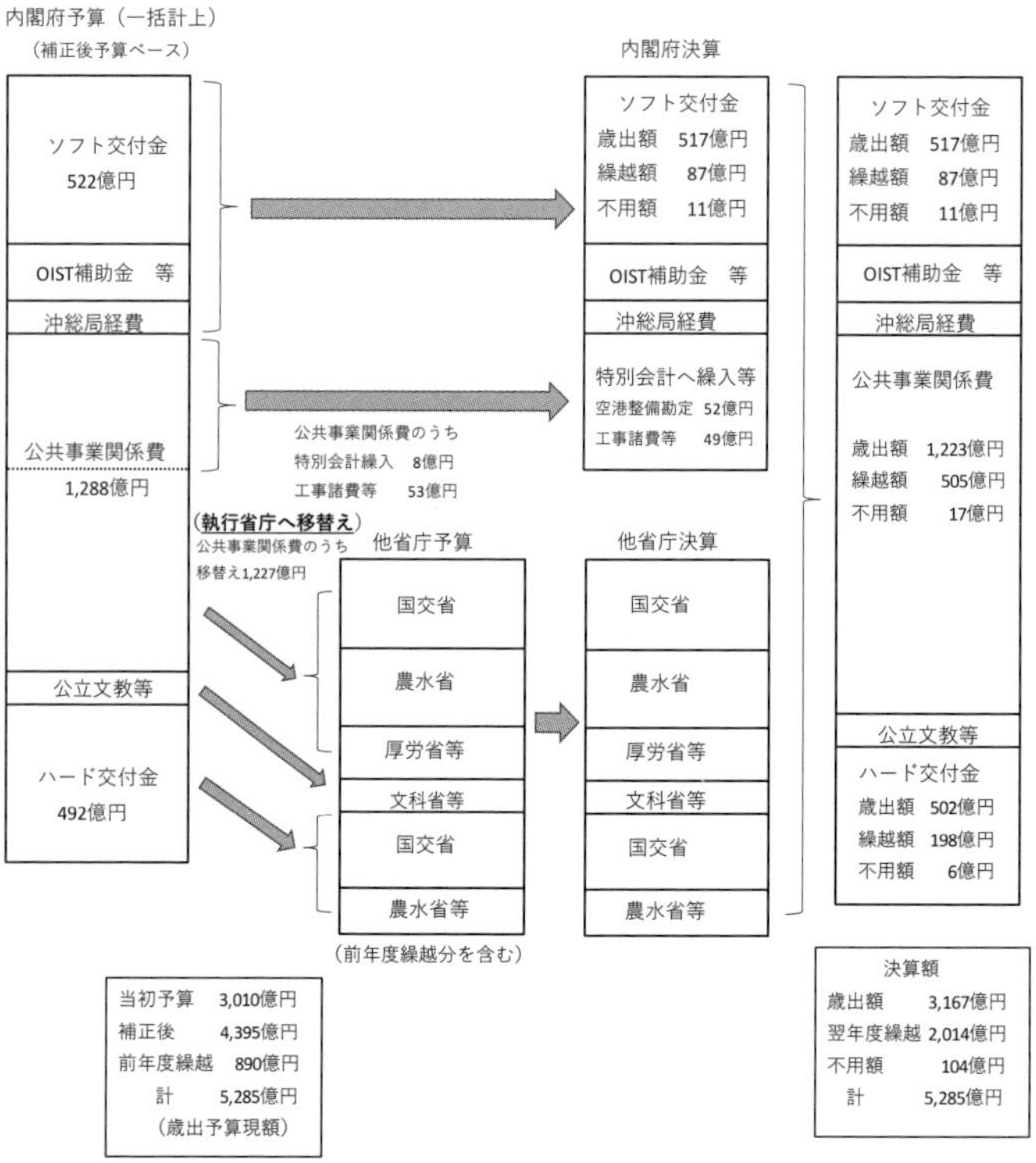

出所：内閣府ＨＰより加工し作成

3　沖縄振興予算の推移

二〇〇二年度から二〇二二年度までの沖縄振興予算の推移を図2に示した。二〇〇二年度に三、一八七億円であった沖縄振興予算は、その後減少し二〇〇四年度には二、九三五億円と三、〇〇〇億円を下回る水準となった。二〇〇五年度以降も沖縄振興予算の減額は続き、二〇〇九年度には二、四四七億円、二〇一〇年度には二、二九八億円にまで減少した。二〇一二年度以降は、政権交代などの要因もあって再び増加傾向に転じ、二〇一三年度には三、〇〇一億円、二〇一四年度には三、五〇一億円と二〇〇二年度以降最大の予算規模となった。その後も三、〇〇〇～三、三〇〇億円で推移していた沖縄振興予算であるが、二〇二二年度には二、六八四億円となり、二〇一二年度以来の三、〇〇〇億円を下回る水準となっている。

図2　沖縄振興予算の推移

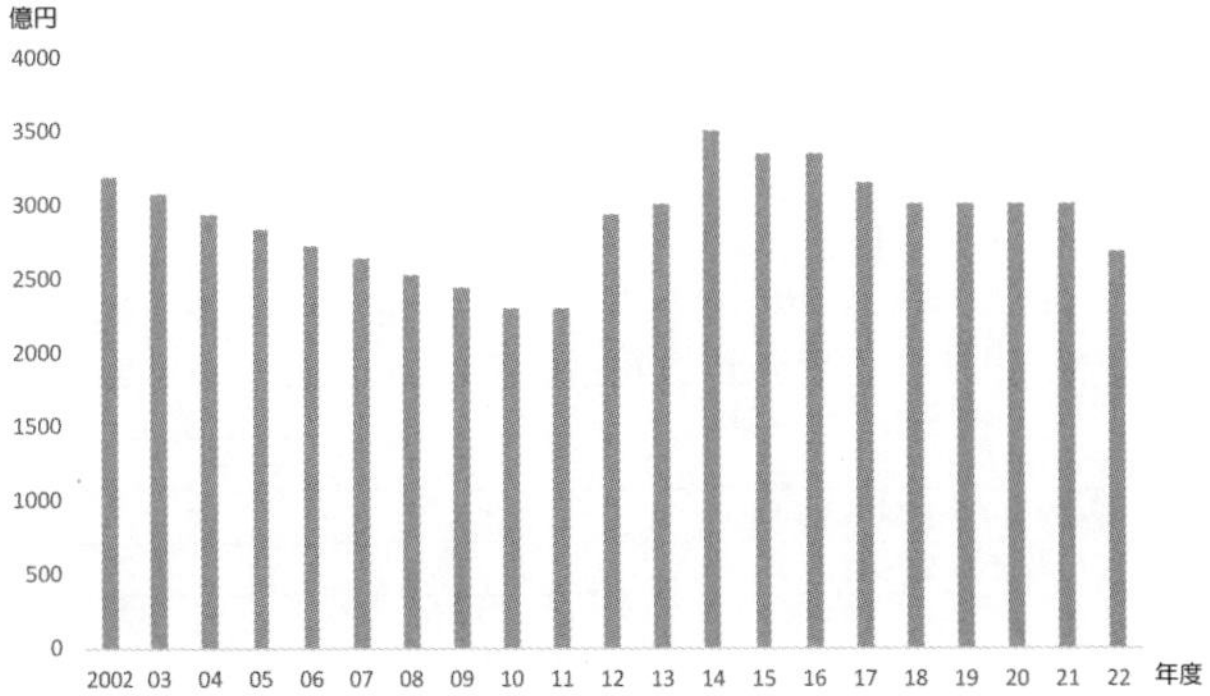

出所：内閣府ＨＰより加工し作成

次に、表2には沖縄振興予算（二〇二二年度）の内訳を示した。二〇二二年度の沖縄振興予算は総額で約二、六八三億円となっている。同予算の内訳をみると、公共事業関係費等が約一、二六一億円で最も多く、次いで沖縄振興交付金事業推進費が約七六二億円となっており、この両項目で予算全体の約七五%を占めている。沖縄振興交付金事業推進費は、いわゆる一括交付金のことであるが、前述したように一括交付金については、学校施設環境の改善や水道施設整備等の公共事業に支出される「ハード交付金」と人材育成等にも支出される「ソフト交付金」で構成されている。同表の内訳からもわかるように、公共事業関係費とハード交付金で沖縄振興予算の約六〇%を占めており、したがって、沖縄振興予算の大半は公共事業等の社会資本整備

表2　沖縄振興予算の内訳（2022年度）

（単位：百万円）

1	沖縄振興交付金事業推進費	76,250
	(1) 沖縄振興特別推進交付金（ソフト交付金）	39,444
	(2) 沖縄振興公共投資交付金（ハード交付金）	36,806
2	公共事業関係費等	126,130
3	沖縄科学技術大学院大学学園関連経費	19,320
4	沖縄健康医療拠点整備経費	16,263
5	沖縄北部連携促進特別振興事業費	4,450
6	沖縄離島活性化推進事業費	2,480
7	沖縄子供の貧困緊急対策経費	1,560
8	沖縄産業力強化・人材育成推進事業費	1,322
9	駐留軍用地跡地利用推進経費	205
10	戦後処理経費	2,742
11	沖縄振興開発金融公庫補給金	1,931
12	沖縄振興特定事業推進費	8,000
13	その他の経費	7,746
	合　　計	268,399

出所：内閣府ＨＰより加工し作成

に支出される経費である。二〇二二年度予算は、前年度予算（三、〇一〇億円）と比較して大幅な減額となったが、予算項目別では公共事業関係費等（一八五億円減）と一括交付金（二一八億円）の減額幅が大きかったこともあり、両項目の大幅減額が二〇二二年度予算総額に影響を及ぼしたと考えられる。

公共事業関係費および一括交付金以外の経費については、沖縄科学技術大学院大学学園関連経費（約一九三億円）や沖縄健康医療拠点整備経費（約一六二億円）、北部地域振興のための経費である沖縄北部連携促進特別振興事業費（約四四億円）、沖縄離島活性化推進事業費（約二四億円）、沖縄子供の貧困緊急対策経費（約一五億円）等が計上されている。

沖縄振興特定事業推進費（約八〇億円）については、ソフト交付金を補完し、市町村等が実施する事業に必要な経費の一部を補助するための経費であり、県内市町村等を対象とした補助金として二〇一九年度に新設されたものである。

本稿は、沖縄振興予算のなかでも公共事業関係の経費に焦点をあてて経済効果を推計し、「沖縄振興予算の見える化」を試みるが、そうした公共事業に焦点を当てる理由は、沖縄振興予算の大半がハード交付金を含めた、いわゆる「公共事業費」で占められていることにある。

三　分析の枠組み

1　計測モデルの定式化

本稿では沖縄県産業連関表（二〇一五年）三五部門を用いる。同表について、競争輸入型地域均衡産出高モデルによる定式化を行った。[(5)] 計測モデルは次のとおりである。[(6)]

$$\Delta X_1 = \left[I - (I - \bar{M})A \right]^{-1} \Delta F$$

$$\Delta X_2 = \left[I - (I - \bar{M})A \right]^{-1} (I - \bar{M})ckw\Delta X_1$$

$$\Delta X = \Delta X_1 + \Delta X_2$$

ΔX = 生産誘発額合計（直接効果＋間接一次効果＋間接二次効果）

ΔX_1 = 第一次生産誘発額（直接効果＋間接一次効果）

ΔX_2 = 第二次生産誘発額（雇用者所得の増加を通じた生産誘発額）

I = 単位行列　　A = 投入係数行列　　$\bar{M}$ = 輸移入係数行列

ΔF = 最終需要変化額　　k = 消費転換係数　　c = 民間消費支出構成比

w　雇用者所得率

2　データ

経済効果を推計する際には、二〇一八年度～二二年度までの沖縄振興予算のうち、各年度における公共事業関係経費および沖縄振興公共投資交付金（ハード交付金）を合算し、その合計額から用地取得費を除いた金額を用いる。[(7)] 経済効果の推計に用いる各年度の沖縄振興予算を表3に示した。

同表より、二〇一八年度における用地取得費を除いた公共事業費は、約一、八九三億円となっており、同様に、各年度の公共事業費は二〇一九年度が約一、八四九億円、二〇二〇年度が約一、八一〇億円、

表3　沖縄振興予算と用地取得費

（単位：百万円）

年度	①沖縄振興予算（公共事業関係費＋ハード交付金）	②用地取得費	公共事業費（①－②）
2018	199,957	10,562	189,395
2019	195,262	10,314	184,948
2020	191,177	10,098	181,079
2021	189,748	10,023	179,725
2022	162,936	8,606	154,330

出所：内閣府HPおよび総務省『都道府県決算状況調』平成30－令和2年度

二〇二一年度が約一、七九七億円、二〇二二年度が一、五四三億円となっている。これらの公共事業費を用いて各年度の経済効果を推計し、沖縄振興予算の「見える化」を試みようというのが本稿の目的である。[(8)] なお、経済効果の推計に際しては、①沖縄振興予算のうち、公共事業費のみを分析の対象とする、②各年度の公共事業費（除：用地取得費）は全額「土木建設」部門に支出されると仮定する、[(9)] ③生産誘発効果、粗付加価値誘発効果、雇用者所得誘発効果を推計する、以上の三つを前提に分析を行う。

3　分析の流れ

図3は、公共事業の実施によって生じる経済活動のフローチャートを示したものである。沖縄振興予算の大半が公共事業に支出されていることは前に述べたが、こうした公共事業の実施は、沖縄県内の建設業への需要を発生させる。建設業への需要の発生は、建設業に原材料供給等を行う他の産業の需要を喚起することになるが、そうした需要の一部は「県外への需要」に、そして残りは「県内への需要」として、沖縄県経済に新たな需要を生み出すことになる。

図３　経済効果のフローチャート

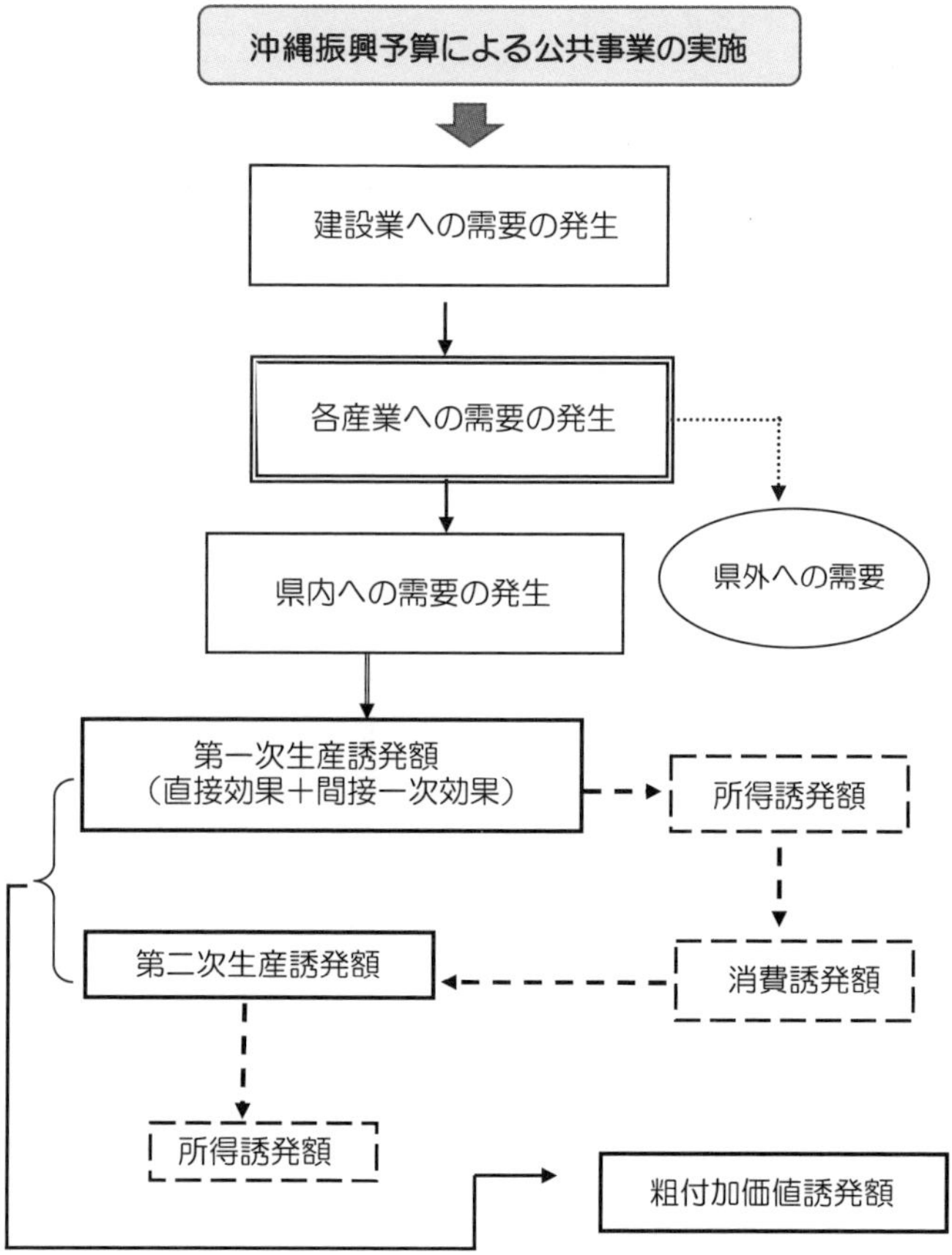

出所：筆者作成

公共事業の実施によって沖縄県内において新たな需要が発生し、建設業や他の産業において生産が誘発されることを示したのが第一次生産誘発額（直接効果＋間接一次効果）である。また、第一次の生産誘発効果に伴い、各産業に従事する雇用者の所得が増加し、増加した所得の一定割合が新たな消費へと向けられることで、沖縄県内で新たな需要が発生する（第二次生産誘発額）[10]。

このように、同図では、公共事業の実施によって建設業をはじめ各産業の生産が誘発され、生産誘発によって所得が増加し、増加した所得の一定割合が消費へと回っていくという一連の経済循環が示されている。同図のフローチャートに基づき、次節では二〇一八年度～二〇二二年度における各年度の経済効果を推計する。

四　分析結果

1　沖縄振興予算の経済効果

前節で定式化した計測モデルに、表3で示した各年度の公共事業費を最終需要として投入し、沖縄振興予算の経済効果を推計した。推計結果は表4～表6に示されている。

表4は二〇一八年度における公共事業の生産誘発効果を示したものである。同事業によって生じる最終需要（一、八九三億円）を満たすために直接的・間接的に誘発される生産誘発額（第一次生産誘発）は、約二、七三八億円である。さらに第一次生産誘発によって雇用者所得が増加し、その

表４　沖縄振興予算の生産誘発効果（2018年度）

（単位：百万円）

		第一次生産誘発	第二次生産誘発	合計	構成比（%）
1	農業	398	793	1,191	0.37
2	林業	20	10	30	0.01
3	漁業	1	69	71	0.02
4	鉱業	674	58	732	0.23
5	食料品・たばこ・飲料	54	2,365	2,419	0.76
6	繊維製品	1	2	3	0.00
7	製材・木製品・家具	72	10	82	0.03
8	パルプ・紙・紙加工品	75	42	117	0.04
9	化学製品	29	22	51	0.02
10	石油製品・石炭製品	2,777	374	3,151	0.99
11	窯業・土石製品	10,977	40	11,017	3.46
12	鉄鋼	4,242	10	4,252	1.34
13	非鉄金属	64	2	66	0.02
14	金属製品	4,752	79	4,831	1.52
15	一般機械	12	1	13	0.00
16	電気機械	34	21	55	0.02
17	輸送機械	265	264	529	0.17
18	精密機械	4	6	10	0.00
19	その他の製造工業製品	890	192	1,082	0.34
20	建築及び補修	198	147	346	0.11
21	土木建設	189,395	0	189,395	59.53
22	電気・ガス・熱供給	1,627	1,943	3,570	1.12
23	水道・廃棄物処理	903	592	1,495	0.47
24	商業	6,999	6,087	13,086	4.11
25	金融・保険	4,505	3,152	7,657	2.41
26	不動産	652	10,220	10,872	3.42
27	運輸・郵便	4,887	1,809	6,696	2.10
28	情報通信	4,564	2,800	7,364	2.31
29	公務	8	201	209	0.07
30	教育・研究	125	1,396	1,521	0.48
31	医療・保健・社会保障・介護	11	3,365	3,375	1.06
32	その他の公共サービス	565	667	1,232	0.39
33	対事業所サービス	33,412	2,772	36,184	11.37
34	対個人サービス	135	4,737	4,872	1.53
35	その他	474	75	549	0.17
	合　計	273,800	44,326	318,126	100.00

増加した所得の一部が消費活動にまわることによって誘発される生産額（第二次生産誘発）は、約四四三億円となっている。第一次および第二次の生産誘発額を合計すると、二〇一八年度における沖縄振興予算に関わる公共事業の生産誘発効果は、三、一八一億円程度と推計される。

生産誘発効果が最も大きい産業は、土木建設（一、八九三億円）で生産誘発効果総額の五九・五三％を占めている。同部門の生産誘発効果が大きくなっているのは、公共事業費の全額が「土木建設」に支出されると仮定していることによる。土木建設の次に生産誘発効果が大きい産業は、対事業所サービス（約三六一億円）である。同部門には警備業や物品賃貸業（建設機械器具等）等が含まれているため、公共事業の実施によって土木建設業と関連するこれらの産業においても新たな需要が発生したものと推測できる。(11) 同様に、セメント及び同製品、コンクリート等が含まれる「窯業・土石製品（約一一〇億円、三・四六％）」についても、公共事業の実施によって同部門の生産が誘発されていることがうかがえる。対事業所サービス以外の産業をみると、商業（約一三〇億円、四・一％）や不動産（約一〇八億円、三・四二％）、金融・保険（約七六億円、二・四一％）等の部門で生産誘発効果が大きくなっている。このことは、公共事業の実施によって生じる直接・間接的な需要に加えて、雇用者所得の増加を通じて商業や不動産、対個人サービス（約四八億円、一・五三％）といったサービス産業にも新たな需要が生まれたことを示唆している。

このように、沖縄県内で実施される公共事業は、土木建設や対事業所サービス、窯業・土石製品等の公共事業に関わりの深い産業に大きな影響を及ぼすとともに、商業や金融・保険、対個人サービスといったサービス産業についても一定の生産誘発効果をもたらしていることがわかる。

次に、表5には公共事業の実施がもたらす粗付加価値誘発効果と雇用者所得誘発効果を示した。同事業によって誘発される粗付加価値総額は、約一、四五八億円となっている。産業別では、土木建設が約七三一億円で最も多く、次いで対事業所サービス（約二二八億円）、不動産（約八八億円）、商業（約八四億円）と続いている。公共事業（二〇一八年度）の実施によって誘発される粗付加価値総額（約一、四五八億円）は、同年度の実質県内総生産（四兆三、三四四億円）の三・三％程度の水準となっている。[12] このことは、公共事業の実施が沖縄県経済に一定の影響を与えていることを示しており、言い換えれば、今後沖縄振興予算、とりわけ公共事業費の減額が続けば、生産誘発ならびに粗付加価値誘発の減少を通じて沖縄県経済の規模が縮小していく可能性がある。[13]

雇用者所得誘発額についてみると、同事業によって誘発される雇用者所得総額は、約七七五億円となっている。産業別では土木建設（四五〇億円）が全体の五八％を占めており、次いで対事業所サービス（約一一一億円）、商業（約四八億円）、金融・保険（約二七億円）の順となっている。粗付加価値と同様に、沖縄振興予算に関わる公共事業の実施は、県内の雇用者所得にも影響を与えており、とりわけ土木建設業については、沖縄振興予算の増減が同部門の雇用者所得の増減に密接に関連しているものと思われる。

表５　沖縄振興予算の粗付加価値誘発効果と雇用者所得誘発効果（2018年度）

（単位：百万円）

		粗付加価値誘発	雇用者所得誘発
1	農業	408	303
2	林業	17	9
3	漁業	40	12
4	鉱業	435	161
5	食料品・たばこ・飲料	925	358
6	繊維製品	2	1
7	製材・木製品・家具	41	22
8	パルプ・紙・紙加工品	47	19
9	化学製品	18	8
10	石油製品・石炭製品	537	54
11	窯業・土石製品	4,580	1,733
12	鉄鋼	407	117
13	非鉄金属	10	8
14	金属製品	1,636	859
15	一般機械	7	4
16	電気機械	17	13
17	輸送機械	161	61
18	精密機械	3	2
19	その他の製造工業製品	488	281
20	建築及び補修	141	82
21	土木建設	73,114	45,082
22	電気・ガス・熱供給	1,762	471
23	水道・廃棄物処理	937	362
24	商業	8,405	4,816
25	金融・保険	5,822	2,745
26	不動産	8,890	638
27	運輸・郵便	3,480	1,748
28	情報通信	4,249	1,926
29	公務	136	132
30	教育・研究	1,243	1,118
31	医療・保健・社会保障・介護	2,100	1,698
32	その他の公共サービス	578	366
33	対事業所サービス	22,801	11,118
34	対個人サービス	2,400	1,215
35	その他	7	1
	合　計	145,847	77,545

表6には各年度における沖縄振興予算の経済効果を示した。二〇一八年度～二〇二一年度において、概ね三、〇〇〇億円台で推移していた生産誘発額は、二〇二二年度には予算の大幅減の影響もあって二、五九二億円まで減少している。粗付加価値誘発額についても二〇一八年度には一、四五八億円であったが、その後減少し二〇二二年度は一、一八八億円となっている。雇用者所得誘発額をみると、近年は七五〇億円前後で推移していたものの、二〇二二年度は沖縄振興予算の大幅減額の影響を受けて六三二億円と推計されており、直近五年間では初めて七〇〇億円を下回る水準となっている。

以上のように、本稿の分析結果からは、①二〇二二年度には生産誘発額、粗付加価値誘発額、雇用者所得誘発額のいずれも大幅な減少が予想されること、②粗付加価値誘発額は県内総生産の三％程度の水準にあること、③沖縄振興予算の増減は、とりわけ土木建設部門の雇用者所得に影響を与えること等が示されている。

近年、沖縄振興予算の減額傾向が顕著であるが、本稿の分析結果が示すように、沖縄振興予算の減額は同予算に関わる公共事業予算

表6　各年度における沖縄振興予算の経済効果

(単位：億円)

年度	沖縄振興予算		生産誘発額	粗付加価値誘発額	雇用者所得誘発額
2018	1,894		3,181	1,458	775
2019	1,849		3,107	1,424	757
2020	1,811	➡	3,042	1,394	741
2021	1,797		3,019	1,384	736
2022	1,543		2,592	1,188	632

の減額をもたらし、そうした公共事業予算の減額が、産業間取引構造を通じて県内の各産業にマイナスのインパクトを与える可能性がある。

2　本稿の課題

本稿は、沖縄振興予算が沖縄県経済に与える影響について、産業連関分析を用いて検討を行ったが、ここで推計結果に関わる課題として、以下の点を指摘しておきたい。

本稿は、沖縄振興予算のなかでも公共事業費のみを分析対象とし、その公共事業費は全額「土木建設」部門に支出されると仮定している。しかしながら、沖縄県内で実施される公共事業は多様であり、事業の実施によって生じる最終需要がすべて「土木建設」部門に配分されると限らない。データの制約上、本稿では土木建設部門への全額支出を仮定しているが、今後は公共事業に関する県内企業へのヒアリング調査やハード交付金を含めた公共事業費の内訳等について精査し、より適切な最終需要の配分を考える必要がある。

また、沖縄振興予算のうち、公共事業費のみを分析対象としている点も本稿の課題であり、今後は「子供の貧困対策」や「離島振興」など公共事業以外の他の施策についても定量的な評価、検証を行う必要があろう。これらの事項については、今後の研究課題としたい。

五　おわりに

本稿は、沖縄振興予算の歴史的経緯や制度的枠組みを解説するとともに、沖縄振興予算が沖縄県経済に及ぼす影響について、二〇一五年沖縄県産業連関表を用いて分析を行った。これらをまとめると次のとおりである。

沖縄振興予算の正式名称は「内閣府沖縄担当部局予算」である。同予算の中身は、他県にも同様に交付されている「国庫支出金」と「国直轄事業費」等を沖縄県について計上したものであり、この二つの項目とは別枠で「沖縄振興予算」が存在するわけではない。近年、三、〇〇〇～三、三〇〇億円で推移していた同予算であるが、二〇二二年度には二、六八四億円となり、二〇一二年度以来の三、〇〇〇億円を下回る水準となった。

二〇一八年度における沖縄振興予算の生産誘発額は三、一八一億円となっており、産業別では「土木建設」や「対事業所サービス」、「窯業・土石製品」、「商業」等への影響が大きくなっている。また、粗付加価値誘発額は一、四五八億円と推計され、この金額は同年度における実質県内総生産の約三％の水準となっている。雇用者所得誘発額は約七七五億円であり、産業別では「土木建設」、「対事業所サービス」、「商業」等への影響が大きい。

二〇一八年度～二〇二一年度において、三、〇〇〇億円台で推移していた生産誘発額は、二〇二二年度には予算の大幅減の影響もあって二、五九二億円まで減少すると見込まれる。粗付加価値誘発額についても、二〇一八年度には一、四五八億円であったが、二〇二二年度は一、一八八億円まで減少する可能性がある。雇用者所得誘発額についても、近年は七五〇億円前後で推移していたが、二〇二二年度は予算の大幅減額の影響を受けて六三二億円と推計される。

二〇二二年度の沖縄振興予算は、前年度比でマイナス一一％の大幅な減額となった。本稿が示すように、沖縄振興予算の減額は、産業間取引構造を通じて沖縄県経済にマイナスのインパクトをもたらす可能性がある。したがって、沖縄振興予算の予算規模を一定程度確保し、維持していくことは、沖縄県経済の持続的な成長、発展を支えるという観点からも重要であろう。同時に、中長期的な観点からは、沖縄振興予算の増減に影響されない経済の構築が望まれるのであり、今年度スタートした新たな振興計画では、そうした「強い沖縄経済」の実現に向けた施策の展開が求められる。

【注】

(1) 沖縄振興開発特別措置法は、一九七二年五月一五日に施行された。その後二〇〇二年に沖縄振興特別措置法が施行されたことに伴い、沖縄振興開発特別措置法は同年三月三一日を以て失効となった。

(2) 沖縄振興計画の詳細については、富川（二〇一八）を参照。

(3) 沖縄振興一括交付金の制度的枠組みや課題等については、池宮城編（二〇一六）、平敷（二〇一八）、川瀬（二〇一八）を参照。

(4) 沖縄振興予算の中核を成す国庫支出金と国直轄事業費については、比嘉（二〇一六）、（二〇一八）において、時系列データを用いた他県との比較研究が行われている。

(5) 産業連関分析に関する分析事例等は、小長谷・前川編（二〇一四）を参照。

(6) 計測モデルの詳細は、土居英二・浅利一郎・中野親徳編（一九九六）を参照。

(7) 用地取得率については、総務省『都道府県決算状況調』平成三〇―令和二年度における沖縄県「用地取得費／普通建設事業費」の三ヵ年平均値を用いた。

(8) 沖縄県において公共事業を対象に産業連関分析を行った事例としては、廣瀬（一九九九）がある。

(9) 同部門には「道路関係公共事業」、「河川・下水道・その他の公共事業」、「農林関係公共事業」等が含まれている。

(10) 消費転換係数については、沖縄県の平均消費性向（二〇一八年～二〇二一年）の平均値（〇・七二）を用いた。

(11) 同部門には、警備業や物品賃貸業以外に「自動車整備」、「機械修理」、「土木建築サービス」、「テレビ・ラジオ広告」、「建物サービス」、「労働者派遣サービス」等が含まれる。

(12) 粗付加価値額から家計外消費支出を除いたものが県民経済計算における県内総生産にほぼ相当する。ただし、産業連関表と県民経済計算では、作成作業の対象期間が「暦年」と「会計年度」と異なることや生産活動（アクティビティ）の捉え方等に違いがあるため、両者の比較を行う際には注意を要する。

(13) 推計結果より、沖縄振興予算に関わる公共事業の粗付加価値誘発額は、各年度の県内総生産の三・一～三・四％程度となっている。

【参考文献】

池宮城秀正編（二〇一六）『国と沖縄県の財政関係』清文社。

川瀬光義（二〇一八）「沖縄振興一括交付金の構造」『彦根論叢』第四一五号、滋賀大学、六〇―七三頁。

小長谷一之・前川知史編（二〇一四）『経済効果入門』日本評論社。

土居英二・浅利一郎・中野親徳編（一九九六）『はじめよう地域産業連関分析』日本評論社。

富川盛武（二〇一八）『アジアのダイナミズムと沖縄の発展』琉球新報社。

比嘉正茂（二〇一六）「沖縄振興予算の時系列的考察―国庫支出金の類似県比較を中心に―」『地方自治研究』VOL・31、№2、日本地方自治研究学会、一―一一頁。

比嘉正茂（二〇一八）「沖縄振興予算に関わる国直轄事業費の時系列的考察」『地方自治研究』VOL・33、№2、日本地方自治研究学会、一六―二八頁。

廣瀬牧人（一九九九）「公共投資に関する消費内生化地域間産業連関モデルによる波及効果の分析」『産業総合研究』第七号、沖縄国際大学産業総合研究所、二九―四二頁。

平敷卓（二〇一八）「離島における一括交付金の活用の現状と離島市町村財政」宮城和宏・安藤由美編『沖縄経済の構造―現状・課題・挑戦―』沖縄国際大学沖縄経済環境研究所、一三三―一七六頁。

【参考資料】

総務省「都道府県決算状況調」平成三〇―令和二年度各年

沖縄県（二〇二二）「新・沖縄県二一世紀ビジョン基本計画」沖縄県。（沖縄県庁ホームページ：https://www.pref.okinawa.jp/site/kikaku/chosei/keikaku/documents/shin_okinawa21seikivision-kihonnkeikaku.pdf）

内閣府ホームページ（https://www8.cao.go.jp/okinawa/3/33.html）

沖縄経済における観光産業の貢献と課題

鹿毛理恵

鹿毛　理恵・かげ　りえ
【所属】経済学部経済学科　准教授
【主要学歴】佐賀大学大学院工学系研究科博士後期課程修了「博士（学術）」

【主要著書・論文等】

- 『国際労働移動の経済的便益と社会的費用：スリランカの出稼ぎ女性家事労働者の実態調査』日本評論社、二〇一四年
- 「スリランカン・ディアスポラの変遷と労働輸出政策」明石純一編著『移住労働とディアスポラ政策―国境を越える人の移動をめぐる送出国のパースペクティブ』筑波大学出版会、二〇二二年
- 「日本における外国人介護人材受け入れの現状と課題―経済連携協定によるインドネシア介護福祉士候補者の受け入れの事例を中心にして」『アジア女性研究』第二七号、二〇一八年
- 「帰還移動の原因と結果：スリランカ人海外出稼ぎ女性の事例研究」『佐賀大学経済論集』第四九巻第四号、二〇一七年
- “Workforce Development with Japanese Technical Intern Training Program in Asia: An Overview of Performance”『佐賀大学経済論集』第四九巻第三号、二〇一六年（共著：P. Ratnayake; S. De Silva; R. Kage）
- “A Survey on Female Migrant Domestic Workers of Sri Lanka: the Short-term Economic Benefits and the Long-term Social and Economic Costs” *Economic Review*, People's Bank Publication, Vol. 39, Nos. 3&4, 2013　他

※役職肩書等は講座開催当時

一　はじめに

沖縄の施政権が米国より日本政府に返還されて半世紀を迎えた二〇二二年の沖縄は、復帰五〇年のイベントが県内各所で開催されたほか、朝の連続テレビドラマ小説でも当時の沖縄をあつかうなど、沖縄ブーム再来となって注目を集めた。まだ新型コロナウイルス感染症（以下、コロナ）の影響は日本社会には残ったままであったが、国内からの観光客を中心に戻りはじめ、レンタカー会社ではキャンセル待ちも出るなど活気を取り戻し始めている。とはいえ、二〇一九年末にはじまるコロナの世界的流行はその後、沖縄経済における観光産業の存在感を認識させられる契機になったのも事実である。ふりかえるとコロナの流行は、日本では二〇二〇年に開催予定だった東京オリンピック・パラリンピックを翌年に延期させ、世界各地では観光地を訪れる人々の数が六〇～八〇％ほど落ち込んでしまった。これを受けて国連世界観光機関（ＵＮＷＴＯ：World Toursim Organization）は、世界経済全体および観光関連の雇用に負の影響が出るだろうと予測した。世界の観光地の七二％が空港封鎖や便数大幅削減等を通じて外国人観光客の入国に対して完全な封鎖を行ったことが大きい。日本ではオリンピック効果を期待していた[1]ものの、外国人観光客の来訪はほとんどなく、残念な経済効果に終わってしまった。日本政府は二〇二一年度まで、日本国内の旅行や移動、外食、各種のイベントや集会に対して、メディアを通じて大々的に「協力要請ベース」または「緊急事態宣言」の実施を行った。教育機関では入学式や卒業式、修学旅行などの実施を控えた。これらの制限は人々の国内外の移動意思に大きな制約を与えた。

感染症拡大は、米国九・一一事件や東日本大震災、近隣諸国との政治的問題が悪化した時以上の影響力をもち、沖縄県の入域観光客数を数年にわたって激減させ、観光とその関連産業に大きなダメージを与えた。復帰五〇年目の年は、政府も沖縄県も緊急事態宣言を実施しなくなったことから、沖縄に観光客が戻りはじめている。まだ日本では外国人観光客受け入れはコロナ以前のような大々的な再開をしてはいないが、海外ではコロナによる制限などをすでにしなくなってきているため、国外からの観光客も徐々に戻ることが予想されている。しかしコロナ禍の経験を通じて私たちは沖縄における観光産業の経済的貢献と様々な課題を冷静に評価する機会を得たのではないか。復帰から五〇年かけて観光産業を盛り上げてきた日本および沖縄の取り組みとその貢献を概観し、観光産業のキャリング・キャパシティーの検討とコロナ禍を通じて明らかになった課題を本章で取り上げる。

二　沖縄経済の島嶼的特徴

沖縄県は、東西約一、〇〇〇㎞、南北約四〇〇㎞もの広大な海域に沖縄諸島、先島諸島、尖閣諸島、大東諸島からなる有人島四七島と無人島一一三島の合計一六〇島で構成されている。沖縄県の人口は約一四七万人であり、そのうち約九一％の人口が沖縄島および同島と橋で連結された周辺の島々に居住する。沖縄県土総面積は二、二八一㎢と、国土面積のわずか約〇・六％にすぎず、全国で四番目に小さな県である。亜熱帯・海洋性気候に属し、年間平均気温は二三・一℃であることから本土と比べて寒暖差が小さく過ごしやすい気候である。しかしながら、年間平均降水量は全国平均の二六・七％増しで比較的に降雨日が多く、意外にも日照時間は全国平均を下回って短い。

琉球弧または琉球列島として沖縄をとらえる場合には、大東諸島をのぞいて、沖縄諸島、先島諸島、尖閣諸島、そして鹿児島県の奄美群島で構成される。東洋のガラパゴスとも呼ばれ、島独自の環境に適応した動植物の固有種の宝庫である。奄美大島・徳之島、沖縄島北部、西表島は二〇二一年にユネスコ世界自然遺産に登録された。透き通る海に囲まれ、サンゴ礁が発達し、ダイビングのメッカとして世界的にも有名である。また、海洋資源の宝庫でもある。沖縄県の近海には銅や亜鉛などを豊富に含む海底熱水鉱床が広域に存在し、宮古島周辺海域では天然ガスも発見されている。また、琉球王国時代までの歴史とアジア諸国との交流のなかで独自の文化を育みながら伝統を守ってきた。明治期以降からの日本（ヤマト）、戦後のアメリカ文化の流入と復帰後から現代までの時代の変化のなかで、他の文化をも吸収してきたチャンプルー文化と呼ばれる魅力を沖縄は持っている。これらの自然資源と文化資源が域外の人々を魅了している。そして彼らはリピーターとなって再び沖縄を訪れている。

1　沖縄のアジアにおける地政学的優位性

県庁所在地の那覇市を中心に据えると、半径二〇〇〇㎞圏内には、東京、ソウル、北京、上海、香港、台北、マニラなどのアジアの重要都市が存在する。一五世紀の琉球王国時代の那覇は、日本本土、中国や東南アジア諸国との交易で栄え、「万国の津梁」として機能し、国際ネットワークを築いていた。近年ではこの沖縄の地理的優位性が再認識され、アジア・ゲートウェイとして、日本経済のアジアへのビジネスのジャンプ台にすることで、成熟期を迎えた日本経済のさらなるバージョンアップが期待できると考えられた（富川、二〇一八：二四）。近年、著しい発展を達成し、中間層が拡大したアジア諸国と隣接する沖縄は、地理的にもアジアの経済成長の恩恵を受けやすい地理的優位性がある。そのため、日本政府が国外からの観光客誘致の政策を導入した際に、沖縄はアジア諸国の中間層を狙う戦略を進めた。アジア諸国の観光客は格安航空機（以下、ＬＣＣ）を利用する傾向が高い。ＬＣＣで使用される航空機体は、ボーイングＢ７３７やエアバスＡ３２０が多く使用されるのだが、これらは経由地なしで最長四〇〇〇～五〇〇〇㎞の飛行距離である。その点、沖縄から四〇〇〇㎞圏内となれば、東南アジア諸国まで広くアジア圏域をカバーすることができる。沖縄はアジアから日本への玄関口として発展する可能性があるといえるだろう。一方、沖縄には日本国内の米軍専用施設の七割が集中している。沖縄島の陸地面積の一五％が米軍専用施設として使用され、多くは中部地域の住宅街や中心街の近くに立地する。そのため居住空間や公園、交通渋滞緩和のための道路網、各種施設、商業地、耕作地、工業団地などの社会的にも経済的にも土地利用や水源利用が限られてしまい、沖縄の人々が主体になった豊かで暮らしよいまちづくり計画や都市計画を困難なものにしている点は否めない。

2　島嶼経済としての特徴

次に沖縄の経済構造を理解するために島嶼経済の特徴についてふれておきたい。島嶼経済の代表的な概念のひとつに、MIRAB（以下、ミラブ）経済と呼ばれるものがある。ミラブ経済は、太平洋の島嶼の国々の経済的実態から、Migration（移民・出稼ぎ）、Remittance（海外送金・仕送り）Aid（援助）、Bureaucracy（官僚機構）の頭文字をとって名付けられたものである。島嶼国の領土は狭く、多数の島々で構成され、活用可能な資源には制約があり、自力だけでの経済発展が難しいため援助依存体質に陥りやすく、土地利用上の制約や水源確保、輸送コストと輸送時間など、産業発展の機会に制約を受けやすいことから、雇用機会が政府機関等の労働市場に偏りやすく、そのためそこに参入できない場合には海外出稼ぎになりやすく、人口流出も多くなるといった特徴がみられる（Bertram and Watters, 1985）。島嶼経済は自力だけで内的に発展するというよりも、外的要因の影響を受けて発展や開発につながることが多い。政府の経済政策や経済外交、域外からの巨額の資本投資の役割と影響が大きく現れやすい。嘉数（二〇一七）は世界の島嶼国および沖縄の実態から、経済発展の可能性からみた島嶼であるゆえに次の一五の特性があると指摘している。それらは、①資源の狭小性、②市場の狭小性、③規模の不経済、④輸入超過経済（慢性的な貿易赤字）、⑤ROT経済（海外送金受け取り、政府開発援助、観光収入）、⑥高い人口流動（移民・出稼ぎ）、⑦高いサービス産業依存、⑧観光―島嶼型産業、⑨肥大化した政府（ODA・公的支出依存）、⑩高コスト経済（物流コスト・輸送リスク）、⑪モノカルチュア的生産・輸出構造、⑫脆弱な生態系、

⑬植民地化の遺産、⑭国境の島（軍事基地・要塞化）、⑮島嶼海洋（海底）資源の存在である。沖縄経済の過去から現在の状況をふまえると、すべての特性に合点がいく。復帰後、観光産業は、沖縄経済のリーディング産業となって人々の雇用機会の創出と失業率の軽減に貢献してきた側面がある。また、観光振興開発等を通じて、巨額のインフラ整備と観光施設などへの投資が行われてきた。例えば、リゾートホテルの建設、水族館やテーマパーク、モノレール、空港滑走路の増設などである。これらの大型土木建設工事を通じて、建設業もまた常に沖縄経済の主力であり続けてきた。上記で指摘した島嶼経済が陥りやすい問題に対して、観光産業は一つの失業問題の解決策につながる可能性が高いといえよう。

3　沖縄経済の課題

島嶼経済の特徴を整理したうえで、あらためて現在の沖縄経済の課題について整理したい。二〇年前にまとめられた沖縄経済の現状では、生産額、所得額、住宅当たりの床面積、預金残高などが全国平均を大きく下回り、ホテルなどのサービス産業と建設業が中心の経済構造であった。この状況は現在もそれほど大きく変わっていない。また、一九九九年における県内の総企業数は約七万社あり、上場企業は五社、従業員三〇〇名以上の大企業は四三社、九九・九％は中小零細企業であった（内田、二〇〇二：一四）。沖縄には中小零細企業が多い。小規模企業の課題は経営基盤の弱さであるが、沖縄県では卸売・飲食店、サービス、建設の分野で多くみられる。島嶼経済では資源と市場の狭小性と高い人口流動の特徴があるが、沖縄県は出生率および人口増加率が日本一高く、二〇三〇年前後までは県内の人口増加が見込まれている。一四歳以下の年少人口は全国一多く、六五歳以上の高齢化率は東京に次いで二番目に低い。しかしながら失業率は全国平均と比較しても依然として高い状況が続いている。

沖縄経済が戦後から復帰までに構造的に特徴づけられた主要産業の頭文字をまとめて「3K経済」と呼ぶ。それらは、基地経済、観光、公共事業である。米軍関連の基地は沖縄県面積の一〇%、沖縄島だけでみれば一五%を占め、とくに沖縄島中部では米軍専用の関連施設が自治体の中央に位置しているため、沖縄側にとってそれが土地利用に制約を与えることは前述した。米軍基地の広大な土地占有率の割に日本人従業員数は約九、〇〇〇人（二〇一四年）の雇用規模にとどまり、賃金合計年間約五三四億円、自衛隊施設を除く軍用地料は約八七三億円（二〇一八年）である（沖縄県、二〇一九）。基地への食料品納入や米軍関係者の基地外消費などによる収益はある。しかし、基地関連収入の県民所得に占める割合は約五%にとどまる。また、米軍基地関連の新施設やインフラの建設や維持、辺野古の新基地建設などの公共事業が多く、建設業は常に沖縄の経済と雇用を支える産業となっている。

沖縄県企画部（二〇二一）がまとめた『経済情勢令和二年度版』の統計からマクロ経済指標をみていきたい。名目の県内総生産と国内総生産の構成比を比較した統計（二〇一六〜二〇一八年）によれば、沖縄県は第二次産業のなかで建設業の比率が一〇数%台であったが、全国平均でみると建設業は五％台で推移している。沖縄経済においていかに建設業のインパクトがあるか理解できよう。もともと沖縄県の第二次産業は全体の二割未満に過ぎず、全国平均と比較しても約一〇ポイント近く低い。次に製造業をみると、全国平均が二〇％台であるのに対し、沖縄県はその五分の一の四％台にとどまっている。沖縄県の製造業の規模の小ささは、島嶼経済の特徴による影響も考えられるが、カーまたはガーと呼ばれる湧水が沖縄島各地に多数に存在することをふまえると十分な地下水を確保でき、生活用水や農業用水のみならず工業用水としても活用でき、製造業発展のポテンシャルも十分にあったのではないかと考える。沖縄島の輸出志向型の工業団地を形成できる場所の多くは軍事利用されているため、製造業発展の機会は閉ざされたままである。しかし肯定的に現状をとらえるならば、高度経済成長期に日本本土の工業地帯各地において、大気汚染や工場から排出される有害物質による水質汚濁等を起因とした公害病に人々が苦しめられた歴史がある一方で、沖縄は美ら海と環境を守り続けることができた点でよかったのかもしれない。また、第三次産業については、全体で八一％を占め、全国平均よりも一〇ポイント高い。宿泊・飲食サービス業が全国平均の二倍で約四・二％台、公務についても同様に全国平均四・九％を大きく上回り九％台で推移していた。卸売・小売業は全国平均よりも数ポイント低い九％前後で推移していた。また、同年における名目の支出構成比を沖縄県と全国とで比較した統計をみると、やはり島嶼経済の特徴である超過輸入の傾向が沖縄県でもみられ、純財貨・サービスの移出入が常にマイナス一五〜一八％の移入超過状態である。移入超過は県外から購入する財・サービスが多く、沖縄県から売り出せるものが少ないことを意味する。そして政府支出は全国平均一九％であるのに対し、沖縄県は二九％台であった。また、総資本形成のうち民間企業設備は、全国が一六％であるのに対し、沖縄県は若干少なく一三％台で推移していた。このように沖縄は、島嶼経済で説明したように国境に近い島嶼であることから軍事利用されることが多く、移入超過の支出が目立ち、公共事業投資が活発である一方で民間による企業設備投資等が全国平均と比較して少ない。

次に就業状況について、平成二九年就業構造基本調査結果から現状を把握したい。沖縄県において有業者数の多い産業は、多い順に医療・福祉（一〇九千人）、卸売業・小売業（一〇〇・一千人）、建設業（七〇・五千人）、宿泊・飲食サービス業（五六・九千人）、さらに他に分類されないサービス業（六二・七千人）とサービス業関連の第三次産業に雇用が集中していることがわかる。さらに男女別でみると、建設業は男性有業者の割合が圧倒的に高い。一方、医療・福祉は女性有業者の割合が圧倒的に高い。このほか、卸売業・小売業、宿泊業・飲食サービス業も女性有業者の割合が高い。業種によって男女比が大きく異なり、サービス業関連は全般的に女性が多い傾向が目立つ。続いて、産業別有業者数と県内総生産の産業別構成から、一人あたりの産業別でみた県内総生産の状況を表1にてみてみよう。ここでは、建設業、製造業、情報通信業、卸売業・小売業、金融業・保険業、宿泊業・飲食サービス業を取り上げている。表1の産業別一人あたりの県内総生産の値に注目してほしい。これによれば、沖縄県では今後の成長分野とされる情報通信業が一人あたり県内総生産として最も高い二・七五ポイントであった。非常に単純な算出ではあるが、産業別一人あたりの県内総生産の値が大きければ大きいほど、当該産業の就業者の賃金額も高くなることと同様の意味であるといえる。情報通信業に続いて高かったのは、沖縄県の高校生や大学生の間で最も人気の金融業・保険業一・四八である。そして建設業一・二七が続く。建設業は民間資本による住宅やホテルなどの観光関連施設の他に、公共事業も請け負うため、国や県からの発注も多い。一方で、観光産業に最も直接的にかかわりのある宿泊業・飲食サービス業は〇・五六と低く、金融業・保険業とは二〜三倍、情報通信業とは約五倍もの賃金額に開きがある可能性がみえてくる。沖縄県内にはスーパーマーケットのチェーン店や大型ショッピングモールが多いため、卸売業・小売業の就業者も多い。こうした観光客にも沖縄土産などを提供している卸売業・小売業も実はわずか〇・六四と非常に小さい。また、製造業は建設業の値よりも小さいことから、沖縄の製造業は付加価値の低い分野が多いのではないかと予想される。

つまり、沖縄県では就業者がどの産業分野に従事しているかで、世帯収入も大きな違いがあり、産業間や職業間、または世

表1. 平成29年度における一人あたり産業別でみた県内総生産の分配状況

	産業別の県内総生産構成比（%）(A)	産業別の有業者割合（%）(B)	産業別一人あたりの県内総生産[(A)÷(B)]
建設業	12.7	10.0	1.27
製造業	4.4	4.7	0.94
情報通信業	6.6	2.4	2.75
卸売業・小売業	9.1	14.2	0.64
金融業・保険業	3.1	2.1	1.48
宿泊業・飲食サービス業	4.5	8.1	0.56

(出所)：沖縄県『平成29年就業構造基本調査』「15歳以上人口及び世帯の就業構造」(6頁より抜粋)。沖縄県企画部（2021）『経済情勢　令和2年度版』「県（国）内総生産（名目）の構成比」より筆者算出。

帯間の所得格差の問題がかなり深刻な状況に陥ってしまっているのではないかと想像する。また、産業別一人あたり県内総生産の値が低い卸売業・小売業と宿泊業・飲食サービス業は全有業者割合の二〇％以上を占めている。沖縄では卸売業・小売業および宿泊業・飲食サービス業のような労働集約型産業の雇用機会が多い一方で、金融業・保険業および情報通信業のような資本集約型産業の雇用吸収力はわずか四％である。観光産業に直接的に関連のある宿泊業・飲食サービス業と、卸売業・小売業の生産性の低さの実情が表1からうかがえる。

三　観光と開発

ここでは観光と開発の関連性について理論的背景とともに、なぜ、観光産業が沖縄で重視されてきたのかについて考えてみたい。まず、観光は成長産業である。国際観光客の到着数と観光収入は一九五〇年以降、一貫して著しい成長を遂げてきた。テロ、津波などの自然災害、コロナの世界的流行によって落ち込みを経験することはあったが、その後すぐに回復している。経済成長を達成する国々が現れ、グローバル化が加速するなかにおいて、世界的に観光需要は右肩上がりで拡大している。

また、経済成長が加速して人々の所得が向上すると、増えた所得の一部はレジャーや旅行に消費されるようになる。所得が増えると人々の観光への支出も増加するようになる。例えば、日本は高度経済成長によって国内旅行の需要が拡大し、バブル経済後は円高の影響もあって日本人による海外旅行が急増した。二〇一〇年代半ば以降、中国や台湾、東南アジア諸国などの国々では急速な経済成長を経験し、中間層の拡大と観光ビザ要件緩和などによって、日本へのインバウンド需要が拡大するようになった。観光需要の拡大が見込まれるようになれば、観光供給側となる政府や自治体の観光振興課や民間の観光関連企業が様々な取り組みをはじめるようになる。観光開発とは「ある地域の要素・属性のなかから、観光事業に活用できるポテンシャルをもった素材を見つけ出し、観光にとっての利用価値を引き出して、利用を容易にすることによって、観光地を形成し、その集客力と観光者の満足度を高めようとする活動」(東、二〇二一：九九)であると定義することができよう。観光資源は、元来、そこに観光とは無関係に存在している財や事象であり、観光という利用目的や用途に適用できると認識されたものであり、観光産業へと活かすことのできる可能性を秘めたものである。そのため、観光供給者は自然保護地域、ビーチ、文化遺産などのように、現存の自然や人の手によって築かれた遺跡や名所、伝統・文化などを観光資源として利用でき、こうした行動は、工業や製造業などの他の産業に比べて立ち上げ費用や人材の育成や確保などの初期費用が少なく、すぐに活用できると考えられている。また、観光は国際収支会計上では、一種の輸出財とみなせるものである。一般的に財やサービスの貿易には、国内産業や市場を保護するために関税や規制などの貿易障壁が政府によって敷かれるものだが、観光はそうではない。近年、アジア諸国で中間層が拡大したことにより、日本では観光振興を進め、地域の魅力発掘を行い、道路、港湾、空港、公共交通、観光施設などのインフラ開発を行いながら、外国人観光客を積極的に受け入れる施策を進めてきた。観光産業の振興は、租税、福祉、社会福祉、公共事業などの面からも、観光客の観光地での消費行動の面からも、富の再分配を促す効果が期待される。特に沖縄では復帰直後からの約三〇年間は本土との格差是正と基盤整備がめざされ、道路、港湾、空港、ダムの整備が進んだ。その後は民間主導の自立型経済の構築を掲げて観光産業の発展や情報通信関連産業の集積で成果をあげ、県民総生産の拡大と経済成長を実現した。観光産業は人的サービスに依存する労働集約型産業であるため、雇用機会の創出と拡大に貢献し、本土と大きな格差のあった失業率の改善など、社会福祉の側面からも着実な経済効果を達成してきたと評価されている。また、観光は必ずしも名所や遺跡などの観光地化した場所を訪れるだけではなく、その目的は会議や商談、ビジネス、スポーツ大会の参加、学習や学び体験、医療ツーリズムなども対象となる。医療ツーリズムを整備することによって、観光客だけでなく県民の医療福祉施設へのアクセスも向上できるといった効果も期待できる。

観光産業は広範囲にわたる経済活動に関連しているため、産業連関表に観光産業の項目はない。また、地域の宿泊施設、飲食店、娯楽施設、旅行業、サービス業、小売業、商業、交通インフラ、建設業、農業、土産物、製造業などの経済全般に対して、他産業と比較してもより一層広い範囲で後方連関効果を生じさせる機会提供の可能性があると考えられている（テルファーとシャープリー、二〇一一）。観光・旅行に伴う消費行動が地域の多くの業種にも波及するのである。さらに需要も拡大するため既存の生産物の付加価値も高める効果もある。観光地化が進めば求人も増えることとなり、地元を離れていた若者たちによるUターンや、都会や地元を離れるIターンやJターンなどが増える。沖縄県は本土からみれば離島になるが、沖縄島は周辺離島の求心力をもつ島として存在している。観光客を惹きつける観光資源もあり、観光産業による雇用機会もあり、若者人口も多いことから、他県では少子高齢化と人口減少に直面する中、沖縄県は二〇三〇年頃までは人口増加基調の状態が続くであろうと予測されている。

四　沖縄の観光開発政策と取り組みとその成果

一九七二年五月一五日に日本国となって復帰を果たしたことにより、本土から沖縄への渡航にはパスポートの所持や、円からドルへの両替も不要となるなど、移動環境が大きく改善された。観光客数は復帰以前の約二〇万人から倍増して四〇万人を突破している。復帰に関して懸念事項となっていた免税措置は五年間継続が認められた。しかし、米ドルから日本円への通貨変更は、ニクソンショック後の変動相場制への移行と円高ドル安と重なり、沖縄の人々は物価高騰のあおりを受けた。第一次オイルショックによって物価上昇がさらに続いた。加えて米軍基地整理にともなう軍雇用者の解雇も行われるなど、沖縄の失業率は倍増したといわれている。

沖縄が復帰した後は、日本政府による行政主導型の開発が進められるようになる。表2は全国総合開発計画と沖縄振興開発計画を時系列にまとめたものである。全国総合開発計画は、地域間の均衡ある発展をめざして策定されたもので、日本国土の利用、開発および保全に関する総合的かつ基本的な計画で、住宅、都市、道路その他交通基盤の社会資本の整備のあり方などを長期的に方向付けるものである。また、日本政府は沖縄はじめ奄美群島、小笠原諸島を全国総合開発路線に組み込み、それぞれ振興開発計画を策定した。沖縄振興開発計画は、沖縄の復帰に伴い策定され、「沖縄振興開発特別措置法」に基づく、沖縄の振興開発の方向性と基本施策を示した総合計画である。沖縄戦で社会基盤の崩壊と、戦後長期間の米国施政権下に置かれたことで、他の都道府県との間において各分野における様々な格差が生じていた。沖縄振興は、このような沖縄の歴史的事情と、島嶼県であり、他府県との隔絶などの地理的事情、米軍基地の集中などの社会的事情を踏まえて、格差是正に向けて、国の責務として実施されたものである。日本政府は沖縄振興策として、

表2. 全国総合開発計画と沖縄振興開発計画の流れ

	全国総合開発計画	沖縄振興開発計画
1962年	全国総合開発計画	
1969年	新全国総合開発計画	
1970年		琉球政府長期経済計画(復帰前)
1972年	新全国総合開発計画・第四部	第1次沖縄振興開発計画
1977年	第三次全国総合開発計画	
1982年		第2次沖縄振興開発計画
1987年	第四次全国総合開発計画	
1992年		第3次沖縄振興開発計画
1998年	21世紀の国土グランドデザイン	
2002年		沖縄振興計画
2009年	国土形成計画	
2012年		沖縄21世紀ビジョン基本計画
2016年	第二次国土形成計画	
2022年		新・沖縄21世紀ビジョン基本計画

「沖縄の復帰に伴う特別措置に関する法律」と、「沖縄開発三法」と呼ばれる「沖縄振興開発特別措置法」「沖縄開発庁設置法」「沖縄振興開発金融公庫法」を施行した。これら法律のもとに、開発関連事業を統括・実施する機関として沖縄開発庁が設置され、現地の執行機関として沖縄総合事務局が設けられた。また、地域課題や政策的要請に即した資金供給のために沖縄振興開発金融公庫が設立された。

復帰前の一九七〇年に当時の琉球政府は本土復帰を控えて長期経済開発計画を策定していた。ここには基地経済からの脱却と、県の特性を生かした積極的開発を推進することを打ち出し、琉球の自然景観が日本国民のレクリエーションの場になるとして、観光開発の展開が可能になると期待していた。復帰後は、上述した通り日本政府が主導して実施することになった。その大きな流れは次のとおりである。沖縄振興開発計画は、一九七二年から一〇年ごとに三次にわたり実施され、本土との格差是正や自立的発展の基礎条件の整備をめざし、社会資本整備や観光産業、情報通信産業の育成が図られた。二〇〇二年の沖縄振興計画からは、自立型経済の構築やフロンティア創造型の振興策がめざされた。二〇一二年に沖縄二一世紀ビジョン基本計画が策定され、「沖縄らしい優しい社会の構築」と「強くしなやかな自立型経済の構築」の二つの基軸的な考えの下で、五つの将来像の実現と四つの固有課題の克服に向けた基本方向や基本施策を示している。(2) 二〇二二年の復帰五〇年目を節目に新・沖縄二一世紀ビジョン基本計画が発表された。計画の目標として、施策展開にあたり持続可能な開発目標（Sustainable Development Goals: SDGs）を取り入れ、社会・経済・

環境の三つの側面が調和した持続可能な沖縄の発展と誰一人取り残さない社会を目指すとしている。さらに前回の沖縄二一世紀ビジョン基本計画の五つの将来像の実現と四つの固有課題の解決を図り、自立的発展と県民一人ひとりの豊かさを実感できる社会の実現を目標にしている。

次に復帰後の沖縄県における観光産業への取り組み実績について、図1と図2より時系列にみていきたい。一九七二年に出された第一次沖縄振興開発計画の第九に、「余暇生活の充実と観光の開発」をめざしていくことが記されている。観光が重要産業の一つに位置づけられ、沖縄県の地理的・自然的特徴を生かした「国民的な保養休養および観光レクリエーション地域としての開発整備」をうたい、一九七五年に開催決定した沖縄国際海洋博覧会について触れられた。日本政府はこのとき本土と同様の重化学工業を中心とする臨海工業の立地のための開発整備・公共事業をみすえ、観光産業の振興によって沖縄の開発を進めようとしていたようである。沖縄国際海洋博覧会は総事業費三千億円をかけて整備をすすめ、一五〇万人の観光客を招致する計画であった。これに合わせ、沖縄自動車道路や那覇空港の整備も行われたほか、ホテルムーンビーチなどのリゾート型ホテルも建設された。しかしオイルショックにはじまる世界経済の転換期と重なり、翌年一九七六年には「海洋博ショック」と呼ばれる倒産ラッシュが、ホテル、飲食店、建設業などで問題になっている。同年、沖縄県観光開発基本計画を、続いて一九七九年には沖縄県観光振興条例が策定され、観光振興基本計画のもとで基盤整備を進めるなど観光政策の強化を図った。ショックからの回復のために、沖縄県は航空運賃団体割引を創設し、修学旅行やプロ野球キャンプの誘致策に取り組んだ。大手航空会

図1. 年次別の入域観光客数と観光収入の推移（1972 ~ 2021年）

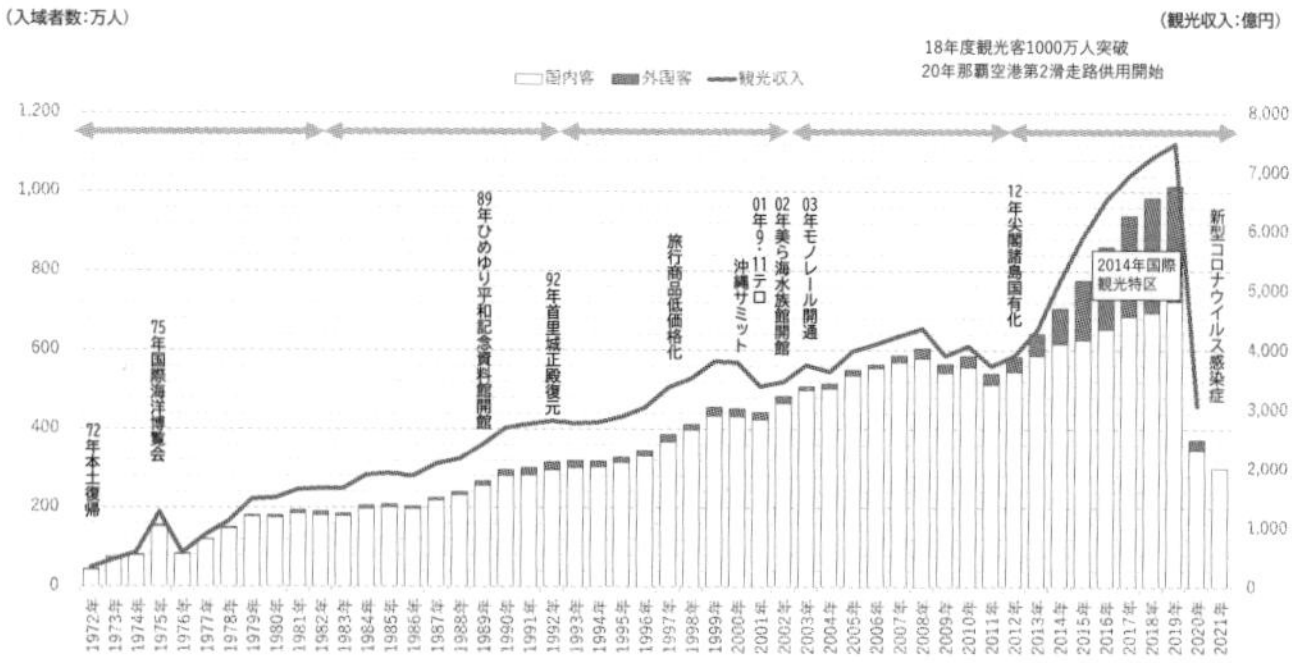

（出所）沖縄県『観光要覧』
（注１）国内客に沖縄県在住者は含まない。
（注２）外国客には国内経由の外国人は含まない。乗務員等を含む。
（注３）観光収入は1972年～ 2020年までの値である。

図2. 観光客1人当たり消費額と入域観光客数の推移（1972 ~ 2020年）

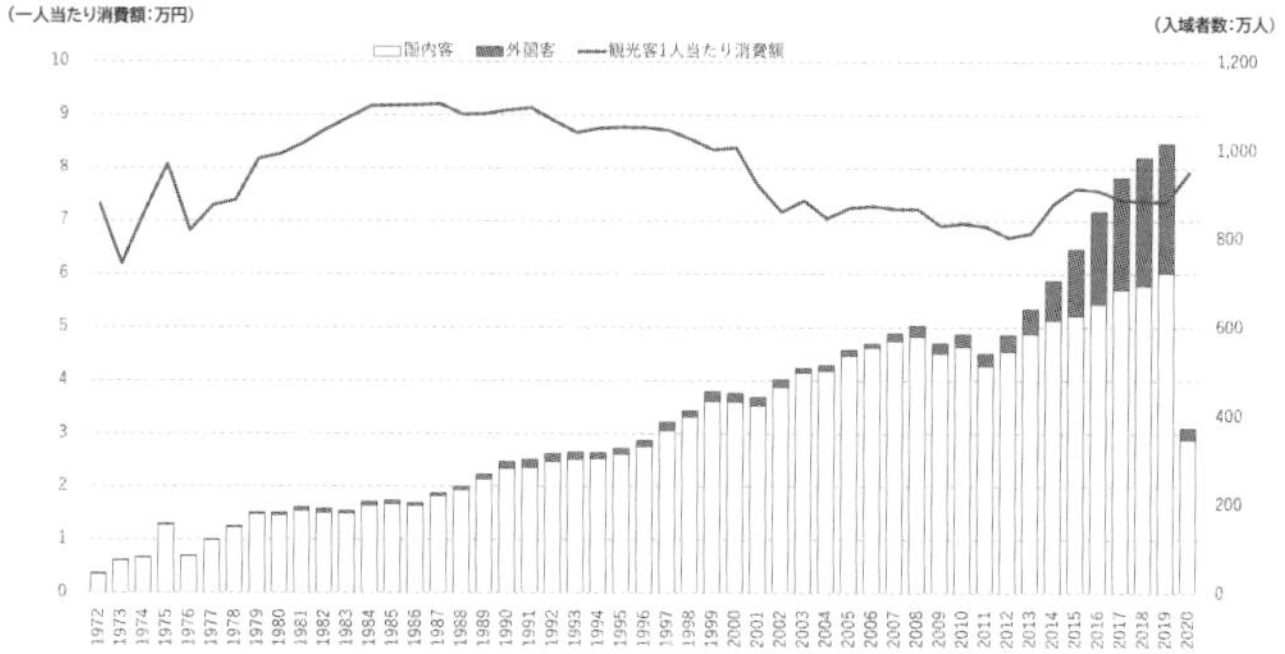

（出所）沖縄県『観光要覧』
（注１）国内客に沖縄県在住者は含まない。
（注２）外国客には国内経由の外国人は含まない。乗務員等を含む。

社は沖縄キャンペーンを強化し、そして観光客数は回復基調に戻った。

第二次沖縄振興開発計画が一九八二年からスタートする。第一次と同様に用地整備や企業誘致が進められたが、計画のなかで観光開発がさらに強調され、観光産業の発展を地域経済の発展に十分に反映させる施策の促進をかかげている。民間資本が自発的投資を活発化させることで観光産業を伸長させてきたが、第二次においては自力で成長してきた観光産業を経済開発のけん引役として打ち出す内容になっている。八〇年代前半は第二次オイルショックの影響による世界的不況、燃料費および航空運賃の高騰などが生じた。そして一九八五年のプラザ合意によって急速に円高が進み、輸出産業分野を中心とした円高不況が続いた。この対応策として日本銀行が低金利政策を実施したが、かえってバブル景気を促すこととなった。一九八六年に第二次沖縄県観光振興基本計画が制定される。翌年には第四次全国総合開発と同時に「リゾート法（総合保養地整備法）」が成立すると、全国各地で大規模リゾート開発計画が策定された。沖縄県でも同様に一九九〇年にリゾート沖縄マスタープランが、九一年には沖縄トロピカル・リゾート構想という大規模な開発計画が政府から承認を受けている。一九八〇年代後半から徐々に観光客数が増え始め、観光収入も順調に伸び始めた。

第三次沖縄振興開発計画とともに第三次沖縄県観光振興基本計画も策定された。一九九二年前後にバブル経済が崩壊し、全国各地のリゾート開発計画は頓挫してしまった。本土ではリゾート・不動産投機が崩壊し、賃金上昇も低迷しはじめ、消費税導入・増税の影響から消費は縮小する。しかし沖縄県では、本土および外資系の民間資本によるリゾートホテルの投資が続き、順調な入域観光客数の増加により、バブル崩壊の影響は最小レベルにとどまった。その後の日本経済はデフレーションに突入して失業者が増加していた。一方の沖縄では、那覇空港の着陸料・施設利用料、航空燃料税を軽減させたことで航空運賃低下が実現され、さらに入域観光客数の増加に貢献した。また、一九九〇年代には世界のウチナーンチュ大会や、各種スポーツコンベンション、首里城公園の開園、修学旅行の誘致など、新しいイベント企画や観光地の整備などを通じて観光振興を行っている。しかし、図2の動向からもわかるように、消費税導入などによる増税やデフレ基調経済の影響を受けて、日本人観光客の一人あたりの観光消費額は減少傾向を示すようになっていた。

二〇〇〇年にG8主要国首脳会議が九州・沖縄で開催され、名護市喜瀬のブセナ海中公園内にある万国津梁館が会場となり、かりゆしウェアが首脳たちにも提供され着用された。沖縄観光コンベンションビューロー（OCVB）がこの万国津梁館や海軍壕公園などの指定管理を受託するなど、観光推進に寄与してきた。首里城などの琉球王国のグスクおよび関連遺産群が世界遺産登録され、県内離島が国民的朝の連続テレビドラマ小説の撮影地になり、沖縄県出身のタレントやアーティストが活躍するなど、国内外で沖縄の知名度が急上昇した。二〇〇一年に沖縄開発庁が内閣府関係部局に統合されたが、沖縄総合事務局はそのまま那覇市内に残された。同年、九・一一テロの影響で、沖縄旅行のキャンセルがあいつぐ。沖縄コンベンションビューローはリゾート・ウェディングの誘致を打ち出すなど、観光産業を盛り上げる努力を続けた。二〇〇二年に沖縄振興計画がスタートする。これより「開発」の文字が消えた。そして沖縄県を北部、中部、南部、宮古、八重山という圏域別で振興方針が示されるようになった。

二〇〇〇年に入ってから、図1から観光収入は増加傾向を示しているが、図2から観光客一人当たり消費額はさらに減少傾向をみせている。観光客一人当たり消費額が低下した理由として、観光パック旅行、フリープラン旅行、個人旅行の形態が増大したためである。リピーターも増えて個人旅行が増えたことやインターネットによるチケットやホテル予約が簡単にできるようになったことも影響しているだろう。旅行会社が企画するプラン型旅行については、二泊三日や三泊四日程度の正規航空運賃額にも届かない料金で設定されている。その結果、宿泊施設は平均の客室単価を下げた形で客を受け入れざるをえない。また、観光客は宿泊施設や交通費をおさえて、社会的・文化的交流や自然を楽しむことに費用をかける傾向も出てきた。とくにリピーターの増大に関して、彼らはもともと目的を絞って旅行し、ショッピングや土産物品の購入などの消費行動を抑えようとするからである。こうして新規の旅行客獲得を目指す機運が出てきた。

二〇〇三年になると日本政府は外国人旅行者の訪日促進を進めるため、「ビジット・ジャパン・キャンペーン」を開始する。これを機にインバウンド拡大策が打ち出された。二〇〇六年の「観光立国推進基本法」が成立すると、観光の役割として、国際平和の増進と国民および地域経済の発展、そして国民生活の安定向上があるという認識が付け加えられた。翌年一月に同法は施行され、訪日客二〇一〇年に一〇〇〇万人を誘致する目標が設定された。こうした日本全体がインバウンドを取り込む機運のなか、沖縄県は引き続き、自然資源、文化資源、歴史などの地域資源を活用しながら、様々なイベントを数多く企画し、新規の国内観光客の掘り起こしを図った。二〇〇〇年代は、テロやイラク戦争、ＳＡＲＳや新型インフルエンザの流行、世界金融危機など国外の情勢が大きく揺れた一〇年であった。沖縄は自己の魅力を多様にひきだし、観光開発によりいっそう力を注ぐようになったのである。

二〇一〇年、沖縄県は詳細な沖縄振興計画等総点検報告書を作成し、それまでの政策を総括し、二〇一二年から施行する二一世紀沖縄振興ビジョン基本計画を策定している。復帰を契機に施行された沖縄振興開発特別措置法は二〇一二年三月で失効するのを機に、「沖縄振興特別法」と「開発」の文字をとって新しい基本計画が策定されたのである。二〇一二年以前までの振興計画等は、本土との格差是正が開発のメインであったが、二一世紀沖縄ビジョン基本計画では県の自主性を重視する「自立的発展」が強調されるようになった。そこでは日本およびアジアとともに発展することをめざすという方針が示された。とくに国際的な沖縄観光ブランドの確立、アジア諸国や欧米の市場を対象にした誘客活動の展開、観光客受け入れ体制の整備、世界に通用する観光人材の育成、産業間連携の強化がうたわれた。

二〇一四年、日本政府は国際競争力向上を目的に、第一弾として全国から六地域を選定して「国家戦略特別区域」を指定した。このころから円安の傾向も出始めていた。国家戦略特別区域は、地域を限定し、規制緩和や税制面での優遇を行って民間投資を促して経済の活性化を目指すものである。このうちの一つが沖縄県であり、唯一「国際観光拠点」として選ばれている。沖縄が選ばれた理由として、成長するアジアのゲートウェイとして大きな優位性と潜在力を有すること、日本のフロントランナーとして二一世紀の成長モデルとなれること、日本経済の牽引役となれることがあげられている（安里、二〇一八：八四）。同年、日本政府は、タイとマレーシアに対してビザ免除を決め、インドネシア、フィリピン、ベトナムなどの東南アジア諸国と、中国に対してビザ発給要件の緩和措置を実施している。さらに数次ビザの発給要件の緩和も行った。電子マネーの整備も進め、外国人観光客の消費を促し、支払いの円滑化を図った。八重山や宮古では、大型クルーズ船が停泊できる岸壁工事を行い、国際観光地化を進め、中国や台湾からのクルーズ船の寄港数が年々増加するようになった。また、民泊新法が二〇一八年に施行されると、個人所有の民家など、直に沖縄の文化や生活に触れられる体験となる民泊サービスが離島も含め県内各地で広まった。観光情報案内所の設置、通訳案内者の拡充なども図った。那覇空港などでは国内外の格安航空会社の誘致を積極的に行った。こうした成果がインバウンド拡大に大きな効果をもたらした。また、航空機発着数の増加に対応するために計画された第二滑走路が二〇二〇年に完成した。このような取り組みにより、二〇一八年度の県内入域観光客数が目標の一千万人を突破して約一千万四三〇〇人（国内客六九九万三五〇〇人、外国客三〇〇万八〇〇〇人）、二〇一八年の観光収入額は過去最高の約七四八四億円に達した（沖縄県『令和二年版観光要覧』）。沖縄県文化観光スポーツ部観光政策課によると、二〇一七年度の経済波及効果は一兆一七〇〇億円と推計されている。しかし、ここには県外漏出分も含まれる。まず、観光客の消費すなわち、県外客四九七九億円と外国客二〇〇〇億円、県民八一四億円の合計が旅行・観光消費額七七九三億円であるが、このうち、八八一億円が県外への漏出額になる。県外漏出額を差し引いた後、つまり観光客の消費のうち県内観光産業に残るお金が直接効果六九一二億円である。産業連関表を用いて分析すると、観光産業と関連のある産業の売り上げ増加などとして三一四四億円が一次間接波及効果となる。さらに雇用者所得の増加による消費活動の活発化から、さらなる県内産業の生産増加という二次間接波及効果が起こって一六四四億円が算出される。これら直接効果、一次・二次間接波及効果で創出された雇用効果は一四二、七三四人と推計された。

しかしながら、二〇二〇年よりコロナ流行が全世界で広がり、感染拡大が進むと政府はまん延防止法や緊急事態宣言などの措置を行って人の行動や移動の制限をお願いするなどの感染対策を進めはじめた。さらなる経済波及効果につながると期待がよせられていたインバウンドが激減し、国内観光客も自粛すると、沖縄県の観光産業は大きなダメージを受けた。宿泊業や飲食店、お土産店、観光施設、レンタカー会社などの観光産業に直接的にかかわる産業では、大幅な売り上げ減、休業、派遣労働者の解雇など社会問題になった。政府は二〇二〇年四月、「新型コロナウイルス感染症緊急経済対策」として、観光・運輸業、飲食業、イベントに関する支援のための補正予算を組み、「Ｇｏ Ｔｏキャンペーン」を実施する方針を打ち出した。同時に政府は、コロナによるまん延防止措置の影響を受けて休業させられた労働者などに対しては支援金や給付金で対応した。離島では医療提供体制崩壊への危機感が募り、観光客には来島しないでほしいと呼びかけることもあった。

二〇二二年に入ってからは政府も沖縄県も緊急事態宣言を出さなくなった。徐々に欧米諸国ではマスク着用もなくなり、移動や行動の制限が緩和され、海外渡航や外国人観光客の入国時にワクチン接種証明書や陰性証明書の提示義務を撤廃した国もでてきた。日本国内では二〇二二年一一月現在においても、多くの人々がワクチン接種を受け、マスクを着用するなどで自主的な対策を続けるなか、国内旅行客数はかなり回復してきていた。同年九月七日より日本から海外旅行がしやすくなり、一〇月一一日より日本の水際対策が大きく緩和され、訪日目的の外国人の入国がしやすくなった。『世界のウチナーンチュ大会』は、沖縄にルーツをもつ海外在住の沖縄県系人を招待して開催されるイベントであるが、開催予定だった二〇二一年はコロナのために延期したが、この二〇二二年に無事に開催することができた。日本政府はコロナ感染拡大予防のための水際対策として、専用のアプリやウェブサイトからファストトラック（検疫手続）の利用を促すなど、すべての入国者（日本人も含む）に対する入国時の検疫を強化していた。今後、完全な入国制限撤廃が実施されることになれば、再び沖縄は国内外からの訪問客・観光客受け入れ規模がコロナ以前のレベルに戻ることになるだろう。

五　観光産業の課題

これまで復帰後五〇年間の沖縄の振興計画の変遷と、観光産業振興の取り組みと成果について概観してきた。復帰直前の一九七〇年に琉球政府が観光開発を視野に入れた長期計画を策定していたように観光産業は重要視され、その後、日本本土と深くリンクして沖縄県にそれは受け継がれる形となった。さて、ここからは沖縄における観光産業の課題について次の三点にしぼって考えてみたい。それらは、⑴観光の経済効果における県外漏出、⑵観光産業における生産性、⑶キャリング・キャパシティーについての三点である。

⑴観光の経済効果における県外漏出

これまでの沖縄の振興計画を通じて進められた観光開発について、比嘉（二〇〇八）は沖縄に大きな二つの結果をもたらしたと述べている。ひとつは、行政組織、各種団体、各種の業界・商社の「本土系列化」である。復帰直後から沖縄が琉球政府時代に築き上げた独自のシステムが少しずつ崩壊していったという。そして本土の太いパイプにつながれて沖縄の本土化が進行したと指摘している。もうひとつは、不動産業者による沖縄での「土地の買いあさり」が行われたことである。県外の大手大型観光業者の沖縄進出は沖縄を観光経済のドル箱にしていったという。この時に大手リゾートホテル業者と航空会社が連携して開発を進めている。その結果、沖縄に落ちる金はほぼリゾートで働く労働者の賃金と土産物の売り上げだけに限定され、残りは漏れて県外の企業が手にしているだけだと比嘉（二〇〇八）は批判的にみている。近年では、コロナ禍による不況をきっかけに、県内のホテルなどの宿泊施設が売りに出され、県外および海外の大手の不動産ディベロッパーや個人の投資家が購入を検討する動きが広まっているという。前節でみたように、二〇一七年度の沖縄県における観光産業の経済波及効果は一兆一七〇〇億円であり、そのうちの七・五％にあたる八八一億円が県外への漏出になると推計されていた。県外からの投資や外資を受け入れて観光開発を促進し、そのために沖縄県の観光業界に海外や県外から進出する企業が増えるようになれば、漏出分はさらに多くなるだろう。県外および海外からの投資を呼び込む政策を進めれば進めるほど、県外および海外の機関投資家や個人投資家への株の配当による漏出分も考慮する必要があるだろう。

また、沖縄の宿泊業や飲食店などの観光関連産業では、近年のインバウンドが増加したことで中国語や英語などの外国語に対応できる人材確保と、労働力不足の解消などを理由に、外国人労働者の雇用が増加している。日本政府は、二〇一七年に技能実習制度をさらに拡充したほか、新しく特定技能という在留資格を二〇一九年に導入するなど外国人受け入れに関する法律の改正を行った。企業はそのことで外国人労働者を受け入れやすくなった。外国人労働者の給与のうち、出身国への送金は、国際収支統計上は国外漏出となり、日本にとって外国人を雇うことは一部、輸入と同じ勘定になる。

インバウンドの経済効果について、否定的な見解もある。コロナ前の話ではあるが、訪日外国人客の約七五％は中国、韓国、台湾、香港の四か国で占められていた。韓国や台湾、中国の各地方都市から日本へのＬＣＣ便が飛ぶようになり、個人旅行客は飛行機を利用し、リピーターも現れるようになった。インバウンドの拡大初期は、転売目的の中国人業者の買い占め、団体バスで観光地の弾丸ツアー、食べ放題レストランでの爆食、量販店やデパートでの爆買いが目立っていた。ビザ要件の緩和などによって徐々に個人客も増えるようになり、体験型の消費への需要も拡大するようになった。一方、中国や台湾などからのクルーズ船は団体客が大半である。元中国人観光客向けの通訳ガイドの話によれば、クルーズ船客は、日本国内の寄港先では宿泊施設を利用せずに日帰り弾丸ツアーを決行する。買い物がメインになるようだが、ガイドが連れていく量販店や免税店などの多くは中国人が経営するところだけであるため、日本側にお金が落ちることはほとんどないのだという。

(2)観光産業における生産性

本稿では沖縄県における観光産業の生産性についても検討した。そこでみえてきたのは、観光関連産業の生産性の圧倒的な低さである（表1）。宿泊業・飲食サービス業は観光産業に直接的に関連している。また、宿泊業や飲食サービス業は従事する労働者が多ければ多いほど、サービスの向上につながる傾向があるなど、労働集約的産業に分類できる。それゆえ雇用吸収力を期待できるが、それでは労働者一人あたりの生産性は向上できない。その結果、賃金も低く据え置かれやすい。

沖縄県文化観光スポーツ部が実施した意識調査（沖縄県文化観光スポーツ部、二〇二二）によると、未就業者に観光産業への就業意向についてたずねたところ、二〇二一年度では「働きたい層（働きたい＋やや働きたい）」が一七・一％となり、コロナ前の二〇一九年度調査より五・七ポイント減少している。一方、「働きたくない層（働きたくない＋あまり働きたくない）」については五〇・九％と前回調査より二・五ポイント増加し、未就業者にとって約半数が観光産業での就業を否定的にとらえる傾向があることがわかった。さらに未就業者の子どもがいる人に対し、観光産業への就業への就業推奨意向についてたずねたところ、二〇二一年度調査結果では「働かせたい（働かせてみたい＋やや働かせてみたい）」が一二・三％となり、前回二〇一九年度調査結果よりも七・九ポイント減少している。次に「働かせたくない層（あまり働かせたくない＋働かせたくない）」は三六・七％と前回よりも六・九ポイント増加しており、観光産業について子どもへの就業奨励意向はたいへん厳しい評価となっている。続いて観光産業のイメージとしては、「休みが取りにくい」三八・七％と最も高い。次にコロナ禍の影響を受けて二〇二一年度調査結果では「経営が不安定」二九・三％と前回から大きく増加した。その他、マイナスイメージが目立ち、「体力的な負担が多い」二三・四％、「残業が多い」二二・九％が続いた。唯一、プラスイメージは「仕事を通じて成長できそう」二四・八％であった。さらに観光産業従事者の職業満足度についても調査が行われている。ここでは、宿泊、旅行・レジャー、土産品製造・販売、運輸（旅客）の職業従事者が対象となっている。調査結果によれば、「とても満足している」「やや満足している」の合計が五七％と半数を超えているが、観光産業以外の産業従事者と比較すると「とても満足している」が五・九ポイント低かった。また、「まったく満足していない」は他産業よりも三・七ポイント高かった。

沖縄県民による観光産業に関する職業満足度とイメージから、どちらかといえばマイナスの意向が強いといえる。観光労働におけるサービスはホスピタリティと呼ばれることもある。これは無償性と自主性にもとづき、他者を歓待する精神とその行動の総称である。現在はこれが商品とみなされるようになった。対人サービスであるが、観光産業では客に対してコントロールされた感情でサービスを提供する。つまり感情労働であるため、観光産業は人材依存に陥る。コロナ前の訪日外国人拡大の政策による観光需要の高まりから観光産業分野に外国人労働者を受け入れるようになった。そのため、観光産業分野における人手不足が起こり、繁忙期には休む暇もなく、残業も多く、体力的にも、感情的にも、沖縄県民にとってきつい仕事になってしまったのかもしれない。さらに表1から観光産業関連の業種は生産性が低いことが明らかとなった。サービスの質を厚くするには人的サービスを多く投入する必要があるが、それは逆に生産性を低め、従事者の給与も低くなることになる。こうした問題をどのように解決していくべきか、今後も観光産業を沖縄のリーディング産業として据え置いたままでよいのかどうかも含めて課題である。

(3) キャリング・キャパシティー

宮古島では中国南部から来るクルーズ船の寄港が年々増え、それが地元の人々の生活や日常を変えてしまったといわれている。様々な施設が島外資本となり、働き手も島外から移り住んできて、住宅価格の高騰など、地元民が島が自分たちのものでなくなってきているといった危機感を覚えるようになったという（佐滝、二〇一九）。石垣島でも観光客が急増したことで、住宅価格や外食時の飲食代など物価が高騰したという。また、島外から観光ビジネスや飲食店、小売店を開く企業進出や個人の移住も増え、地元民の商店が閉店するなどの影響も出たという。頻繁に店も人も街並みも風景も変化し、島外民と観光客が占拠しはじめ、古くからの地元民が楽しく集まれる場所が失われていると地元の人々は話していた。

コロナ以前の世界は、観光客の大幅増加によって、観光地が過度に混雑し、交通渋滞や混雑、騒音、無断駐車、ごみの不法投棄、立ち入り禁止区域への侵入、違法民泊、文化財の損傷など、地域住民の生活や自然環境に悪影響を及ぼす状態になることが、世界各地の観光地で問題視されるようになっていた。これらの観光公害や観光過剰ともいえる問題を「オーバーツーリズム」と表現することが一般的になっている。一方、UNWTOは以前から「キャリング・キャパシティー」と呼び、それは「物理的、経済的、社会文化的環境を破壊することなく、また、訪問者が許容できないほどの満足度を低下させることなく、一か所のデスティネーションを同時に訪れることができる最大人数」と定義してきた（国連世界観光機関、二〇一八）。そしてUNWTOはこの中で、包括的かつ持続可能な都市観光を促進するために、一一の戦略と六八の指標を提案している。国連でも、旅行者と地域住民との共存・共生についての議論が出てくるようになった。観光は、経済、社会、環境の持続可能な開発に深く貢献する可能性があるが、伝承文化と遺産の消滅や、貴重な自然環境および生物多様性を破壊する可能性もあること、さらには不平等な労働環境などを招く原因にもなりうるとみている。

沖縄県は全国で四番目に小さな土地面積である。そのなかですでに約一〇％の土地は米軍基地で占められ、近年の台湾有事などの情勢から、あらたな自衛隊基地などが石垣島に建設され、宮古にもその計画がある。土地利用や海域利用のせめぎあいのなかで、持続可能な観光産業の発展のために、沖縄県における観光開発のあり方とキャリング・キャパシティーの状況について検討する必要があるだろう。

六　おわりに

本章は観光に焦点をあてて沖縄経済をみてきた。さらに沖縄県における観光振興の取り組みの流れを整理し、その効果について検討した。最後に持続可能な観光開発のあり方を考えるとともにそこにある課題について議論を行った。これまでをふりかえると、日本政府の意向が強く沖縄の経済開発に影響してきたことは自明である。しかし、目の前の課題解決に向けて持続可能な発展を考えたとき、これからは沖縄の意向をもっと取り入れる必要もあると考える。やはり沖縄県に住む人々が、観光産業を自分たちの経済社会と生活と環境の中でどのように位置づけるべきか、県民が中心になって議論して答えを導きだしていくプロセスと仕組みを構築する必要があるのではないか。そうならない限り、沖縄の地域活性化と内発的発展の実現は難しいのではないだろうか。

注

(1) 二〇一六年三月に観光庁が取りまとめた「明日の日本を支える観光ビジョン　世界が訪れたくなる日本へ」の中で、「観光先進国」日本の未来像として、二〇二〇年に「訪日外国人旅行者数四〇〇〇万人」「二〇三〇年六〇〇〇万人」そして訪日外国人旅行消費額は「二〇二〇年八兆円」「二〇三〇年一五兆円」と記されていた（観光庁、二〇一六）。このスローガンの切り札は二〇二〇年東京五輪であった。しかしコロナでこの目標は達成できなかった。

(2) 沖縄二一世紀ビジョン（二〇一二―二〇二二年度）では、第一に「沖縄らしい自然と歴史、伝統、文化を大切にする島」、第二に「心豊かで、安全・安心に暮らせる島」、第三に「希望と活力にあふれる豊かな島」、第四に「世界に開かれた交流と共生の島」、第五に「多様な能力を発揮し、未来を拓く島」という五つの将来像が示されている。また、四つの固有課題とは、「大規模な基地返還とそれに伴う県土の再編」、「離島の新たな展開」、「海洋島しょ圏　沖縄を結ぶ交通ネットワークの構築」、「地方自治の拡大」として国の責務としての解決が求められるものとしている（沖縄県、二〇一七）。

参考文献

安里昌利（二〇一八）『未来経済都市沖縄』日本経済新聞出版社。

東徹（二〇二一）「観光における開発と保護」前田勇編著『新現代観光総論第三版』学文社。

内田真人（二〇〇二）『現代沖縄経済論―復帰三〇年を迎えた沖縄への提言』沖縄タイムス社。

沖縄県（各年度）『観光要覧』。
沖縄県（二〇一七）『沖縄二一世紀ビジョン基本計画（改定計画）沖縄振興計画平成二四年度～平成三三年度』平成二九年五月。
沖縄県企画部（二〇二一）『経済情勢令和二年度版（令和三年九月）』沖縄県
沖縄県文化観光スポーツ部（二〇二二）『令和三年度沖縄観光に関する県民意識の調査報告書（令和四年三月）』アクセス二〇二二年一一月三日 <https://www.pref.okinawa.lg.jp/site/bunka-sports/kankoseisaku/kikaku/report/tourism_statistic_report/r03_tourism-statistic-report.html>
嘉数啓（二〇一七）『島嶼学への誘い――沖縄からみる「島」の社会経済学』岩波書店。
鹿毛理恵（二〇二〇）「沖縄経済と観光」宮城和宏・浦本寛史・比嘉正茂編著『沖縄経済入門　第二版』東洋企画。
観光庁（二〇一六）『明日の日本を支える観光ビジョン』アクセス二〇二二年一一月三日 <https://www.mlit.go.jp/kankocho/topics01_000205.html>
佐滝剛弘（二〇一九）『観光公害――インバウンド　四〇〇〇万人時代の副作用』祥伝社新書。
国連世界観光機関（ＵＮＷＴＯ）（二〇二〇）アクセス二〇二〇年六月三〇日 <https://www.unwto.org.un-tourism-news-12>
国連世界観光機関（ＵＮＷＴＯ）（二〇一八）『「オーバーツーリズム（観光過剰）」？都市観光の予測を超える成長に対する認識と対応』国連世界観光機関（日本語版）。
Telfer, D. J. and Sharpley, R. (2008) *Tourism and Development in the Developing World*, Routledge.（テル

ファー・D・Jとシャープリー・R　阿曽村邦昭・鏡武（訳）（二〇一一）『発展途上世界の観光と開発』古今書院。

富川盛武（二〇一八）『アジアのダイナミズムと沖縄の発展―新次元のビジネス展開』琉球新報社。

比嘉祐典（二〇〇八）『地域の再生と観光文化』ゆい出版。

Bertram, G. and Watters, R.(1985) The MIRAB economy in south pacific microstates, *Pacific Viewpoint*, Vol.26, pp.214-22.

沖縄県における株式の変遷

安藤由美

安藤　由美・あんどう　ゆみ
【所属】経済学部経済学科　准教授

【主要学歴】武蔵大学大学院経済学研究科博士課程単位取得退学

【所属学会】日本ファイナンス学会、日本金融学会、日本経営財務研究学会、日本会計研究学会、生活経済学会、日本証券アナリスト協会、日本ＦＰ協会

【主要著書・論文等】

・「多文化共生社会における生活経済的課題」『沖縄国際大学経済環境研究第八号』、二〇一九年
・（共著）「沖縄における結婚移住女性を巡る現状に関する調査研究」『沖縄国際大学南島文化四〇号』、二〇一八年
・「シンガポールの株式市場」『沖縄経済の構造―現状・課題・挑戦』東洋企画、二〇一八年
・「沖縄における金融事情」『沖縄を取り巻く経済状況』東洋企画、二〇一五年
・「証券投資に対する積極性の分析」『沖縄国際大学経済環境研究第三号』、二〇一三年
・「沖縄県における証券投資　―収益力の分析―」『沖縄国際大学経済環境研究第二号』、二〇一二年
・「沖縄県における証券投資　―配当・財務の分析―」『沖縄国際大学経済論集第八巻一号』、二〇一二年
・「医療改革による他業種株価への影響」『証券経済学会年報第四二号』、二〇〇七年
・「年金代行返上情報に対する株式市場の反応」『証券経済学会年報第四一号』、二〇〇六年
・「マーケットモデルを用いたベータ推定方法についての考察：Ⅱ」『武蔵大学論集第五二巻』、二〇〇五年
・「マーケットモデルを用いたベータ推定方法についての考察：Ⅰ」『武蔵大学論集第五一巻』、二〇〇四年

※役職肩書等は講座開催当時

はじめに

一九七二年に本土復帰した沖縄県の経済は、観光産業を中心に成長してきた。しかし、県民所得は全国最低が続いており、経済的な自立が不十分との評価を受けている。また県民所得が低い沖縄県民は、貯蓄・金融資産も他県民より少額となっている。昨今、公的年金のみでは老後生活の出費を賄うことができないことが指摘されている。政府が自助努力で資産形成を行うように呼びかけるなかで、貯蓄・金融資産が少ない沖縄県民はどうすればよいのだろうか。政府の統一的な呼びかけ以外に、沖縄独自の支援・対策はないのだろうか。本章では、まず沖縄県における貯蓄・金融資産の現状を調査する。次に第二次世界大戦以降の沖縄経済について、株式の側面から歴史的に調査する。調査に基づき、沖縄県民の資産形成について対策を検討する。

一　沖縄県における貯蓄・金融資産の現状

貯蓄・金融資産の保有状況を全国平均と沖縄県について比較する。総務省統計局による「二〇一九年度家計調査」の二人以上勤労世帯のデータを使用する。図表1から沖縄県の勤労世帯が、五三七万円の貯蓄をもつ一方で四八二万円の負債を抱えていることがわかる。仮に貯蓄から負債全額を返済した場合、手元に残るのは五五万円になる。全国平均の貯蓄は一、三七六万円で負債は八五五万円であり、貯蓄から負債を差引くと五二一万円になる。沖縄県の世帯には金銭的余裕がほとんどないことが確認できる。

図表1で「沖縄/全国」は、全国を一とした場合における沖縄の比率を示している。貯蓄合計は〇・三九であり四割未満となっている。最も高い〇・四九は金融機関外の貯蓄であり、沖縄特有の模合による貯蓄が含まれていると推測される。最も低い〇・一五は有価証券(株式等)であり、二番目に低い〇・三七の生命保険等とは〇・二二の差がある。沖縄県において、有価証券(株式等)の保有は非常に少ないことが確認される。「沖縄貯蓄割合」は、沖縄県の貯蓄合計を一〇〇%とした場合における割合を示している。有価証券(株式等)に対する沖縄貯蓄割合は四%であり、全国貯蓄割合一一%に比べて七%下回っている。貯蓄における内訳の中で、沖縄県民は有価証券(株式等)を選ばない行動をとっていることが全国との比較で明確になった。

金融知識と金融行動に関する金融リテラシー調査から、沖縄県民の特徴を捉えることにする。金融リテラシー調査は、約二五、〇〇〇人を対象にした調査であり、金融広報委員会が実施し

図表1　2人以上の勤労世帯における貯蓄・負債(2019年)(単位万円)

		全　国	沖　縄	沖縄/全国	全国貯蓄割合	沖縄貯蓄割合
貯蓄	A金融機関	1,316	508	0.39	96%	95%
	(預貯金)	865	376	0.43	63%	70%
	(生命保険等)	300	110	0.37	22%	21%
	(有価証券)	150	22	0.15	11%	4%
	B金融機関外	61	30	0.49	4%	5%
	貯蓄合計(A+B)	1,376	537	0.39	100%	100%
負債	負債合計	855	482	0.56	−	−

(出所)「2019年度家計調査」(総務省統計局)

ている。都道府県別データが開示されている。金融知識の正解率は、沖縄県は四七位（五一・〇点。全国平均は五五・七点）だった。図表2は、金融リテラシー調査の中で行動や考え方に関する設問に対し同意した人の割合を示した表である。沖縄県が上位(一位〜七位)になった設問はすべて借金に関連するものであり、借金経験者の割合が高いことが確認される。一方で、沖縄県が下位(四六〜四七位)となった設問は、資金管理や危機対策に関するものである。沖縄県民は金銭管理が緩く、危機に備える意識が希薄であることがわかる。また沖縄県民で「株式を購入したことがある人の割合」は二九・七％で、全国平均より約四％低く三二位であった。

本節では沖縄県における貯蓄・金融資産の現状を調査し、以下の点が確認された。①沖縄県民は有価証券（株式等）の保有額が低い。②長期的視野で金銭管理することが得意でない。都道府県別データで沖縄県の数値は、平均付近の数値となることはなく、極端に上位か極端に下位になっていた。また数値データからは他県と一定の傾向があることは観察されなかった。このことから沖縄県の現状に、沖縄独自の事情が影響を与えている可能性がある

図表2　金融行動に関する金融リテラシー調査（%）

項目	全国	沖縄県	順位
お金を借り過ぎていると感じている人の割合	11.6	18.1	1位
近視眼的行動バイアスが強い人の割合	46.4	51.3	3位
消費者ローンを利用している人の割合	4.6	6.5	7位
株式を購入したことがある人の割合	33.8	29.7	32位
金融トラブル発生時の相談窓口を認識している人の割合	70.8	65.6	46位
緊急時に備えた資金を確保している人の割合	57.0	45.4	47位
期日に遅れずに支払いをする人の割合	85.0	78.3	47位

（出所）金融広報委員会2022年

のではないかと考える。次節では株式に関する沖縄の歴史を辿り、本土との違いを調査するとともに、現代社会に及ぼした影響を探ることにする。

二　米施政権下の証券会社

第二次世界大戦終結後、すべてを失った沖縄県民は米軍政府から食糧配給を受ける日々を送ったが、徐々に生活を立て直していった。米軍政府は一九四六年に開業した沖縄中央銀行等を統合し、中央銀行的機能を有する琉球銀行を一九四八年に設立した。また一九四八年以降、日本円を排除してB円（B型軍票）を唯一の法定通貨とした。企業に関しては一九四八年に自由企業制が再開され、一九五一年以降は民間貿易も自由化された。沖縄県の経済復興のために、県民生活に不可欠なサービスを供給する企業が米軍政府の判断で一〇社程度設立された。これらの設立は米軍政府の主導により、ガリオア資金援助（米国政府の予算）で進められた。企業は設立後長きにわたり県民に支持される大企業に成長した。設立資金と運転資金がガリオア資金で賄われたため、銀行も証券会社も資金調達に関わることができず、大きな商機を逃した。一九五〇年朝鮮戦争勃発を機に、大規模な基地建設が沖縄県で進められた。また米軍の常駐により、米軍人を対象とした多様な商売が展開された。朝鮮戦争勃発は日本経済に〝特需〟をもたらしたため、本土株式市場では軍需産業の株価が上昇して注目を集めた。

沖縄県内では一九四九年以降複数の金融機関が設立され、一九五六年には民間資本の沖縄銀行が設立された。沖縄銀行が設立される二年前の一九五四年、株式会社金一証券が沖縄県で初となる証券業を開業した。本土出身で証券業の経験がある人が発起人となり、金一証券は沖縄県で開業した。軍用地で財を成した資産家に対し、本土株式の売買を勧めて手数料を得る予定だった。本土株式の販売認可を幾度となく要求したが却下されたため、売買は沖縄株式に限定された。この時期に売買されていた沖縄株式は一七銘柄（琉球銀行、琉球生命保険、琉球火災海上保険、琉球海運、琉球石油、沖縄食糧、琉球水産、琉球製糖、琉球造船、琉球煙草、琉球運輸、琉球肥料、ホテル琉球、沖縄復興木材、琉球貿易、文教図書、沖縄相互銀行）であった。琉球新報に一七銘柄の株式相場表が掲載されたため、資産家は株式に関する情報を得ることができた。金一証券は、複数の沖縄株式を組み合わせた投資信託も販売した。しかし本土株式の販売許可を得ることができないまま一九五八年に廃業した。

一九五八年、証券取引法が施行され本土株式の販売が許可された。一九六〇―六一年にかけて沖縄証券、大宝証券、琉球証券の三社が開業した。本土株式の売買を行うために、三社はそれぞれ国内証券会社と提携した。大宝証券は日興証券、沖縄証券は東京玉塚証券と提携して、電報で注文を国内証券会社に送り売買を委託した。

一九六〇年以降の証券業は厳しい状況にあった。厳しい状況の主な理由は、①本土政府による為替管理、②本土株式の取引量の少なさ、③情報伝達の未整備　であった。②本土株式の取引量の少なさの背景として本土株式に対する心理的不安や円表示に対する不慣れ、高額な手数料があった。

また①本土政府による為替管理は、ドル通貨の沖縄にとって大きな足かせとなった。為替管理制度の下では、「日本円以外の金で本土の株を買った場合は、購入後満二カ年を経なければ外貨で払い戻しをうけることはできない」とされており、沖縄の株式投資者は制約をうけた。当時、沖縄の株式投資者の持株期間は半年以内と言われていたため、証券会社が制度を遵守すれば投資家は株式売買を中止する可能性があった。そこで一部の証券会社は売却時期を自由にして、自社の資金で投資家に金銭を渡した。売買取引の減少を防ぐために、資金の立替えを行った。しかし資金の立替えは、後に証券会社の利益を圧迫することになる。沖縄証券は代金立替えを他社より積極的に行っていた。立替え資金を用意するために借り入れを行い、その支払利息が収入全体の七二・九％に上ることもあった。

一九六二年から一九七〇年にかけて、三社合計の株式売買高がどのように推移したのかを図表3で見る。一九六二年の売買高は約三百万ドルであり、その内訳は沖縄株式が五％、本土株式が九〇％であった。売買高が少ないと、売却したい場面で買手が見つからず、この心配があると買い控えにつながってしまう。そこで証券会社は沖縄株式について店頭取引を積極的に行った。沖縄株式の金額・比率は増加して一九六七年には全体の四五％になった。沖縄返還の合意が成立した一九六七年以降、沖縄株式の売買高は大幅に減少して一九七〇年には九％となった。多くの投資家が、返還後は本土の会社が沖縄に進出するため沖縄の会社は存続困難と考えて、沖縄株式を大量に売却したと推測される。

③情報伝達の未整備を確認する。当時、沖縄で本土株式の株価（市況動向）を知る手段は短波受信機だった。しかし短波受信機でも荒天時には正しく受信できないことがあり苦心した。沖縄県内で受けた売買注文を本土の証券会社に取次ぐときは電報を使用した。料金節約のために略語を使用したが、略する側と読み解く側の勘違いにより発注ミスが起こることもあった。沖縄から本土への電話は当時国際電話になるため料金が高額で利用できなかった。新聞に株価を掲載することで大衆への情報配布がなされた。本島の二大新聞に株価が掲載された。一九六〇年時点では東京証券取引所の代表的な一〇銘柄のみだったが、その後一七銘柄、一〇〇銘柄と拡張されていった。

図表3　株式等売買高

（単位：万ドル）

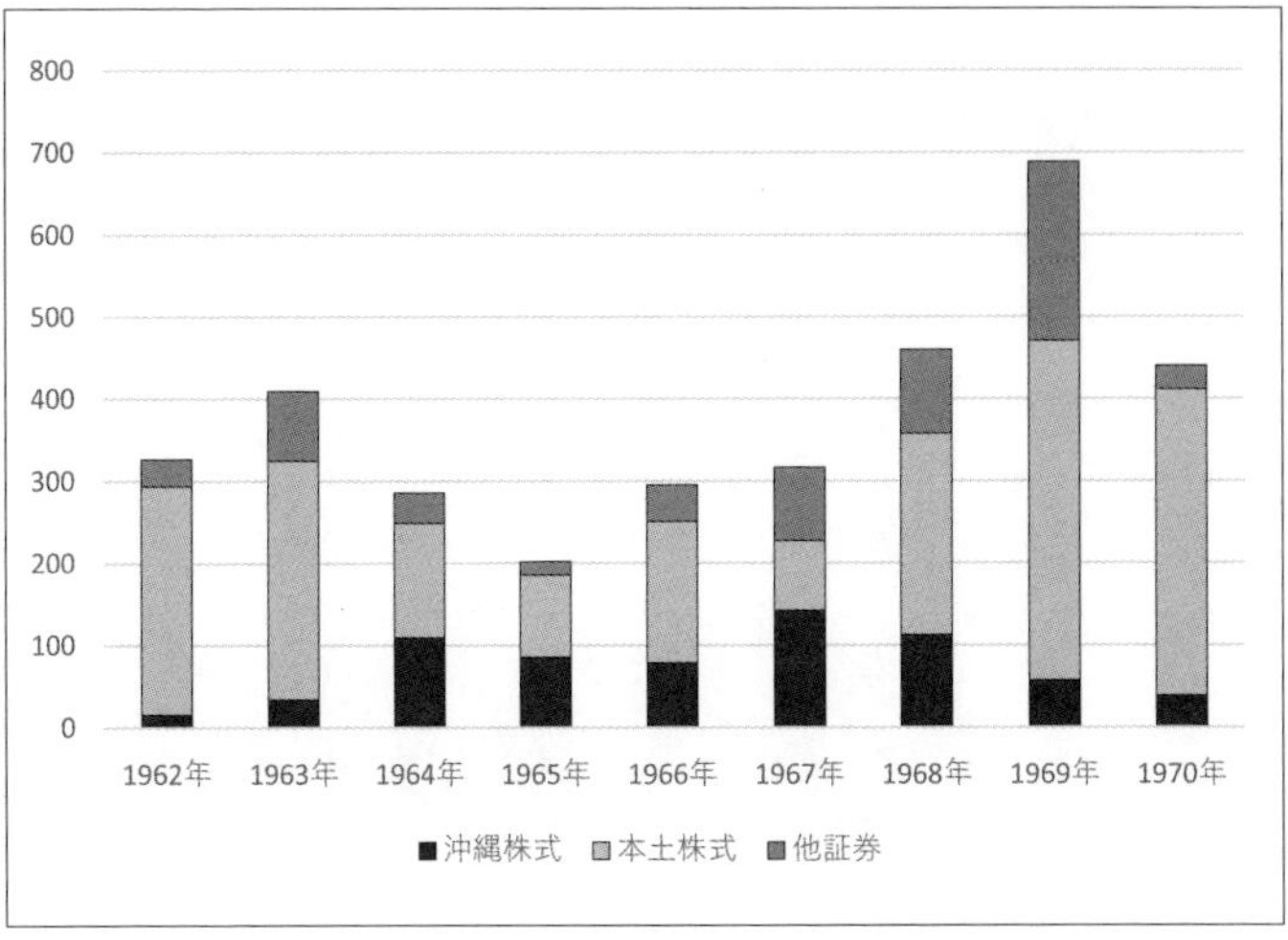

全銘柄が掲載されたのは、本土復帰一〇年が経過した一九八二年であった。

三　復帰前後の証券会社

本土復帰の合意後、米軍政府・琉球政府が管理していた沖縄県を日本の制度に移行させるために、日本政府は沖縄を詳細に調査した。大蔵省は証券会社三社を調査し、営業基盤の脆弱などを理由に三社に合併を奨励した。琉球政府金融検査庁が仲介調整したが三社合併には至らなかった。一九七二年四月に沖縄証券が琉球証券を吸収合併したため、本土復帰時における県内の証券会社は、沖縄証券と大宝証券の二社であった。本土復帰後の一九七三年、大蔵省検査が行われ二社は基準未達と通告される。この通告にしたがって資本を増強し、沖縄証券は、沖縄銀行・新日本証券と連携体制をとることになった。一方大宝証券は、琉球銀行・日本勧業角丸証券と連携した。二〇〇三年、沖縄証券と大宝証券は合併し社名を「おきなわ証券」となり、沖縄県に本社を置く証券会社は一社となった。二〇一七年、おきなわ証券は沖縄銀行の子会社になり、「おきぎん証券」と改めた。おきぎん証券は、二〇二一年おきぎんフィナンシャルグループ（ＯＦＧ）の一員となった。

四　中央銀行としての琉球銀行

琉球銀行は米軍政府によって一九四八年に設立された。琉球銀行調査部（一九八四）は設立の理由を次のように説明する。「第一は日本沖縄間で行われていた密貿易に対応するため米軍政府は新通貨を計画していた。これに伴い通貨政策を担当する中央銀行的機関が必要だった。第二は隔離されている四群島を一円とする経済圏を確立するために、全琉をカバーする金融機関が必要だった。第三に復興政策の遂行は、既存の複数銀行よりも新設一銀行が適している。」

琉球銀行・株式の五一％を米軍政府が保有した。琉球銀行の主要業務は、米軍政府の金庫業務と中央銀行として通貨・金融政策を実施することであった。あわせて沖縄民政府や市町村に対する助成・資金貸与を行い、農工商業の会社に融資した。

当時の琉球銀行には以下の機能が与えられた。

・通貨発行の機能（中央銀行的機能）
・金融機関の監督統制検査（中央銀行的機能）
・特定の債券を発行

五　沖縄証券会社の特殊事情

沖縄には独自の歴史があり、歴史の中で生活や経済が営まれてきたことで、現在の沖縄経済が形成された。現在の沖縄社会を観察したとき、日本で一般的と考えられていることが沖縄では異なる状態となっていることが少なくない。全国一律の基準で比較した場合には埋もれてしまう沖縄県の特殊事情について、証券会社に焦点をあてて調査する。

1　米軍統治下の証券会社

一九五八年から一九七二年までの一四年間、沖縄県の法定通貨は米ドルであった。給料も買物も金銭取引はすべてドルで行われた。このため米軍人にとって基地外での購買は障壁が低かった。戦後復興で成長し続ける日本経済に魅力を感じ、日本の株式を売買する米軍人が増えた。米軍人の行動は、軍用地代を手にした裕福な沖縄県民にも影響を与えた。しかし株式売買には沖縄特有のデメリットがあった。当時沖縄で株式の売買をするときには為替手数料が発生した。さらに証券会社の一般的手数料とは別に沖縄独自の手数料が上乗せされた。このため売買益から多額の手数料が減額され、自分が想定した利益額より少ない額しか手にできない状況だった。また株式に関する情報が乏しい上に、売買成立までに時間が大幅にかかった。

2　非上場企業

一九五七年に琉球銀行の機能に、「証券取引所を設置し統括運営する」が追加され沖縄県内に証券取引所が開設される可能性があった。しかし一九五九年に当該機能は削除された。本土復帰の一九七二年まで、沖縄県内の企業が日本の証券取引所に上場することはできなかった。このため沖縄戦後から本土復帰までの間に発行された県内企業の株式はすべて非上場株式となった。

3　債券の発行業務

一九四八年の設立時、琉球銀行には特定の債券を発行できる機能が与えられた。この対応は異例であり、日本の証券取引法では金融機関が証券業に属する行為を営業として行うことを禁止している。琉球銀行以外の銀行・信託銀行その他の金融機関が証券営業することを禁止する通知を沖縄民政府は一九五七年に発表した。

一九五九年琉球電信電話公社が債券を発行した。一九五九年当時は、金一証券が一九五八年に廃業した後だった。その後一九六〇—六一年にかけて沖縄証券、大宝証券、琉球証券の三社が開業するが、一九五九年は沖縄県内に証券会社が一社も存在しない状態だった。このため県内で唯一証券業が認可されている琉球銀行が琉球電信電話公社の債券発行を行った。その後一九六九年までの間に債券発行は五回行われるが債券の引受け・募集をすべて琉球銀行が行った。一九六〇年以降は県内の証券会社が担うことも可能だったが担わなかった理由について、小谷融（二〇二二）は「三社とも資本力と販売力がなかったことから有価証券の引受け・売出し、募集または売出の取扱いの業務を行うことはなかった」と述べている。

一九五九年の発行時にはやむを得ない事情があった。しかし二回以降の債券発行の場面で、なぜ県内証券会社が担うことができなかったのだろうか。債券の発行業務を行うことにより、証券会社は実務上技能を得ることができる。また債券の発行業務は証券会社に利益をもたらす。このため開業後年数が浅い証券会社にとって発行業務は、技能習得と利益の両面から考えて有難い機会だったと言える。発行業務は複数の証券会社で行うこともある。もし証券会社三社が協力して琉球電信電話公社の債券発行を行っていたならば、資金調達に苦しむ県内企業に対し債券発行や株式発行を適切に提案し、支援したに違いない。

4　米軍政府の介入

琉球銀行は米軍政府によって一九四八年に設立された。米軍政府は設立時に琉球銀行株式の五一％を保有し、その後も株式を継続保有した。米軍政府が株主議決権の過半数を掌握していたため、琉球銀行は米軍政府の意向を尊重した。その影響として米軍政府が推奨する公共事業に対する融資が優先された。沖縄民政府の重要産業や民間会社に対する融資も行ったが、旺盛な需要に対して十分応えることができていなかったと指摘する声もある。琉球銀行は沖縄民政府や市町村に対する助成・資金貸与を行っていたが、米軍政府の指示により停止した歴史がある。

瀬長亀次郎氏は沖縄人民党の政治家である。米軍政府から域外退去命令を受けた者を匿ったことを理由に、米軍政府は一九五四年に瀬長亀次郎を逮捕し、懲役二年の実刑判決とした。服役後一九五六年の選挙で瀬長亀次郎氏は那覇市長に当選し約一年間那覇市長を務めた。米軍政府は瀬長亀次郎氏が那覇市長に就任中、那覇市への補助金と融資を打ち切るよう琉球銀行に指示し、琉球銀行はこれを執行した。さらに那覇市の預金口座を凍結した。資金不足に陥った那覇市は市政運営の危機に直面したが、市民の協力により当座の資金を用意して乗り切ることができた。

一九七二年米軍政府は、琉球銀行株式を売り出すことを発表した。沖縄県民の大きな関心を呼び、応募株総数（五一五万五七〇〇株）は売出総株数（一一四万七五〇〇株）の約四・五倍にのぼった。比例配分方式で配分され、株主数は四三八四名になった。琉球銀行の経営権は、米軍政府から完全に沖縄県民に移った。琉球銀行が米軍政府の管理から解放され、県民のための銀行になることへの期待が、応募数に現れたのではないだろうか。

一九四八年の設立時、通貨を発行できる中央銀行的機能が琉球銀行に与えられた。しかし法定通貨がB円から米ドルに切り替わる直前の一九五七年に、通貨を発行できる中央銀行的機能が削除された。琉球銀行が通貨を発行することはなかった。

六　非上場株式の歴史と課題

1　非上場株式の歴史

沖縄戦後、米軍政府の主導でガリオア資金の援助により、復興の根幹をなす多くの企業が設立された。米軍政府の行政機関の一部を移管することにより設立された企業もある。沖縄運輸株式会社や沖縄バス、協同バス、首里バス、琉球海運株式会社、沖縄食糧株式会社、琉球石油株式会社、琉球水産株式会社などである。一九四八年設立の琉球銀行、一九五〇年設立の琉球火災保険株式会社、一九五二年設立の琉球生命保険株式会社も米軍政府が主導した。米軍政府の主導等により設立された会社は、設立資金を用意する必要がなかった。そして無借金の状態から事業を開始することができた。株式会社として株式を発行した米軍政府等がその株式を保有したため、株主を募る必要はなく手続きは証券会社不在で進められた。証券会社は、株式発行や売買仲介に関わることができなかった。米軍政府主導による企業設立は、金融業にとって恩恵の少ないものとなった。

本土復帰の一九七二年まで、沖縄県内の企業が証券取引所に上場することはできなかった。したがって県内企業の株式はすべて非上場株式であった。上場株式は証券取引所の売買を通じて株価が決まり開示される。一方で非上場株式は取引の相手を見つけることが困難な上に相互が納得する価格を見つけにくいため、持っている株式を現金化するのが難しい。

沖縄戦後に設立された民間会社は、私募による直接募集で株式を発行した。私募は特定少数者に勧誘する募集方法であり、証券会社が不特定多数に勧誘する場合にくらべて効率が悪い。私募は一定の地域・限られた人脈の中で勧誘が行われるため、目標数に達しない場合もある。当時は、発起人だけが株式を引き受ける場合や親族で株式を保有する場合が多かった。また大宝証券株式会社（一九九二）は「多くの会社が株式の譲渡を制限していることもあって、市場に出回るのはごくわずかである」と記している。発起人や親族でも株式が捌ききれない場合は、従業員や地域住民に株式保有という形での出資を求めた。

　復帰前、県内企業の株式はどのような経緯で発行されたのだろうか。そして誰が株式を保有したのだろうか。その保有は全国と比較して違いがあるだろうか。図表４は株式の保有者別に所有株式比率を示したものであり、上段が日本のデータ、下段が沖縄県のデータとなっている。日本と沖縄で比率割合に大幅な相違が認められる。金融機関の比率は、日本が二四・五％、沖縄県が四・五％であり、沖縄県は日本の五分の一以下となっている。日本は投資信託が

図表4　株式保有者比率（1965年）

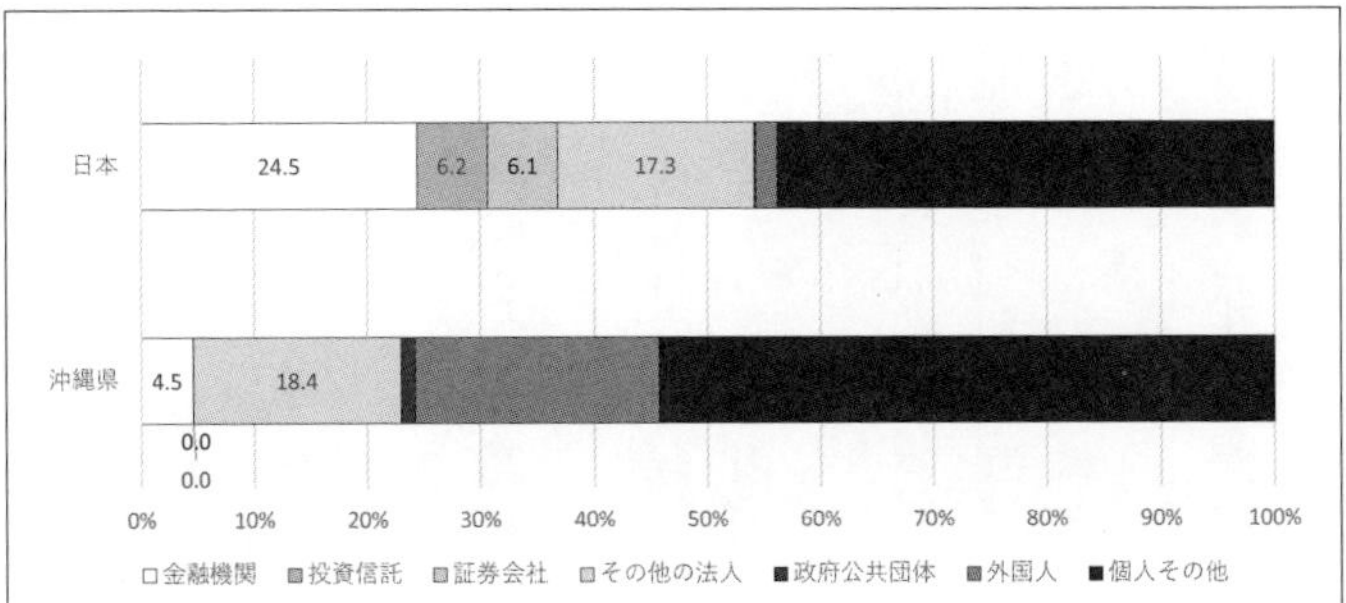

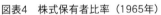

六・二％、証券会社が六・一％であるが、沖縄県は、投資信託と証券会社がともにゼロ％となっている。復帰前の沖縄県における資金調達で、銀行や証券会社の活動が限定的であったことが確認できる。活動が限定的であった背景には、五節沖縄証券業の特殊事情で確認した米軍政府の統治・法律があった。

2　製糖業の非上場株式

県内会社の非上場株式について、製糖業会社を調査する。製糖業は沖縄の重要な産業であり、一九五〇年以降複数の会社が設立された。その中から中部製糖株式会社を取り上げる。

中部製糖は、一九五九年に西原製糖として誕生した。米軍から返還された西原村内の飛行場跡地に地元主体の製糖会社を設立する運動が広まり設立された。すでに一九五六年から西原村内では琉球農連第一製糖工場が稼働していた。

西原製糖は開業資金の一部を株式発行で調達した。株式は額面一ドルで発行された。西原村は西原製糖の設立を支援し、字ごとに懇談会を開いて出資（株式の購入）を推奨した。村内農民のうち八二％が賛同し、一〇五五戸が株主となった。西原村議会と農協もそれぞれ株式五〇〇〇株を購入し株主となった。

すでに村内に琉球農連第一製糖工場があったため、村内農民は琉球農連派と新会社設立派に分裂した可能性が高い。その状況で開業資金を準備することは困難だったと推測される。出資を目的とした懇談会を村が開催したり村議会が出資したことから、資金準備に苦労した様子が伺える。小谷融（二〇二二）は「多くのさとうきび農家は、さとうきび売却代金を株式出資に充当した。」と述べている。新会社に対する協力金や組合加入金のような意味合いで、売却代金からの天引きを容認した農家が大多数だったのではないだろうか。西原製糖に出資した人は、株式を入手し株主になった。当時は沖縄県内全企業が非上場であったため、彼らも非上場株主となった。非上場株主が株式について、当時資産としてどの程度認識していたか、その後資産としての認識がどのように変化したのかを把握することは、困難である。

一九六四年に西原製糖と琉球農連は合併し、新社名の「中部製糖」になった。その後一九九三年に中部製糖・琉球製糖・第一製糖が合併して新社名「翔南製糖」となる一方で、中部製糖の不動産業は「新中糖産業」が引き継いだ。翔南製糖と球陽製糖は二〇一五年に合併し新社名「ゆがふ製糖」となり現在に至っている。

中部製糖の不動産業を引き継いだ新中糖産業は、工場跡地に建設した大型店舗サンエー西原シティを賃貸して収入を得ている。新中糖産業の売上高の九一・八％がサンエーからの賃貸収入であり、当期純利益は、一・八億円から二・二億円（二〇一六年から二〇二一年）で安定している。二〇二一年時点における株主は一二二一名であり、この内個人株主は一二〇七名（所有株式数割合六・五％）となっている。一九七一年（当時の会社名は中部製糖）時点における株主は一五六二名であり、この内個人株主は一五三三名（所有株式数割合三一・八％）であった。したがって、約五〇年間で個人株主は三二六名、所有株式数割合は二五・三%減少している。この変化について小谷(二〇二二)は、次のとおり記述する。「設立当初から二〇〇五年までの間は、株主の変動は少なかった。・・・(中略)・・・。株主数が変動するようになったのは、配当を再開した二〇〇六年からである。・・・(中略)・・・。これは、配当の再開に合わせて、同社が株主に相続や譲渡手続きの案内文書を送付したことが影響している。自社株式の流動性を高めることを意図したものであった。」そして「配当を再開したのは、一九九三年に製糖事業を翔南製糖の営業譲渡し、構造転換を行った二〇〇六年からで、現在まで継続されている。」と付け加えている。

これらの記述から、①会社が相続や譲渡手続きの案内文書を作成して株主に対して送付したこと、②案内文書を読んだ株主の約二一%が譲渡等の手続きを行ったこと、③所有株式数割合は三一・八%から六・五%に低下したことなどがわかる。個人株主一人当たりの平均所有株式数割合が、一九七一年時点の〇・〇〇二%から二〇二一年時点の〇・〇〇五%に増加しているため、株式譲渡を行った株主の多くが少額出資の株主であったと推測される。会社設立時の事情を踏まえると、この少額出資の株主は自作サトウキビの買い取りを目的とした当時の村内農民である可能性が高い。非上場株式の場合買手と売手が出会う機会は少なく、金額面の折り合いも難しい。新中糖産業が株主に金額を提示して買い取ったと考えるのが妥当だ。株主に対する心配りを基盤とした新中糖産業の事務処理・金銭準備があって始めて、非上場株式の株主が株式を売却することが可能になったのだ。しかしすべての非上場企業がこの対応を取れる訳ではない。非上場企業がこの対応を取らない場合、株主は換金したくても株式を売却することが難しい。非上場企業の株主が容易に株式を売却できるような環境が求められている。

3　株主コミュニティ制度

非上場株式の換金ニーズ・売買ニーズに応えるための制度として、日本証券業協会は二〇一五年「株主コミュニティ制度」を創設した。日本証券業協会から指定された証券会社は、財務状況等を審査した上で非上場企業の株主コミュニティを組成することができる。証券会社は、ここに参加する投資者に対してのみ投資勧誘が認められる。証券会社は株主コミュニティの自主規制規則を作成してウェブサイトで公表する。

この制度を利用すれば、証券会社から非上場株式の株主に対して、売却の意思を確認することが可能になる。そして売却する意思があった場合、買手の有無や買手が希望する価格を提示して取引が成立するよう導くことができる。この制度がない状態にくらべて、売却が成立する場面が大幅に増える。非上場株式の株主は、株式の売却見込み額を知ることができるだけでなく売却して金銭を手にすることが可能になる。換金に困っていた非上場企業の株主にとって、有難い制度といえるだろう。

株主コミュニティ制度を利用している非上場企業は何社あるのだろうか。二〇二二年八月時点で三五銘柄の非上場株式が利用しており、指定を受けている証券会社は、野村證券・みずほ証券など八社ある。全国の企業数は三六七万四〇〇〇社（二〇二一年六月時点。経済センサス活動調査（総務省・経済産業省））、上場企業は三、八八六社（二〇二二年一〇月時点。上場企業サーチ）であるから、約三六七万社が非上場企業だ。現時点で株主コミュニティ制度を利用している会社は三五社にすぎないが、この制度の利用を希望する非上場株式の株主は全国に相当数存在するはずだ。

この株主コミュニティ制度を広く普及させるにはどうすればよいだろうか。大切なのは、非上場企業の株主にこの制度の存在を知らせることだ。日本証券業協会が全国の各証券会社に通知しても、その情報は非上場会社の株主一人一人には届かない。証券会社の顧客でない株主もいるからだ。そこですべての非上場企業の株主に情報が行き渡るような試案を次に提示する。

まず日本証券業協会が、すべての非上場企業にこの制度内容を告知する。一定の条件に該当する場合、非上場会社から株主一人一人に通知書を送付することを義務付

図表5　株主コミュニティの情報（みずほ証券HP）

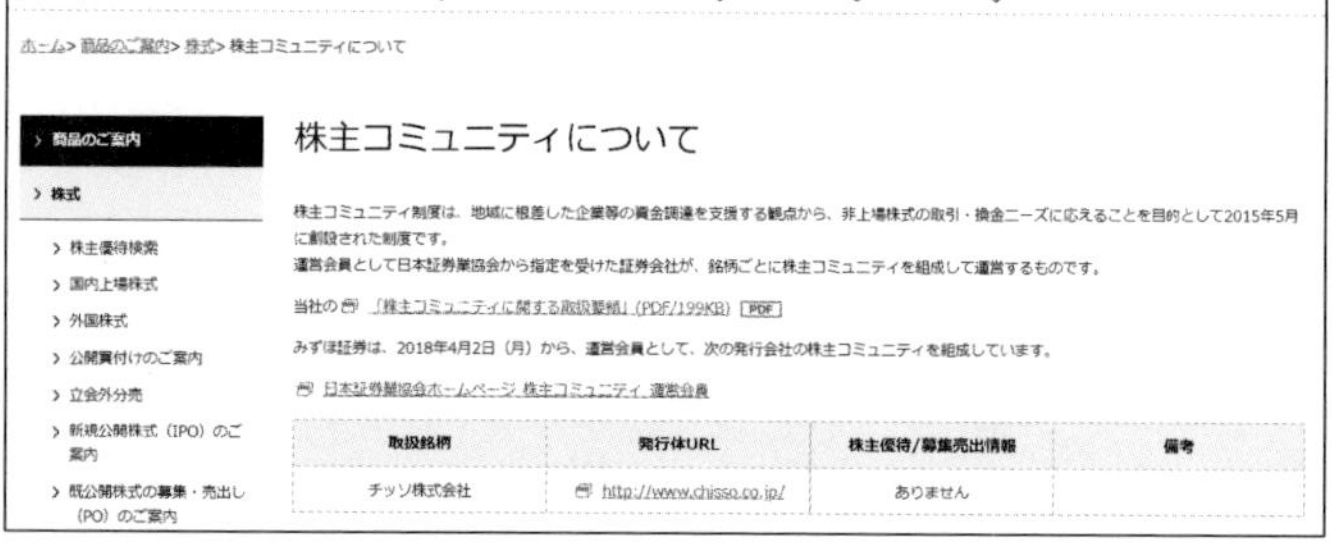

ける。通知書には、株主コミュニティ制度があること、組成を希望する人は証券会社に対して意思表示できることを記載する。

株主がどの証券会社に意思表示すればいいのか悩むことも想定される。証券会社を決められない場合は、日本証券業協会に相談する方法が有効だろう。日本証券業協会は適切な証券会社を紹介する。まだコミュニティが組成されていないが、証券会社がコミュニティ組成の準備に入っている場合もある。日本証券業協会と証券会社全社で、コミュニティ組成の準備に入っている会社名を報告し合うしくみを用意すれば、株主に正確な情報を提供できる。

非上場会社からの通知書送付の他に、新聞等でこの制度を紹介することも普及に役立つと考える。さまざまな手段を使って非上場株主に換金の機会を与えることが、株式に対する信用を高めることに繋がるだろう。

おわりに

老後生活の資金を確保するために、貯蓄・金融資産を自助努力で増やす必要があると指摘されている。このため政府は少額投資非課税制度（ＮＩＳＡ）を改正し、投資の増額化・定着化を図っている。沖縄県は株式や債券の平均保有額が全国の一五％と少なく、平均貯蓄額も全国の四割程度である。第二次大戦後、沖縄では株式の発行・流通が円滑に行われない時期があった。それゆえ個人の株式保有が増えなかった。沖縄県の特殊事情を克服していくには、「株主コミュニティ制度」の活用が有効だろう。価値不明だった非上場株式について、価格づけが行われることになり、資産と認識されるからだ。非上場株式の株主一人一人に対して、本制度を周知させる活動を促進するべきだと考える。

参考文献

川平成雄・松田賀孝・新木順子（二〇二二）「戦後沖縄生活史事典」吉川弘文館
小谷融（二〇二二）「琉球政府時代の証券史」中央経済社
大宝証券株式会社（一九九二）「大宝証券三十年史」
八一会（一九九二）「琉球政府金融検査庁回顧録」
深見泰孝・二上季代司編著（二〇一九）「地方証券史」きんざい
外間完和（二〇〇〇）「キャラウエイ旋風」ひるぎ社
真栄田・古波蔵・秋山（二〇二一）「つながる沖縄近現代史」ボーダーインク
琉球銀行調査部（一九八四）「戦後沖縄経済史」琉球銀行
IRBANK（https://irbank.net/）
上場企業サーチ（https://xn--vckya7nx51ik9ay55a3l3a.com/）
みずほ証券ＨＰ（https://www.mizuho-sc.com/product/stock/kabunushi.html）

沖縄財政の50年

高　哲　央

高　哲央・こう　あきひろ
【所属】経済学部経済学科　講師
【主要学歴】明治大学大学院政治経済学研究科博士後期課程修了
【所属学会】日本地方自治研究学会、日本財政学会、日本地方財政学会、沖縄経済学会
【主要著書・論文等】
・「沖縄県の人口密度の高さが固定資産税収に及ぼす影響」『經濟と社會』第三三・三四合併巻、沖縄経済学会、二〇二〇年。
・「全国市町村における固定資産税の偏在とその要因」『地方自治研究』Vol.34, No.2, 日本地方自治研究学会、二〇一九年。
・「土地保有税の変遷」『經濟と社會』第三一・三二合併巻、沖縄経済学会、二〇一八年。
・「固定資産税の課税標準に関する一考察」『経済学研究論集』第四六号、明治大学大学院、二〇一七年。
・「固定資産税と地方税原則に関する一考察」『地方自治研究』Vol.31, No.1, 日本地方自治研究学会、二〇一六年。

※役職肩書等は講座開催当時

一　はじめに

二〇二二年五月一五日、沖縄が日本に復帰して五〇年目の節目を迎えた。復帰直後と異なり、沖縄県経済は、米国統治下の軍事基地依存型経済から財政依存型経済へと移り変わり、公共部門の占める割合が高くなった。沖縄県には、米軍基地の立地を背景に国庫支出金が傾斜的に配分されているが、このことが沖縄県は類似県をはるかに超える財源補填を国から受けており、米軍基地なしでは経済や財政は行き詰まることになるというイメージに繋がっているのであろう。このようなイメージは、国から沖縄県への財源補填の実情を正確に理解していないことから生じるものであろう。

本稿では、復帰五〇年を迎えた沖縄財政の実情を明らかにすることで、こうしたイメージを払拭すること、そして、今後の沖縄県財政の見通しについて考察することを目的とする。

二　国と地方の財政関係

わが国の財政システムはイギリスやフランス等と同様に、中央政府に財政の権限・財源が集中した集権的財政システムである。集権的財政システムの下では、国民が日常生活を円滑に営むために必要な行政サービスは、中央政府（国）と地方政府（都道府県・市町村）の両者の密接な財政連携の下で提供されることになる。具体的には、国が中枢管理的な業務を分担し、地方公共団体（都道府県・市町村）が実際に行政事務を執行するという形が多い。

さて、「内閣府沖縄担当部局予算」やいわゆる「高率補助」など、国と沖縄県の財源補填の枠組みは、他都道府県とは異なる仕組みであることがやたらと強調されているが、当然のことながら沖縄県財政は、全体としての国と地方の財政関係の枠組みの中で運営されている。そのため、沖縄県財政を論じる場合は、まずはこうした制度的枠組みを把握することが必要である。

1　税源配分と純計歳出額

図1は、二〇一八年度決算における国と地方の税財源配分と歳出割合を示したものである。租税については、国税が六四・二兆円、地方税が四〇・八兆円であり、国税と地方税を合わせた租税総額は一〇五・〇兆円である。租税総額全体に占める国税と地方税の割合をみると、国税が六一・二％と地方税が三八・八％であり、国税と地方税の比率は、概ね三対二であることがわかる。

次に、国税や公債金などを財源とする国の歳出総額は一〇九・七兆円であるが、その内訳をみると地方交付税や国庫支出金などの地方に対する支出が三七・八兆円となっている。これは国の歳出総額の三四・五％である。地方の財源は地方税や地方債など以外に国からの財源補填なども含むが、歳出総額は九七・三兆円と地方税収の二倍以上の金額となる。したがって、国と地方の重複分を控除した最終支出（純計ベース）でみると、国の歳出純計額が七一・九兆円であるのに対して、地方の歳出純計額は九七・三兆円と、国と地方の歳出総額（純計）に占める国の支出と地方の支出の比率は、概ね二対三である。このように、租税収入における国と地方の比率と、最終支出ベースにおける国と地方の比率が逆転していることがわかる。

地方財政の規模が大きいということは、地方公共団体への事務配分が大きいことを意味する。しかしながら、国家財政は単一主体であるのに対して、地方財政は四七都道府県財政と一、七二四市町村財政等から構成されており、[1]地方公共団体の人口規模や経済活動水準、地理的・自然的条件などは千差万別であることから、事務配分に対して地方税など自主的に収納できる財源が不足している地方公共団体は多く存在する。[2]こうした地方公共団体は、その財源の大部分は、国から地方公共団体（都道府県・市町村）へ補填される地方交付税や国庫支出金に依存することになる。このように、国と地方の財政的連携が密接であることが、日本における財政システムの大きな特徴であるといえる。

図１　国と地方の税財源配分と歳出割合（2018年度決算）

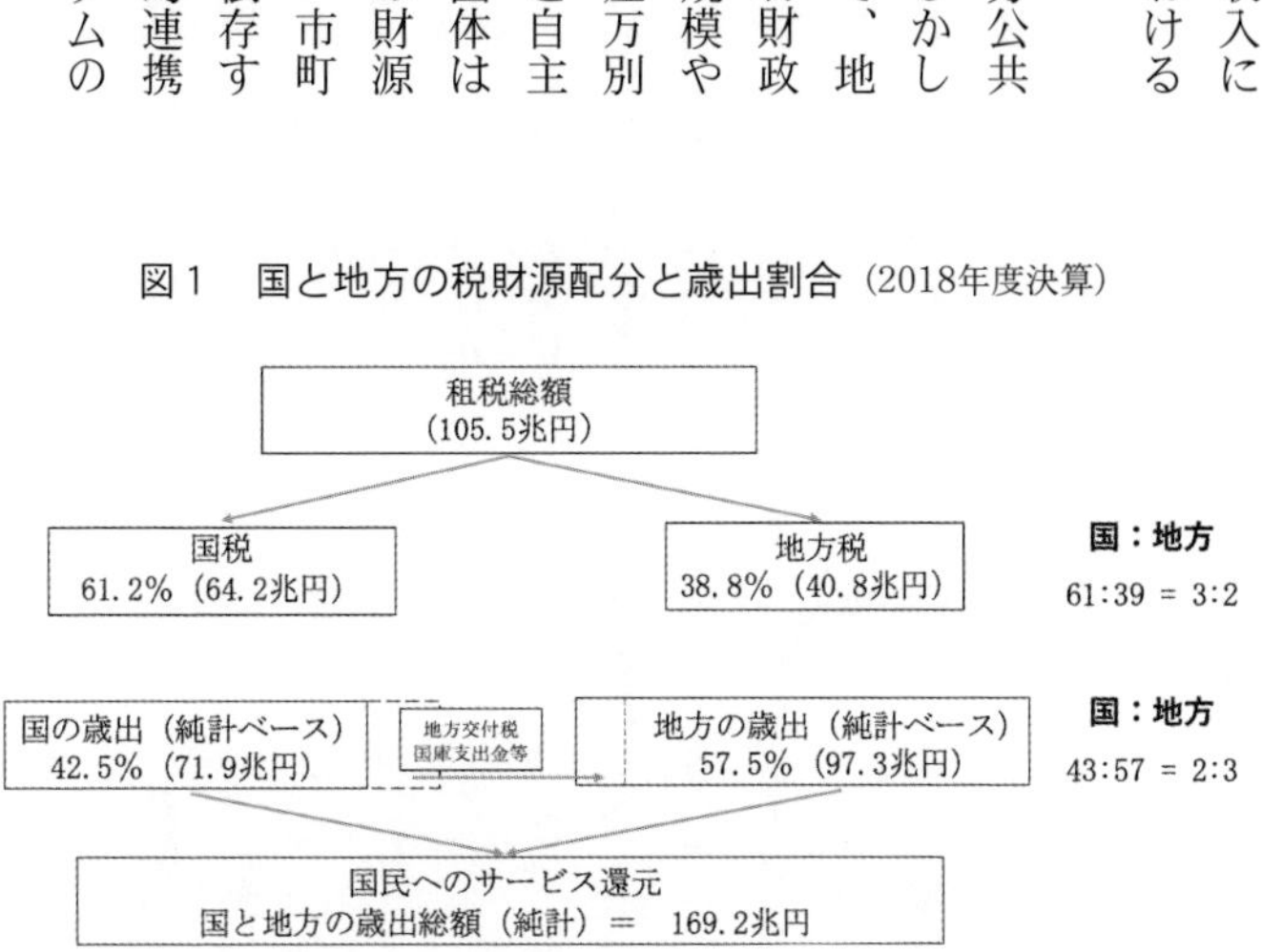

出所：総務省『地方財政関係資料』より作成。

2　地方交付税

(1) 地方交付税の概要

地方交付税は、団体間の不均衡を是正する機能（財政調整機能）、すべての地方公共団体が一定の水準を維持しうるよう財源を保障する機能（財源保障機能）を有するとともに、地方公共団体の独立性を強化することを目的として交付される使途が特定されていない一般財源のことである。[(3)]

地方交付税は、「本来地方の税収入とすべきであるが、団体間の財源の不均衡を調整し、すべての地方団体が一定の水準を維持しうるよう財源を保障する見地から、国税として国が代わって徴収し、一定の合理的な基準によって再配分する、いわば国が地方に代わって徴収する地方税（固有財源[(4)]）」と位置付けられる。前述の通り、わが国における地方公共団体の態様は千差万別であり、大都市圏に位置し、経済活動の高い団体もあれば、地方圏に位置し、過疎化が進展し、限界集落の多い、経済活動の弱い自治体もある。税収は所得や消費、資産関連を税源とすることから、地方公共団体間の経済力格差は地方税収格差につながり、財政力格差をもたらすことになる。こうした財政力格差により行政水準の地域差が大きくなれば、住民や企業が行政水準の低い地域から高い地域へと移動し、さらなる経済力格差や税収格差につながることになる。こうした負のスパイラルに歯止めがかからないと、地域の存続さえも危ぶまれることになることから、団体間の財源の不均衡の調整と一定の行政水準を維持しうるよう財源を保障する役割が地方交付税には求められているのである。

なお、地方交付税法第六条において、交付税の総額は国税の一定割合であることが定められており、交付税の種類は普通交付税（九四％）と特別交付税（六％）とに分類される。[5]

(2) 普通交付税の算定方法

図2は、各地方公共団体に対して、一般的な財政需要に対する財源不足額を補填する普通交付税の算定方法を図示したものである。普通交付税の金額は、原則として、各地方公共団体が合理的で妥当な水準の行政を行い、または標準的な施設を維持するのに必要な金額である「基準財政需要額」と、各団体の財政力を合理的な方法で測定した金額である「基準財政収入額」との差額（財源不足額）として算定される。

基準財政需要額とは、各地方公共団体の財政需要を行政費目ごとに費用区分して算定した額の合計額である。より具体的には、測定単位の数値を地方交付税法第十三条の規定により補正し、これを当該測定単位ごとの単位費用に乗じて得た額を当該地方団体について合算した額

図2　普通交付税の算定方法

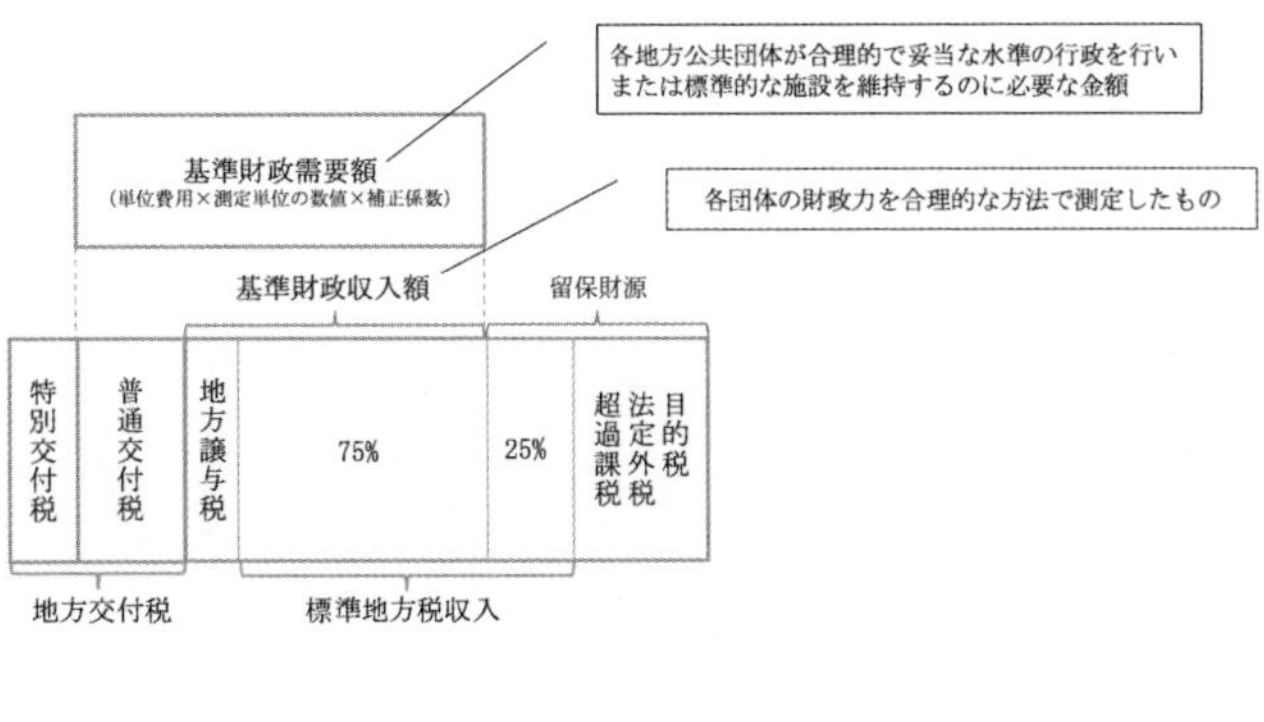

のことであり、「単位費用（法定）×測定単位の数値（国調人口等）×補正係数（寒冷補正等）」の算式から求められる。

「測定単位」とは、警察費ならば警察職員数、道路橋りょう費ならば道路の面積・延長など、行政項目ごとにそれぞれ設置されたものであり、その費目の合計金額を測定する単位である。測定単位は、概ね人口や面積により画一的に算定されることになる。「単位費用」は「標準的条件を備えた地方団体が合理的、かつ妥当な水準において地方行政を行う場合又は標準的な施設を維持する場合に要する経費を基準[(6)]」として算定されるものである。行政費目ごとに、標準的条件を備えた地方公共団体を想定し、その団体が標準的な行政を実施する上で必要な一般財源額を、標準団体のそれぞれの測定単位の数値で割って算定される。さて、この単位費用であるが、すべての都道府県またはすべての市町村に費目ごとに同一のものが用いられている。しかしながら、実際の各地方団体の測定単位当たりの行政経費は、自然的・社会的条件の違いにより千差万別であることから、これらの行政経費の差を反映させる必要がある。すなわち測定単位の数値の補正であり、補正に用いる乗率を「補正係数」と呼ぶ。

基準財政収入額は、それぞれの地方公共団体において、原則として標準税率で課税した場合の税収見込額（標準地方税収）の七五％の金額に地方譲与税の総額を加えたものである。そのため、普通税の二五％、法定外税、超過課税などの全額は基準財政収入額に含まれず、これを「留保財源」と呼ぶ。

以上、基準財政需要額から基準財政収入額を差し引くことで、地方公共団体ごとの普通交付税の金額を算定するが、地方公共団体の財政需要に比べて税収が少なければ、国からの地方交付税などの財源補塡が多くなる仕組みとなっており、交付税は地方税と代替性を有しているものである。

3　国庫支出金

国庫支出金とは、国家的見地や国民経済的見地などに基づく国の政策意図が加わっている点に特徴があり、特定の経費に充当することを条件に、国から地方公共団体に支出される特定補助金である。国庫支出金は、ナショナルミニマムの確保、特定の事務事業の奨励、スピルオーバー効果を伴う行政サービスの最適水準の確保の役割を担っている。国の特定地域に対する開発政策の実施には、主として国庫支出金が用いられることになる。わが国においても、一九六二年の全国総合開発計画の策定以来、急激な経済成長の弊害である地域間所得格差、大都市の過密、農村部の過疎、社会資本整備の立ち遅れといった諸問題に対して、「国土の均衡ある発展」を掲げ、地域間格差の問題の解決に着手してきたが、この際の財源として主に用いられてきたのが国庫支出金である。

国庫支出金は、国と地方公共団体の経費負担区分に基づき、国が地方公共団体に対して支出する負担金、委託費、特定の施策の奨励又は財政援助のための補助金等などに分類される。地方公共団体が実施する国庫補助事業は、国の関与の度合いにより補助率の値に違いがある。理論的にみると、国庫補助金のような特定補助金は、地方公共団体の公共サービスに関して代替効果が発生することになり、資源配分を歪める面を持つ。地域住民の行政サービスからの厚生水準を高めるためには単独事業が必要である場合にも関わらず、国から補助金がもらえる補助事業の方が規模が大きくなるため、補助金目当てで予算編成が歪められるということが、わが国においてもしばしば見受けられる。当然のことながら、国庫補助事業における国の補助率が高いほど、こうした予算編成の歪みは大きくなる。

4　地方債

地方債とは、地方公共団体が資金調達のために行う借り入れのことであり、借り入れの返済が一会計年度を超えるものである。地方債の発行は、原則として、都道府県及び政令指定都市は総務大臣、市町村は都道府県知事と協議を行うことが必要とされている。

わが国では、歳出に対して地方財源が不足していることから、国の計画に従って実施される事業の地方負担に対しては、財源補填として地方債が充当されてきた。地方財政法第一〇条～第一〇条の三に係る国庫補助事業の地方負担は、地方交付税算定の際の基準財政需要額に算定されることが規定されている。一般的に、地方公共団体は国庫補助事業を実施する際に、地方債を起債することになるが、この地方債の元利償還費の一定割合は、翌年度以降の普通交付税の算定の際、基準財政需要額に計上されるのである。いわゆる「裏負担」である。この基準財政需要額の算定の対象となる地方債は、都道府県平均で公債費の約五〇％に上ることになる。(7)

以上、国と地方の財政関係を概観したが、わが国の地方財政制度は、地方公共団体に対して、地方交付税、国庫支出金、地方債の連動により財源を保障する仕組みを担っている。後述するが、沖縄県財政に関して、国庫支出金の金額や高率補助についてやたらと強調されるが、国から地方への財源補填の実情を正確に捉えるためには、地方交付税、国庫支出金、地方債の三財源から検討する必要がある。

三　沖縄県における財源補填の枠組み

沖縄県財政は地方財政の部分集合であり、全体としての地方財政運営の枠組みの中で運営されているが、沖縄県は、他の四六都道府県とは別枠で国から膨大な財政トランスファーを受けているという誤解が全国的に流布している。沖縄県が膨大な財源トランスファーを得ているとの誤解の主な要因は、沖縄関係予算の一括計上方式、そして国庫補助事業に関する高い補助率であろう。以下では、沖縄関係予算の一括計上方式と国庫補助事業に関する高い補助率に関して解説する。

1　沖縄関係予算の計上方式

一九七二年五月の沖縄の施政権の返還と同時に、沖縄施策の総合的調整を主たる任務として設置されたのが沖縄開発庁である。沖縄開発庁の任務は、二〇〇一年一月の中央省庁再編に伴い、内閣府に統合されたことにより「内閣府沖縄担当部局」に引き継がれることになり、沖縄が抱える歴史的・地理的・社会的な特殊事情に鑑みて、沖縄施策が実施されてきた。具体的には、内閣総理大臣が沖縄振興基本方針を策定し、これに基づき沖縄振興計画が策定（沖縄県知事）され、同計画に基づいて、内閣府に一括計上された予算により事業を推進するなど特別の措置を講じられてきたのである。

繰り返しになるが、沖縄県の振興開発は、「沖縄振興（開発）特別措置法」の目的に基づいて策定された振興計画によって実施されてきた。こうした振興計画は、沖縄返還から二〇〇一年までの「沖縄振興開発計画」と二〇〇二年以降の「沖縄振興計画」に大別することができる。それぞれの計画の目標は、沖縄振興開発計画では「本土との格差の（早急な）是正」および「自立的発展の基礎条件の整備」が掲げられているのに対して、沖縄振興計画では「民間主導の自律型経済の構築」および「我が国の発展に寄与する地域の創造」などといった視点により策定されている。

こうした計画目標の大枠は、沖縄県の特殊事情などを鑑みた特別なものというよりも、比嘉（二〇一六）が指摘するように、国の地域振興政策の全体の目標を反映したものとして捉えることが妥当であろう。[8] 本来、地域経済の活性化は、各地域を管轄する地方政府が取り組むべき課題である。しかしながら、戦後のわが国の地域開発の中心的な担い手は、国（中央政府）であった。国は、地域開発政策の枠組みを規定し、その政策を実施するための財源として、補助金や国庫負担率の引き上げ、地方債の利子補給等によって充当してきたのである。

戦後のわが国の地域開発政策は、「全国総合開発計画」によって方向性が示されてきた。具体的には、一九六二年の全国総合開発計画の策定以来、急激な経済成長の弊害である地域間所得格差、大都市の過密、農村部の過疎、社会資本整備の立ち遅れといった諸問題に対して、「国土の均衡ある発展」を掲げ、地域間格差の問題の解決に着手してきたのである。全国総合開発計画の策定以後、過疎地域振興特別措置法、半島振興法などの地域振興関連法が次々に制定されることになるが、あらゆる地域振興法において「地域格差の是正」や「国土の均衡ある発展」という目標が盛り込まれており、ことさら沖縄県の振興開発だけに強調されてきたものではない。

沖縄関係予算の一括計上について説明しよう。各府省に要請し、それらを各府省が個別に計上する仕組みである他の四六都道府県と異なり、沖縄県の場合、道路や港湾、病院や学校の施設の整備などに要する経費を、内閣府沖縄担当部局が各府省庁と調整し、一括計上する仕組みが採られている。これが「内閣府沖縄担当部局予算」と呼ばれるものである。他の四六都道府県とは予算計上の方法が異なるだけで、他の都道府県の地域政策に関わる補助金に、さらなる金額の上乗せがあるわけではない。

なぜ、このような仕組みが採られてきたのか。国は、公共事業を中心とした関連企業の全体的把握や事業間の進度調整を一括計上の理由としているが、一九七二年の施政権回復時の沖縄県当局は、予算要請などに関して不慣れであることを鑑みたということも大きな要因であった。(9)

2　国庫補助事業の高率補助

戦後から二七年に亘り米国統治下に置かれていた沖縄県は、一九七二年の施政権の回復時には、生活基盤、産業基盤、所得など多くの分野において、本土とは大きな格差が生じていた。前述の通り、沖縄県の振興開発は地域振興法の一つである沖縄振興開発計画において、「本土との格差の（早急な）是正」および「自立的発展の基礎条件の整備」が掲げられ、沖縄県に対して大量の公共投資が実施される必要があった。このために生ずる沖縄県及び市町村の財政負担を軽減するために、沖縄振興開発計画に基づく事業のうち法令で定めるものについては、特例の高率の負担または補助を行うこととされた。[10] これが、いわゆる「高率補助」であり、二〇二二年度現在においても継続されている。

表1は、国庫補助事業の補助率について、高率補助が適用されている沖縄県と、一般の補助率が適用される他の四六都道府県とを比較した一例である。河川改修、多目的ダム、空港整備（国管理）など、他の都道府県の補助率が二分の一～三分の二であ

表1　国庫補助事業の補助率

	沖縄県	他の都道府県
公共事業		
河川改修	9/10	1/2
多目的ダム	9.5/10	7/10（大規模）、2/3（その他）
空港整備（国管理）	9.5/10	2/3
一括交付事業		
ソフト事業	8/10	（個別事業の補助率）
ハード事業	既存の高率補助	（既存の補助率）

出所：内閣府HP「沖縄振興の基盤整備のための特別措置」より作成。

るのに対して、沖縄県の補助率は一〇分の九～一〇分の九・五と、沖縄県は他の都道府県とは別枠で財源を受けているようにみえる。しかしながら、前述の通り、国庫補助事業の経費は、概ね、国の直接補助、交付税措置（地方債の元利償還費の基準財政需要額への計上）、そして地方の一般財源により賄われる。すなわち、沖縄県は他の都道府県と比較して高い直接補助により財源を補填されているが、沖縄県以外の四六都道府県は地方交付税により予算措置がなされており、起債により財源を調達し、その元利償還費の一定割合を翌年度以降の基準財政需要額に計上することで補填されているのである。

以上のように、沖縄県は「国庫補助金」で、他の都道府県では「地方交付税」により財源補填される割合が高い。以降、この点について詳細に見ていく。

四　沖縄県財政の実情

これまでに解説してきたように、国から地方への財源補填の実情を捉えるためには、国庫支出金や地方交付税といった単独の科目ではなく、国庫支出金・地方交付税・地方債などの「依存財源」から分析する必要がある。以下では、二〇一九年度における財政力指数において、沖縄県と同様のDグループ団体（大分県、山形県、岩手県、青森県、宮崎県、鹿児島県、佐賀県、長崎県、和歌山県、徳島県、秋田県）、そしてEグループ団体（鳥取県、高知県、島根県）との比較を通じて、沖縄県財政における依存財源の実情をみていく。なお、二〇一九年度のデータを用いる理由であるが、これは、コロナ禍における経済危機やそれに伴う度重なる財政支援により、二〇二〇年度以降の都道府県財政は、従来と著しく異なる状況になっているためである。

1　歳入決算額および構成比の推移

まず、沖縄県の歳入構造の推移をみていこう。表2は、沖縄県の歳入決算額および構成比を一九八〇、一九九〇、二〇〇〇、二〇一〇、二〇一九年度について示したものである。都道府県の歳入科目は自主財源と依存財源に分類することができる。自主財源とは、地方公共団体（都道府県・市町村）が自らの権限で独自に調達できる財源のことであり、地方税、使用料・手数料、財産収入などがこれにあたる。一方で、依存財源とは、国や上位の地方公共団体から交付されたり割り当てられる財源のことであり、地方交付税、国庫支出金、地方譲与税、地方債などである。一般に、自主財源の歳入に占める割合が高いほど自主性・柔軟性が高い財政運営を行うことができ、依存財源の歳入に占める割合が高いほど補助金に依存しており、自主性・柔軟性が低い財政運営を行なっているとみることができる。

沖縄県の歳入構造をみると、自主財源の大層である地方税は、一九八〇年度において三四九億円であり、歳入に占める割合は一一・七％程度であるのに対して、地方譲与税、地方交付税、国庫支出金、地方債の合計金額は二、四〇四億円であり、歳入に占める割合は八〇・六％と、自主財源が極めて低い状況にあった。国庫支出金の構成比が四四・一％と極めて高い値を示すことから、沖縄開発振興計画に基づ

表2　沖縄県財政の歳入構造の推移

（単位：億円,%）

	地方税	地方譲与税	地方交付税	国庫支出金	地方債	その他	総額
（金額）							
1980年度	349	6	910	1,315	173	230	2,983
1990年度	698	53	1,677	1,494	561	468	4,951
2000年度	957	65	2,330	2,331	403	602	6,688
2010年度	1,013	151	2,036	1,770	757	746	6,473
2019年度	1,603	224	2,111	1,867	439	898	7,142
（構成比）							
1980年度	11.7	0.2	30.5	44.1	5.8	7.7	100.0
1990年度	14.1	1.1	33.9	30.2	11.3	9.5	100.0
2000年度	14.3	1.0	34.8	34.9	6.0	9.0	100.0
2010年度	15.6	2.3	31.5	27.3	11.7	11.5	100.0
2019年度	22.4	3.1	29.6	26.1	6.1	12.6	100.0

資料：総務省「地方財政統計年報」より作成。

く社会資本の整備・拡充のために、多額の公共事業に関わる支出が行われてきたことがわかる。一方で、沖縄県の所得の低さにより十分な地方税が確保できていない状況にあった。

その後、二〇〇一年までの「沖縄振興開発計画」と二〇〇二年以降の「沖縄振興計画」など、半世紀に亘る国の振興策が実り、沖縄県の歳入構造や財政力は大きく改善することになる。観光産業を中心とした沖縄経済の成長に伴い県税収入が増加した結果、歳入構造に占める地方税の割合が著しく高くなった。二〇一九年度における地方税収入の金額は一、六〇三億円であり、歳入に占める割合は二二・四％に達している。一方で、地方譲与税、地方交付税、国庫支出金、地方債の合計金額は四、六四一億円であり、これらの歳入に占める割合は六四・九％になっている。

2　歳入の類似県比較

次に、沖縄県の歳入構造を財政力指数（二〇一七～一九年度平均）が〇・三〇〇～〇・四〇〇未満であるDグループ団体の県と、〇・三〇〇未満であるEグループ団体の県と比較して分析する。以下では、便宜上、Dグループ団体とEグループ団体を合わせて「類似団体」と呼ぶこととする。なお、財政力指数とは、地方公共団体の財政力を示す指標として用いられる指数であり、基準財政収入額を基準財政需要額で除した数値の過去三ヵ年の平均値である。財政力指数が高いほど、普通交付税算定上の留保財源が大きいことになり、財源に余裕があるとみることができる。

表3　主要歳入科目の人口一人当たり金額と歳入構成比

（単位：円、%）

	歳入総額/人	県税		地方交付税		国庫支出金		地方債	
		金額/人	構成比	金額/人	構成比	金額/人	構成比	金額/人	構成比
Dグループ									
大分	514,264	118,178	23.0	147,431	28.7	81,396	15.8	69,384	13.5
山形	544,565	121,783	22.4	161,209	29.6	71,355	13.1	80,865	14.8
岩手	804,418	125,666	15.6	232,417	28.9	153,229	19.0	67,018	8.3
沖縄	482,086	108,196	22.4	142,469	29.6	126,024	26.1	29,633	6.1
青森	521,897	130,565	25.0	172,858	33.1	85,811	16.4	45,921	8.8
宮崎	519,513	112,839	21.7	165,105	31.8	80,924	15.6	62,753	12.1
鹿児島	492,152	109,071	22.2	167,191	34.0	85,413	17.4	63,202	12.8
佐賀	547,470	126,862	23.2	176,640	32.3	76,052	13.9	71,286	13.0
長崎	511,883	106,398	20.8	163,390	31.9	91,258	17.8	73,177	14.3
和歌山	574,787	115,624	20.1	179,524	31.2	86,189	15.0	85,819	14.9
徳島	651,446	121,679	18.7	200,640	30.8	76,618	11.8	73,264	11.2
秋田	600,386	115,171	19.2	193,678	32.3	94,950	15.8	88,315	14.7
12県平均	563,739	117,669	21.2	175,213	31.2	92,435	16.5	67,553	12.1
Eグループ									
鳥取	625,891	116,037	18.5	240,931	38.5	101,715	16.3	96,503	15.4
高知	644,777	112,133	17.4	243,405	37.8	108,577	16.8	109,142	16.9
島根	717,167	121,155	16.9	268,293	37.4	110,852	15.5	88,550	12.3
3県平均	662,611	116,441	17.6	250,877	37.9	107,048	16.2	98,065	14.9
全　国	400,462	162,843	40.7	67,889	17.0	46,604	11.6	29,633	7.4

注：① 2019年度決算。
　　② 県平均は単純平均、全国は加重平均。
資料：総務省ホームページ「地方財政関係資料」より作成。

さて、表3は、全国及び沖縄県の主要歳入科目の財政力指数〇・四未満の一五県の歳入構造の一人当たり金額と構成比を示したものであり、財政力指数の高い団体を上から順に示している。

まず、沖縄県の財政力指数は、類似団体の一五県のうち上から四番目である。沖縄県の財政力指数は一九八一年度までは最下位であったが、以後は全国で四二～四五位で推移し、二〇一九年度には全国で三六位まで上昇した。下位グループを形成しているのは、島根県、高知県、鳥取県である。

(1)県税と地方交付税

二〇一九年度における沖縄県の人口一人当たりの歳入総額は四八二、〇八六円であり、類似団体一五県の中で最も低く、全国的にも二〇位である。内訳をみると、沖縄県の人口一人当たりの県税額は、一〇八、一九六円と一五県の中でも一四位であり、全国でも四六位とかなり低い水準にある。沖縄県は、復帰以降、全国最下位の県民所得を反映し、一人当たり県税は常に全国最下位であった。二〇一八年度において全国最下位は脱出したが、それでも税収のDグループ一二県平均の九割強であり、全国平均の七割弱となっている。

次に、地方交付税である。地方交付税の人口一人当たりの金額は一四二、四六九円であり、一五県中一三位である。既に述べたように、地方交付税は地方税と代替性を有している。地方公共団体は、財政需要に比べて税収が少なければ、国からの地方交付税などの財源補填が多くなる仕組みになっているためである。しかしながら、二〇一九年度における沖縄県における人口一人当たりの地方税の金額は一五県中一四位（全国四六位）であるが、人口一人当たりの地方交付税の金額は一五県中一三位と最下位に近い水準にある。

なぜ、沖縄県は、人口一人当たりの地方交付税の金額が低いのか。一つは、人口密度の高さから生じる人口一人当たりの基準財政需要額の低さによる。沖縄県は人口密度が全国九位と高く、過疎地域が少ないことから規模の経済が働き、人口一人当たり行政コストが低くなっている。[11]実際に、二〇一九年度における沖縄県の普通交付税の基準財政需要額は、人口一人当たりで二二八、二八七円と一五県中でもっとも低く、一五県平均の八割ほどである。一方で、鳥取県、高知県、島根県などのように中山間地域が県土の大部分を占め、人口減少や高齢化が著しい県は、人口密度が低く、一人当たり行政コストが非常に高くなるのである。

沖縄県の人口一人当たりの地方交付税の金額の低さのいま一つの理由は、地方債の元利償還金に対する交付税措置であるが、この点については後述する。

(2)国庫支出金と地方債

国庫支出金の人口一人当たり金額は一二六、〇二四円であり、これは一五県平均の一・三倍超の水準であり、東日本大震災の被災地を多く抱え、復興のために多くの国庫支出金が投入されている岩手県や福島県などを除くと、全国でもっとも高い金額である。中山間地域が県土の多くを占める財政力指数Eグループの三県平均と比較しても、一・二倍近い値である。前述の通り、沖縄県では高率補助を伴う国庫支出金の傾斜配分が継続していることから、人口一人当たりの国庫支出金の金額が高くなるのである。

このように沖縄県の人口一人当たりの国庫支出金の金額は、東日本大震災の被災地を抱える県を除き全国で一位である。ただし、この一点のみで、沖縄県財政は類似県をはるかに上回る財源補填がなされていると捉えるのは短絡的である。この点に関しては、地方債の数値からも読み取ることができる。沖縄県の人口一人当たりの地方債の金額は二九、六三三円であり、Dグループ一二県平均の四割ほど、Eグループ三県平均の三割ほどの水準である。沖縄県の人口一人当たりの地方債の金額は、類似団体のみならず全国でももっとも低い水準である。国庫補助事業に関わる財源補填について、沖縄県は高率補助の適用によって補填されるため、起債が少なくて済むのである。

一方で、沖縄県以外の四六都道府県は、地方財政法第一一条の二に基づき、国庫補助事業に際しては、起債により財源を調達し、その元利償還費の一定割合を翌年度以降の普通交付税の算定の際に、基準財政需要額に計上することで補填されるのである。

表4は、二〇一九年度における一五県の公債費負担比率と、公債費に占める交付税措置の対象の割合を示している。公債費負担比率とは、地方公共団体の一般財源総額に占める公債費の比率であり、地方公共団体の財政の硬直化の程度を示すものである。

表4から明らかなように、沖縄県以外の一四県の公債費負担比率は沖縄県と比較すると高い値を示しているが、その約半分が交付税措置の対象となっており、当該団体の実質的な負担ではないの

である。沖縄県の公債費負担比率は一三・八％と低い値を示しているが、交付税措置の対象となるものは二六・四％である。一方で、他県の公債費負担比率は概ね二〇％前後であるが、そのうちの約五〇％は交付税措置の対象となるものである。沖縄県の場合は、高率補助によりこうした裏負担の割合が低くなるため、交付税措置の対象となる起債が少なくなることから、普通交付税算定の際の基準財政需要額の金額が低くなるのである。これが前項で掲げた、沖縄県の基準財政需要が低い

表４　公債費の交付税措置

（単位：％）

	公債費負担比率	公債費の交付税措置
Dグループ		
大分	21.4	54.6
山形	23.3	55.0
岩手	19.0	50.1
沖縄	13.8	26.4
青森	24.2	49.2
宮崎	21.2	41.4
鹿児島	23.0	50.4
佐賀	19.8	54.5
長崎	21.5	49.2
和歌山	21.3	50.2
徳島	23.7	50.5
秋田	25.9	54.2
12県平均	21.5	48.8
Eグループ		
鳥取	23.0	54.4
高知	22.7	58.4
島根	24.6	66.3
3県平均	23.4	59.7

注：①公債費負担比率は2019年度、公債費の交付税措置は2012 ～ 16年度の平均。
②公債費の交付税措置は、地方債の元利償還費のうち基準財政需要額に算入された割合（臨時財政対策債に係る元利償還金相当分を除く）。

出所：総務省ホームページ「地方財政関係資料」より作成。

いま一つの理由である。

このように、国庫補助事業における地方債の起債は一見すると地方の負担にみえるがその大部分は国の負担である。すなわち、国からの財源補填は、地方交付税や国庫支出金の単独での評価ではなく、地方交付税、国庫支出金、地方債といった依存財源で考えるべきである。表5から依存財源の値を見ると、沖縄県の人口一人当たりの依存財源は三一四、六九三円であり、一五県の中でもっとも低い値を示しており、全国全体でも一八位である。沖縄県は類似県をはるかに超える財源補填を国から受けているわけではないのである。

表5　依存財源の割合

（単位：円、％）

	依存財源			依存財源	
	金額/人	構成比		金額/人	構成比
Dグループ			Eグループ		
大分	317,852	61.8	鳥取	459,428	73.4
山形	334,140	61.4	高知	481,221	74.6
岩手	473,208	58.8	島根	489,002	68.2
沖縄	314,693	65.3	3県平均	476,550	72.1
青森	323,852	62.1	全　国	177,179	44.2
宮崎	328,361	63.2			
鹿児島	335,282	68.1			
佐賀	343,510	62.7			
長崎	346,542	67.7			
和歌山	370,269	64.4			
徳島	369,903	56.8			
秋田	397,282	66.2			
12県平均	354,574	63.2			

注：①2019年度決算。
②県平均は単純平均、全国は加重平均。
③依存財源（総務省の分類）は、一般財源補填（地方交付税+地方譲与税＋地方特例交付金）及び特定財源補填（国庫支出金＋交通安全対策特別交付金）。

出所：資料：総務省ホームページ「地方財政関係資料」より作成。

3　沖縄県財政の今後の見通し

ここまでの沖縄県財政の実情を踏まえた上で、今後の見通しについて述べよう。沖縄県は人口一人当たりの県税は低水準であるが、人口一人当たりの行政コストが低いことから、財源の国依存が類似団体と比較して突出して高いわけではない。二〇一九年度における主要な補填財源である地方交付税と国庫支出金の合計の一人当たり金額は二六八、四九六円であり、全国で八番目の金額である。人口減少が急速に進んでいる類似団体に関しては、今後はさらに人口密度が低くなり、一人当たりの行政コストは高くなると考えられる一方で、人口減少がそこまで進展しないと見込まれている沖縄県は、引き続き一人当たりの行政コストを低い水準で維持できると考えられる。

課題となるのは、全国的にみても最低水準にある県税であろう。沖縄県は、半世紀に亘る国の振興政策の結果、観光産業を中心に経済成長を成し遂げてきているが、労働生産性の低さも相まって、一人当たりの県民所得は未だに全国最下位の水準にある。また、経済社会に大きな打撃を与えた新型コロナウイルスにより、沖縄経済は、観光産業を中心とした外需主導経済の脆弱性に直面している。

このように労働生産性の向上や産業構造の転換に課題はあれど、生産年齢人口の割合が類似団体と比較して高いことから、課題を克服することができれば、高い経済成長率を確保でき、県税収入が増加し、歳入構造も改善できると考えられる。

五　おわりに

以上、わが国における財源補塡の枠組みを解説し、沖縄県財政の財源補塡の実情について解説してきた。沖縄県の人口一人当たり依存財源の金額は、復帰当初から一度も全国一位になったことはない。しかしながら、未だに沖縄県が膨大な財源トランスファーを得ているという誤解が蔓延しているのは、沖縄県における財源補塡の枠組みの存在によるところが大きいのであろう。

本土復帰前と比べて、沖縄県の生活基盤、産業基盤が著しく改善されてきたことに関して、一括計上方式や高率補助が大きな効果を発揮してきたことについては疑いようがない。しかしながら、こうした沖縄県における財源補塡の枠組みにより、国から沖縄県の財源補塡に対する誤解、そこから生じる沖縄県内外の国民感情の対立、国からの関与の強さ、事業規模の大きさから補助金目当てによる予算編成の歪みなど、さまざまな弊害が生じていると考えられる。現行の制度を即座に廃止するのか、それとも現行の制度を維持したままで漸次的に改善を試みるのかについては慎重な議論が必要であるが、復帰直後から続いている制度的枠組みを問い直す時期が来ているのではなかろうか。

〈注〉

(1)　二〇二二年一月一日現在、都道府県四七、政令指定都市二〇、市七七二、町村九三二の普通公共団体が存在する。

(2) 二〇二一年度における普通交付税の不交付団体は、都道府県では東京都のみで、市町村でも五四団体のみである。
(3) 地方交付税法第一条、参照。
(4) 総務省ホームページ「地方交付税制度の概要」から抜粋。
(5) 地方交付税の総額は、国税の一定割合(所得税・法人税の三三・一%、酒税の五〇%、消費税の二二・三%及び地方法人税の全額)を基本とするが、地方財政計画において財源が不足する場合、そのギャップを補塡するために、法定率分に一般会計からの特例加算等により増額され、地方交付税の総額が決定される。
(6) 地方交付税法第二条第六号。
(7) 池宮城(二〇二二)、二六頁。
(8) 比嘉(二〇一六)、一〇八頁。
(9) 池宮城(二〇一九)、五頁。
(10) 沖縄開発庁(一九九三)、五〇―五一頁。
(11) 沖縄県は多くの離島や過疎地域を抱えているが、それでも過疎地の占める人口や面積の割合は、類似団体および全国平均と比較してもかなり低い水準にある。

〈参考文献〉

池宮城秀正(二〇一六)『国と沖縄県の財政関係』清文社。

――（二〇一九）「沖縄県財政に対する誤解を糺す（三）」『究』第一〇一号、四―七頁。

――（二〇二二）「沖縄県財政の課題」『生活経済政策』第三〇六号、二五―三一頁。

沖縄開発庁（一九九三）『沖縄開発庁二十年史』沖縄開発庁。

沖縄国際大学経済学科編（二〇二〇）『沖縄経済入門（第二版）』編集工房東洋企画。

沖縄国際大学沖縄経済環境研究所（二〇一八）『沖縄経済の構造（現状・課題・挑戦）』編集工房東洋企画。

総務省『地方財政統計年報』各年版。

――『地方財政白書』各年版。

林宜嗣（二〇〇八）『地方財政（新版）』有斐閣ブックス。

比嘉正茂（二〇一六）「内閣府沖縄担当部局予算」池宮城秀正編『国と沖縄県の財政関係』清文社、一〇五―一二一頁。

山里将晃（一九七九）『図でみる沖縄の経済』新報出版印刷。


〈参考ＵＲＬ〉

沖縄県企画部（二〇一九）「沖縄振興に関する各種制度等について」https://www.pref.okinawa.jp/site/kikaku/chosei/keikaku/reiwa1/documents/07dai4kaisiryou4-1.pdf（最終閲覧日二〇二二年一〇月二八日）

総務省ホームページ「地方財政関係資料」
https://www.soumu.go.jp/iken/11534.html（最終閲覧日二〇二二年一〇月二八日）
内閣府ホームページ「沖縄振興の基盤整備のための特別措置」
https://www8.cao.go.jp/okinawa/3/pamphlet_02/08.pdf（最終閲覧日二〇二二年一〇月二八日）

データサイエンスで見た復帰50年

大城絢子

大城　絢子・おおしろ　あやこ

【所属】経済学部経済学科　講師

【主要学歴】琉球大学大学院理工学研究科　総合知能工学専攻 修了

【所属学会】人工知能学会、臨床薬理学会、情報処理学会

【主要著書・論文等】

学術論文：

・Ayako OHSHIRO, "Study on the comprehension process of university students using time-series analysis", IJCSNS International Journal of Computer Science and Network Security, Vol.21, No.8, pp.177-181, 2021

・Ayako OHSHIRO, "A Survey of Student's Perception for Information Literacy", IJCSNS International Journal of Computer Science and Network Security, Vol.20, No.9, pp.50-54, 2020

学会・研究会発表：

・呉屋 樹、伊波 卓浩、大城 絢子、名嘉村 盛和：イベントインパクトに基づく観光施設来客数時系列データ予測、人工知能学会 第一二六回知識ベースシステム研究会、一―五頁、二〇二二

・大城絢子、名嘉村 盛和、川満 歩貴：多変量時系列データ解析の精度向上のためのベイズ情報量基準の分析、人工知能学会 第一二三回知識ベースシステム研究会、一―五頁、二〇二一

・Takahiro Iha, Ibuki Kawamitsu, Ayako Ohshiro, and Morikazu Nakamura An LSTM-based Multivariate Time Series Predicting Method for Number of Restaurant Customers in Tourism Resorts Proceedings of International Technical Conference on Circuits/Systems, Computer and Communications, pp.1-4, 2021

※役職肩書等は講座開催当時

はじめに

計算機機能が急速に発達し一般的に普及したことにより、大規模なデータの獲得が容易になってきたことから、「情報を科学的に考える（=データサイエンス）」ことで、データを様々な側面から捉えることや、過去のデータをもとに未来を予測するなどの取り組みが盛んになっている。特に過去のデータを機械的に学習することで未来を予測するシステムは人工知能とされ、データサイエンスにおいても重要な位置付けにある。同時に情報過多により私たち人間が情報の中に埋もれ、データの本質的な解釈が困難になる「情報オーバーロード」が発生していることも事実である。そのため文部科学省では、データサイエンスの人材育成に力を注いできた。

二〇二二年で沖縄県は本土復帰五〇年を迎える。本稿では、復帰後五〇年にわたり蓄積されてきた経済データや復帰時に施行された法令データにデータサイエンスの手法を適用したとき、これらのデータをどのように解釈できるかを考察した。1章にてデータサイエンスとその大まかな枠組み「統計解析・機械学習・言語処理」より、いくつかの手法「相関・決定木アルゴリズム・形態素解析」について簡単に紹介し、2章ではこれらの手法を用いて沖縄県の復帰後の経済データ、法令データを解釈した事例について触れる。特に法令データを扱った事例については、うまんちゅ定例講座参加者の皆さまにご協力いただいた結果について報告し、最後にまとめといった構成になっている。

本稿が沖縄復帰の話題を通してデータサイエンスの普及の一助になれば幸いである。

一　データサイエンスとは

　過去のデータをもとに学習することで知能を人工的に生成し、未知のデータに対する問題解決を可能にすることができるＡＩ（Artificial Intelligence）つまり人工知能は、「知能をコンピュータで再現すること」とされている。人工知能には多くのアプローチが含まれ、現在数理科学のみならず経済学や医療・農学・人文社会科学と幅広い分野で導入されておりその規模は急速に拡大している。「デジタル時代」到来により政府においては、情報の「読み・書き・そろばん」である数理・データサイエンス・ＡＩ教育の必要性について議論がなされ、(1)文理を問わず全ての大学・高専生がその初級レベルを習得することを目標に「ＡＩ戦略２０１９」(2)に取り組んできた。さらに新型コロナウイルス感染症の拡大によりテレワークやオンライン会議といったデジタルツールの活用が急速に浸透したことにより、「デジタル化推進プラン」にも力を入れている。(3)ＡＩは、大規模な情報の中から私たち人間が気づくことが困難な知識や知見を獲得することを得意としており、これらを科学的におこなうことを情報科学（データサイエンス）と呼んでいる。データサイエンスは私たち人間と異なりデータに関する事前情報を持ち合わせていないため、膨大な過去の数値データを、多くの手法（アルゴリズム）を組み合わせ学習することで、未来のデータを予測する。手法は例えば統計解析・機械学習・言語処理の三分野に分類することができる（図１）

統計解析は、数値データを扱うことが多く、一部のデータ「標本」を解析することで、その背景にある膨大なデータを予測する。データの持つ特徴や求めたい指標により適用する解析手法が異なる。機械学習は、過去に計測されたデータを学習することで、含まれた情報を説明するためのルールや特徴を抽出する。言語処理は、主に文字列データを扱い、含まれる単語の特徴を数値化することで、文章間や文書間の関係を求めるという特徴がある。

本稿では、「統計解析」「機械学習」「言語処理」から各一点手法を紹介し、これらを沖縄の本土復帰後のデータに適用しその結果を解釈することとする。

1　統計解析：相関

複数のデータの関係を解釈する方法の一つに「相関」がある。「相関係数」は二つのデータの相互関係の強さを数値で示したもので、一方のデータが変化した場合、他方のデータも影響を受けて変化する場合の程度により相関の強さを示す。

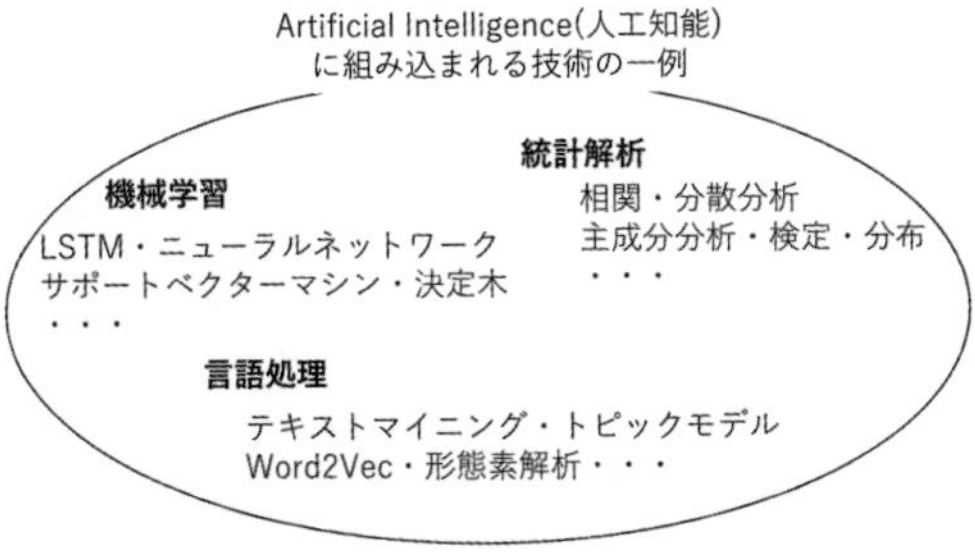

図1　Artificial Intelligenceを構成するデータサイエンス手法

一方のデータが増加した場合にもう一方のデータも増加する場合、相関係数は正の値をとり「正の相関関係にある」とし、もう一方のデータが減少する場合、負の値をとり「負の相関関係にある」と解釈する。相関係数はマイナス一から一の間の値を取り、係数の絶対値が〇・七～一・〇の値を取る場合「強い相関がある」（図2-1）〇・四～〇・七の場合「やや相関がある」〇・二～〇・四の場合「弱い相関がある」〇～〇・二の場合「ほとんど相関なし」（図2-2）としている。

　図2-1の場合、二つのデータの相関係数はマイナス〇・七と「やや強い負の相関がある」関係となっており、その関係を右下がりの直線で示すことが可能である。同様に図2-2の場合、相関係数はマイナス〇・二と「ほとんど相関なし」の関係となっており、二つのデータの関係を直線で示すのは困難、つまり一つのデータをもう一つのデータで説明することが難しいことがわかる。このような場合、相関以外の手法を用いて複数のデータで一つのデータを説明することを検討する。データ間の関係が直線ではなく曲線（非線形）になる場合や関係が複雑である場合、コンピュータに

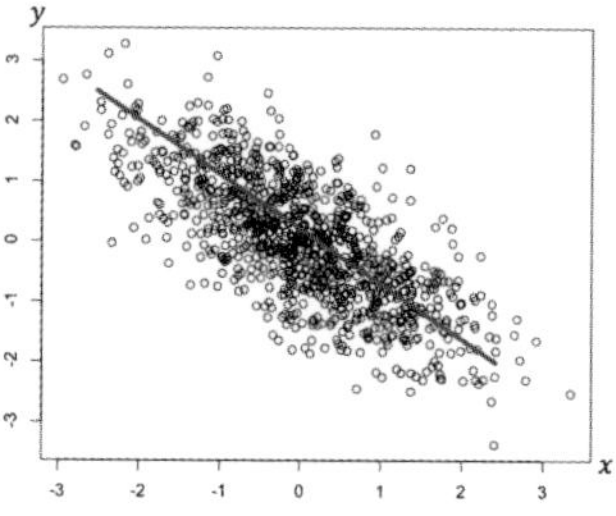

図2-1　xとyの相関係数=-0.7

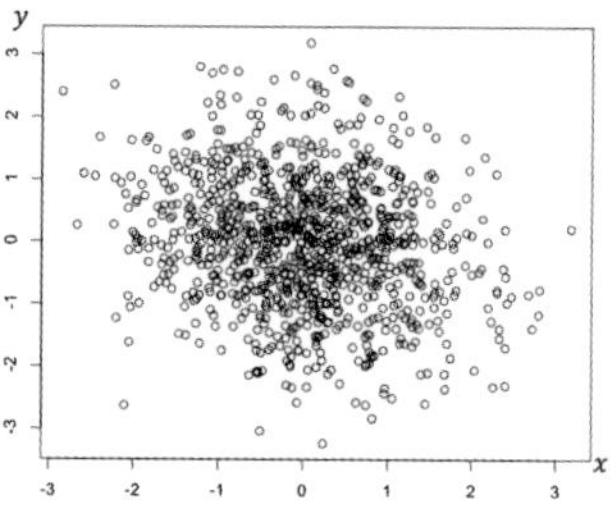

図2-2　xとyの相関係数=0.2

学習させる「機械学習アルゴリズム」を用いることがある。その一種である「決定木アルゴリズム」を次節で紹介する。

2 決定木アルゴリズム

複数のデータを用いてあるデータの特徴を示す手法の一つに決定木アルゴリズムがある。決定木アルゴリズム[4]は、データの特徴を分類する際に用いられる機械学習アルゴリズムの一つであり、学習したデータの特徴をもとに複数のルールを組み合わせて決定木が生成される。ルール生成の過程において参照された変数の重要度を数値で獲得することも可能であり、マーケティングや意思決定など、様々な場面で用いられる。[5] 例えば沖縄県内のある有名なビーチを経営するにあたり、週間天気予報に基づいて来客を予測する場合、予測したい「ビーチにくる／こない」を目的変数、天気予報を説明変数とし約三週間のデータを集めた結果表1のようになったとする。

これを学習データとし決定木アルゴリズムに適用すると、図3のような決定木が獲得できる。

表1 ビーチへの来客と関連変数で構成された学習データ

説明変数			目的変数
天気	気温	降水確率	ビーチへの来客
曇	23	50	no
晴	25	40	yes
雨	27	60	no
:	:	:	:
曇	28	40	yes
曇	30	30	no
曇	28	40	yes

これは降水確率が四五％を超えるとビーチへの来客が「ない」確率が四八％であることを意味している。ここでは降水確率という説明変数が、天気や気温といった他の変数に比べ、特にビーチへの来客予測に参照されたことも意味している。このように決定木アルゴリズムは、大規模で複雑なデータを簡単な構造に変換し、解釈をシンプルにする機能を持つ。

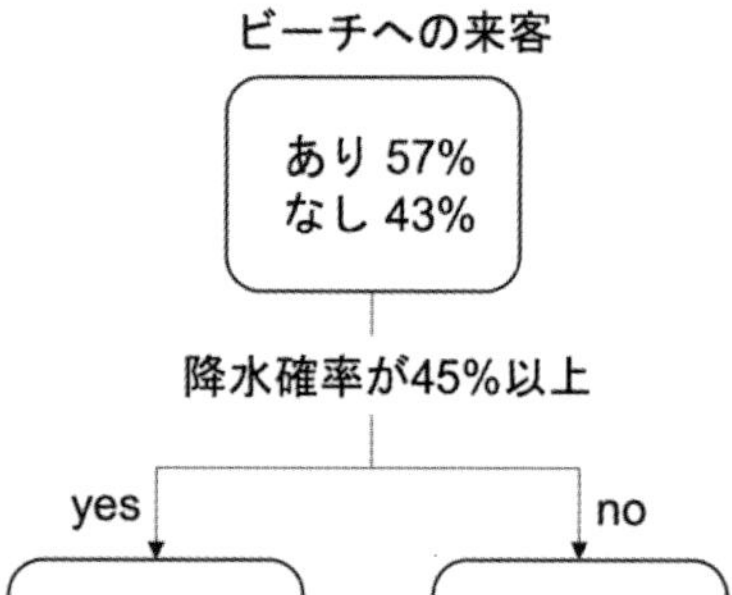

図3　ビーチへの来客ルール

3　言語処理

言語処理は、人間が日々使っている言葉をコンピュータで分析する技術であり、大量の文書データを機械学習した結果は、自動翻訳サービスやマーケティングなど幅広い分野に応用されている。これまで文章の構成を解析する手法が多く提案されてきたが、例えば文書内に出現する単語をベクトルとして扱い、用いる単語の重複度、さらに単語ベクトル間の類似性をもとに文書間の関係を数値化することができる。またＳＮＳ内で発信され蓄積されたデータをリアルタイム解析することで、話題になっているキーワードを取り上げることも可能である。言語処理の基本的な手法として「形態素解析」がある。これは文章を最小の単位に分割することで、品詞レベルで理解することに役

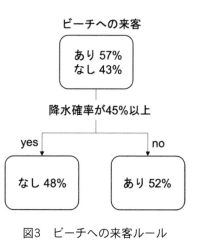

立っている。例えば、「二〇二二年で沖縄県は本土復帰五〇年を迎えた。」という文章に形態素解析を適用すると「二〇二二、年、で、沖縄、県、は、本土、復帰、五〇、年、を、迎えた。」のように分割され、形態素による分類結果は表2のようになる。

これらの結果を用いて各形態素の出現頻度をカウントすることで、文章中における重要単語を分析することが可能になる。また複数の文章において共通して出現する単語が多いほど文章間の類似性が高いと見なすような考え方もできる。一般的な言語処理の手続きにおいて、文章の内容に直接関係ないと考えられる形態素や、逆にその内容が強く反映されるような形態素は、解析の精度に影響を与えると見なされ、「ストップワード」としてあらかじめ除外したうえで解析をおこなう。つまり言い換えると、ストップワードの定義が言語処理において重要な場

表2　形態素解析の適用例

形態素	品詞名			
2022	名詞	数		*
年	名詞	接尾		助数詞
で	助詞	格助詞		一般
沖縄	名詞	固有名詞		地域
県	名詞	接尾		地域
は	助詞	係助詞		*
本土	名詞	一般		*
復帰	名詞	サ変接続		*
50	名詞	数		*
年	名詞	接尾		助数詞
を	助詞	格助詞	一般	*
迎える	動詞	自立	*	*
。	記号	句点	*	*

合もある。特に何らかの主旨に沿って作成された文章である場合、通常だとストップワードに定義されないような形態素が除外の対象となる場合もある。

言語処理が適用可能な文書の一つに法令がある。法令は社会のルールであり、法令施行の背景や目的など全容を捉えることで、施行された当時の様子を伺うことができる。しかし法令文を構成する単語は専門的なものが多く、複雑であることが多い。そのため法令工学や法情報学の分野[(6)]においては、言語処理の手法を用いて複数の法規や条例比較[(7)]、法令文の可読性向上の取り組みがなされている[(8)]。特に法令文は、文末や用いる語句・文の構成など、基本的な表記が統一されているため、その法令独特の単語など、特徴を抽出しやすいと考えられる。これらの研究成果により法務の作業や管理コストの軽減、法の理解促進に役立てられると考えられる。

二　沖縄県の本土復帰後のデータへのデータサイエンスの適用

前章では、データサイエンス手法の一部について触れた。本章では、前章で紹介したアルゴリズム「相関・決定木アルゴリズム・形態素解析」を取り上げ、沖縄の復帰後に蓄積されてきた経済データや復帰に伴い施行された法令文書データに適用した結果を紹介し、考察していく。

1　統計解析の適用

本節では統計解析の分野から「相関」を用いて沖縄経済のデータを捉えることとする。沖縄県内では復帰後五〇年にわたり様々な産業が発達してきた。その様子は蓄積されてきた県民経済計算のデータ[9]からも明らかにできる。本稿ではこれらのデータをもとに、各産業の組み合わせによる県内総生産の相関関係をみていく。一九七二年から二〇一八年までの農業、林業、水産業、鉱業、製造業、建設業、電気・ガス・水道業、卸売・小売業、金融・保険業、不動産業、運輸・通信業と一一産業のデータを獲得し、各組み合わせの相関係数をもとに相互関係の強さを考察した。各相関係数の組み合わせを表3に示す。

製造業、電気・ガス・水道業、卸売・小売業、不動産業、金融・保険業、運輸・通信業に着目した場合、三つ以上の産業との相関係数が〇・八五を超え強い正の相関を持つことがわかった。特に（製造業、卸売・小売業）、（電気・ガス・水道業、不動産業）（卸売・小売業、運輸通信）（金融・保険業、不動産）

表 3　各産業間の所得の相関係数

	林業	水産業	鉱 業	製造業	建設業	電気・ガス・水道業	卸売・小売業	金融・保険業	不動産業	運輸・通信業
農業	0.455	0.627	0.496	0.200	0.309	0.041	0.302	-0.011	0.001	0.266
林業		0.031	0.445	0.731	0.620	0.668	0.835	0.710	0.706	0.748
水産業			0.582	-0.214	0.052	-0.428	-0.106	-0.427	-0.492	0.021
鉱 業				0.430	0.362	0.082	0.510	0.283	0.062	0.497
製造業					0.804	0.886	0.945	0.885	0.885	0.859
建設業						0.822	0.805	0.625	0.733	0.878
電気・ガス・水道業							0.862	0.871	0.975	0.829
卸売・小売業								0.888	0.875	0.913
金融・保険業									0.917	0.730
不動産業										0.789

の組み合わせは〇・九を上回っており、これは言い換えると、片方の産業の売り上げの変化量からもう一方の産業の売り上げの変化量が予測できることを示している。他方で水産業に着目した場合、電気・ガス・水道業、金融・保険業、不動産業との相関係数がマイナス〇・四を下回っており、負の相関関係を持つことがわかる。つまり水産業の県内総生産が減少すると電気・ガス・水道業、金融・保険業、不動産業が増加することを示している。もちろんこれらの産業間にそのような直接的な競争関係があると断言はできず、その背景には、例えば長年にわたる各産業の労働人口の変化など、間接的な複数の要因が影響し結果的に負の相関関係を持っているように見えると考えることができる。本稿では、相関係数をもとにある程度の相互関係を持つ産業の組み合わせを獲得することまでを目的とし、それらの要因についての考察・議論への展開はしないこととする。ところで、実際に水産業と負の相関係数が最も強い結果が出た不動産業との関係を直接グラフにすると図４のようになる。

　不動産業の県内総生産が増加した場合の漁業のそれは、ある一定の割合で下がるのではなく、曲線を描くように数回にわたる増減を繰り返しながら最終的に減少してい

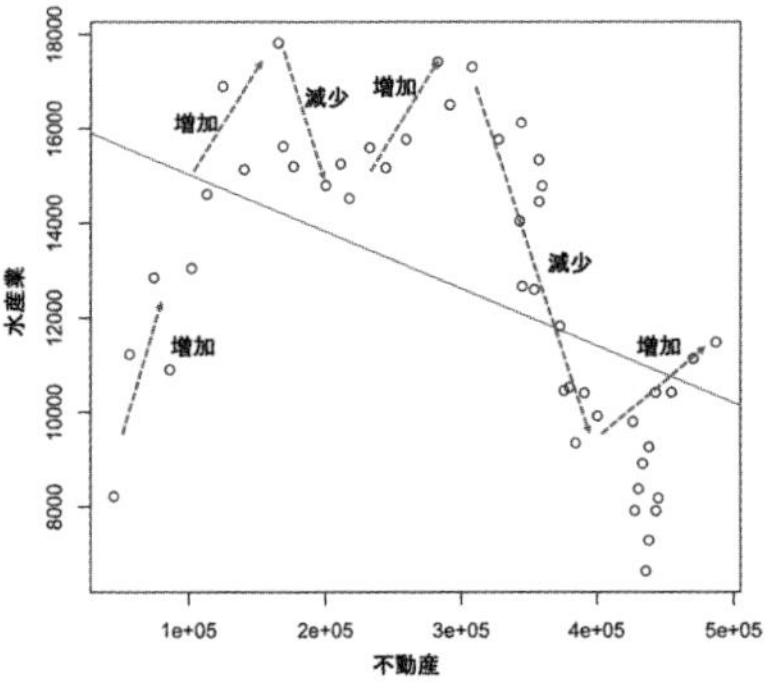

図４　水産業と不動産業の所得の関係

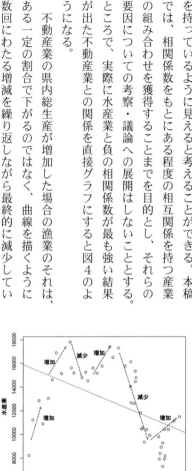

ることがわかる。その結果相関係数の絶対値がある程度大きくなってしまったことが予想できる。このように相関係数のみではデータ間の説明が難しいパターンもある。

また農業と水産業に着目した場合、三つまたは四つの産業との相関係数が〇・二を下回り、相関関係を持たないことが示されている。これらは言い換えると、片方の産業の売り上げの変化量からもう一方の売り上げの変化量が予測できないことを示している。このように二種類の変数の組み合わせによる相互の予測が困難である場合、さらに三種類、四種類と組み合わせる情報を増やすことで予測できるようになる可能性がある。複数のデータの過去の情報をもとに、関連したデータの未来を予測するのによく用いられる手法の一つに、既述の機械学習アルゴリズムがある。そこでこれらの売り上げを、機械学習の手法を用いて予測することについて次節で触れることにする。

2　決定木アルゴリズムの適用

本節では機械学習アルゴリズムの分野から決定木アルゴリズムを用いて沖縄経済のデータを捉えることとする。

前節にて、他の産業との相関関係から県内総生産の予測が困難とされた農業・水産業のうち、水産業を決定木アルゴリズムで予測していく。前述のように、決定木アルゴリズムはデータの分類を得意とすることから、連続データである数値ではなく、前年と比べた場合の県内総生産の「増加／減少」を予測させることとする。水産業の数値データの増減を目的変数、それ以外の産業の数値データを説明変数とした学習データを決定木アルゴリズムで学習し、決定木を生成する。学習データの一部を表4に示す。

決定木アルゴリズムに適用し獲得した決定木は図5のようになった。ルールの解釈のしかたについても合わせて述べている。この決定木は一〇を超えるルールより構成されており、本稿ではその一部を紹介している。

決定木の上位に「製造業」が位置していることから、本データを用いた場合、水産業の県内総生産の増減には製造業が大きく関係していることがわかる。ただし相関のケース同様、水産業の県内総生産の増減には、ここで取り上げた産業の増減が直接関係しているのではなく、就労人口の変化などが潜在因子として影響している可能性がある。本稿では潜在因子に関する考察は割愛する。

以上より、相関関係から予測が困難なデータに対し、決定木アルゴリズムを用いて複数のデータを用いることで予測が可能になる事例を紹介した。

表4　水産業の県内総生産の増減をその他の産業で説明した学習データ

説明変数					目的変数
農業	林 業	・・	建設業	不動産業	水産業増減
25276	100	・・	75450	44898	Down
32545	43	・・	135362	56645	UP
・・	・・	・・	・・	・・	・・
・・	・・	・・	・・	・・	・・
・・	・・	・・	・・	・・	・・
48850	314	・・	608560	487248	UP

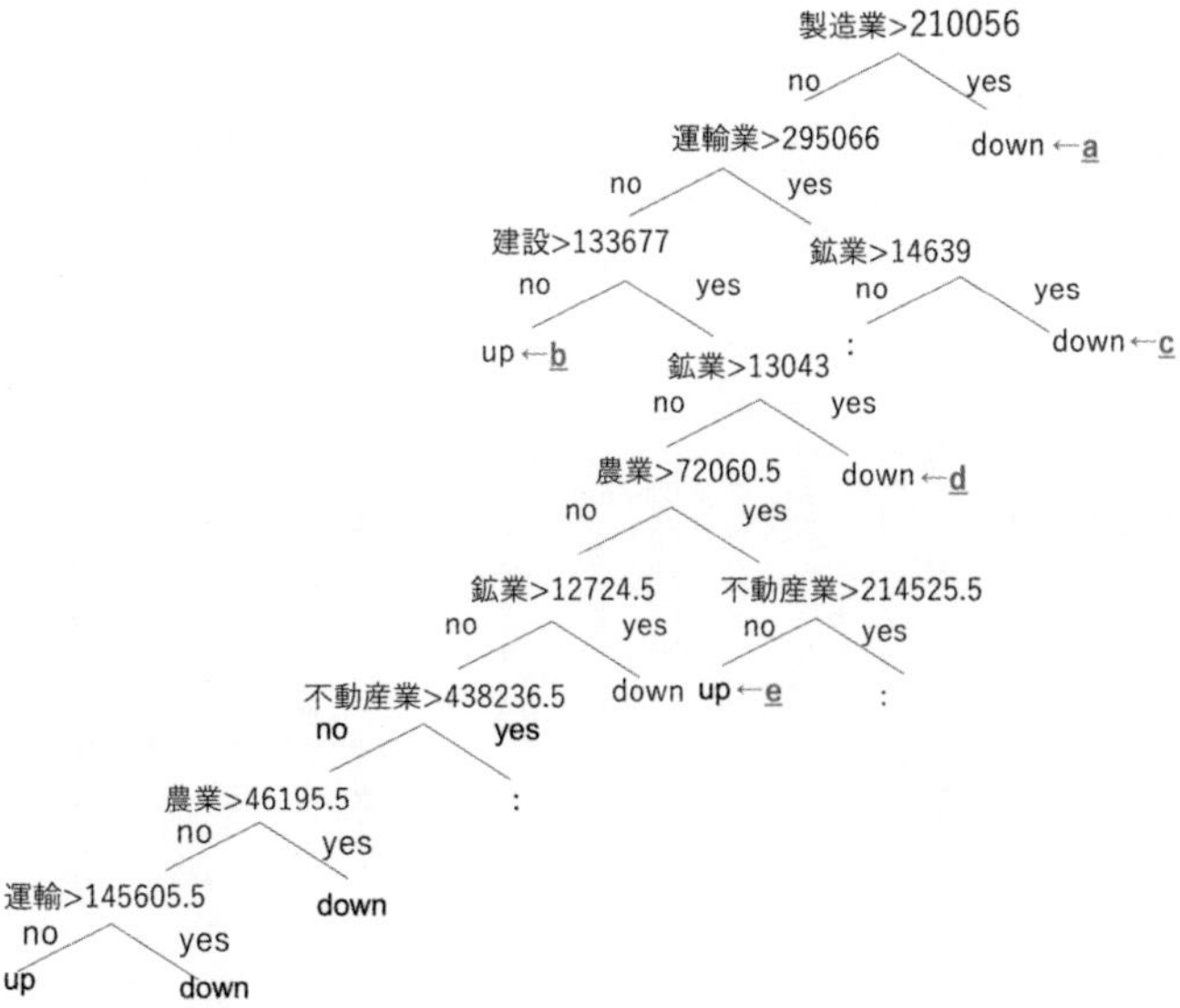

図５　水産業の県内総生産の増減を予測するルール

例えばaのルールは製造業が210056を超える場合、水産業売り上げはdown「減少する」ことを示している。同様にbからeのルールの内容を下記に整理する。

b：製造業が210056を下回り、運輸業が295066を下回り、建設業が133677を下回る場合にup「増加する」

c：製造業が210056を下回り、運輸業が295066を上回り、鉱業が14639を上回る場合にdown「減少する」

d：製造業が210056を下回り、運輸業が295066を下回り、建設業が133677を上回り鉱業が13043を上回る場合にdown「減少する」

e：製造業が210056を下回り、運輸業が295066を下回り、建設業が133677を上回り鉱業が13043を下回り農業が72060.5を上回り、不動産業が214525.5を下回る場合にup「増加する」

3　形態素解析の適用

本節では言語処理の分野から形態素解析を用いて本土復帰を捉えることとする。沖縄県の本土復帰に伴い多くの法令が施行されたが、その中でも触れておきたい法令の一つが「沖縄振興特別措置法」[10]である。これは昭和四六年に施行された沖縄振興開発特別措置法が二〇〇二年に廃止された代わりに施行されたもので、沖縄県の置かれた特殊な諸事情に鑑み、沖縄振興を目的としたものである。このように離島のインフラ整備や地域活性化の推進を目的とした法律は離島振興法[11]とされ、似たような目的で施行された法令として小笠原諸島振興開発特別措置法[12]、奄美諸島振興開発特別措置法[13]がある。本節では形態素解析を用いて、沖縄と沖縄以外（小笠原・奄美）に対して施行された措置法の違いを解釈した事例について紹介する。

文書同士の類似関係を測る尺度の一つに「単語の一致度」[14]がある。ある二つの文書について、全体の単語数において同じ単語を多く含むほど、文書の類似性が高いと解釈する。本項では先ほど触れた三つの振興開発措置法を取り上げ、各法令文に形態素解析を適用して単語群（形態素群）を獲得した。各法令間の単語の一致率から相互関係について考察する。

相互関係の解釈として、「全法令に共通して出現する単語」、「各法令にのみ出現する独自の単語」などをみていく方法がある。本稿では三つの措置法を取り上げることから、「三措置法に共通出現」「二措置法に共通出現」「各措置法にのみ独自出現」の単語群に分類が可能になる。ここで集合の概念を用いて、各措置法の出現単語とその重複程度をもとにした分類結果を左記のように定義する。

$\{L_{og}\}$：小笠原振興特別措置法の全単語数 $\{L_{am}\}$：奄美振興特別措置法の全単語数$\{L_{ok}\}$：沖縄振興特別措置法の全単語数

$\{L_{og} \cap L_{am}\}$：小笠原・奄美振興特別措置法における共通単語数

$\{L_{og} \cap L_{ok}\}$：小笠原・沖縄振興特別措置法における共通単語数

$\{L_{ok} \cap L_{am}\}$：沖縄・奄美振興特別措置法における共通単語数

$\{L_{og} \cap L_{am} \cap L_{ok}\}$：三措置法における共通単語数

三つの措置法を構成する単語数や措置法の文字数がそれぞれ異なるため、重複の度合いを比較するために、重複単語数を直接用いるのではなく、各措置法の全単語数に占める重複単語数を「重複率」として求める。同様にその措置法にしか出現しない、独自の単語数の全単語数に占める割合を「独自率」とし、各法令の「重複率・独自率」をベン図で図6のように整理する。

各離島の措置法の独自の単語数は、図6においてそれぞれ奄美＝b、小笠原＝c、沖縄＝aに該当し、二措置法のみの共通単語数は{奄美、小笠原}＝f、{奄美、沖縄}＝d、{小笠原、

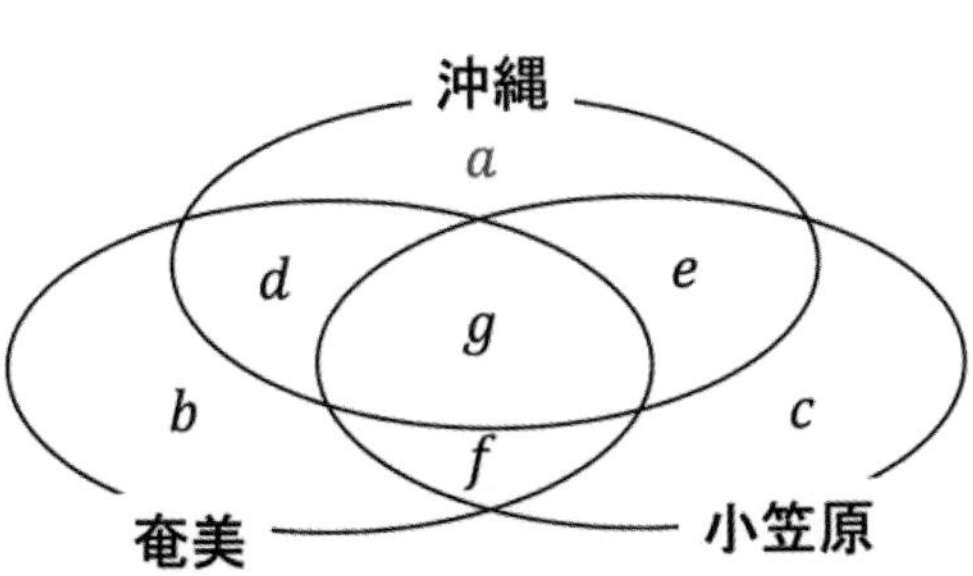

図6　各措置法の単語重複

沖縄}$=e$を示しており、全措置法の重複部分$\{L_{og} \cap L_{am} \cap L_{ok}\}$には$g$が該当することがわかる。各措置法における、三措置法の重複率$\frac{g}{c+e+f+g}$，$\frac{g}{b+d+f+g}$，$\frac{g}{a+d+e+g}$を求めたところ、

$$\frac{g}{c+e+f+g}=0.68,\quad \frac{g}{b+d+f+g}=0.56,\quad \frac{g}{a+d+e+g}=0.51$$

となった。措置法における重複率が最も大きいのが小笠原（0.68）であり、他の二措置法と比べ重複部分が大きいことを示している。

次に各措置法の独自率$\frac{c}{c+e+f+g}$，$\frac{b}{b+d+f+g}$，$\frac{a}{a+d+e+g}$を求めると左記のようになった。

$$\frac{c}{c+e+f+g}=0.08,\quad \frac{b}{b+d+f+g}=0.17,\quad \frac{a}{a+d+e+g}=0.33$$

これは独自率が最も大きいのが沖縄の措置法（0.33）であり、他の二措置法と比べ独自の単語が多いことを示している。

以上より、三離島の措置法の「全重複率」と「独自率」そして二措置法のみ重複する「二措置法重複率」をそれぞれ円グラフで示すと図7のようになった。

繰り返しになるが、全体的な特徴として、全重複率が五〇％を超えていることがわかる。そして小笠原諸島と奄美大島の措置法は、二措置法重複率が次いで大きいのに対し、沖縄の措置法は独自率が高く、単語の重複状況の構成が沖縄以外の離島の二措置法と逆になっていることがわかった。これは沖縄の措置法にのみ出現する単語つまり沖縄独自の内容が他の措置法より多いと考えることもできる。

ここからは、沖縄の措置法に着目していくこととする。沖縄県の措置法に出現した単語（形態素解析を用いて獲得した形態素）を一部示す。

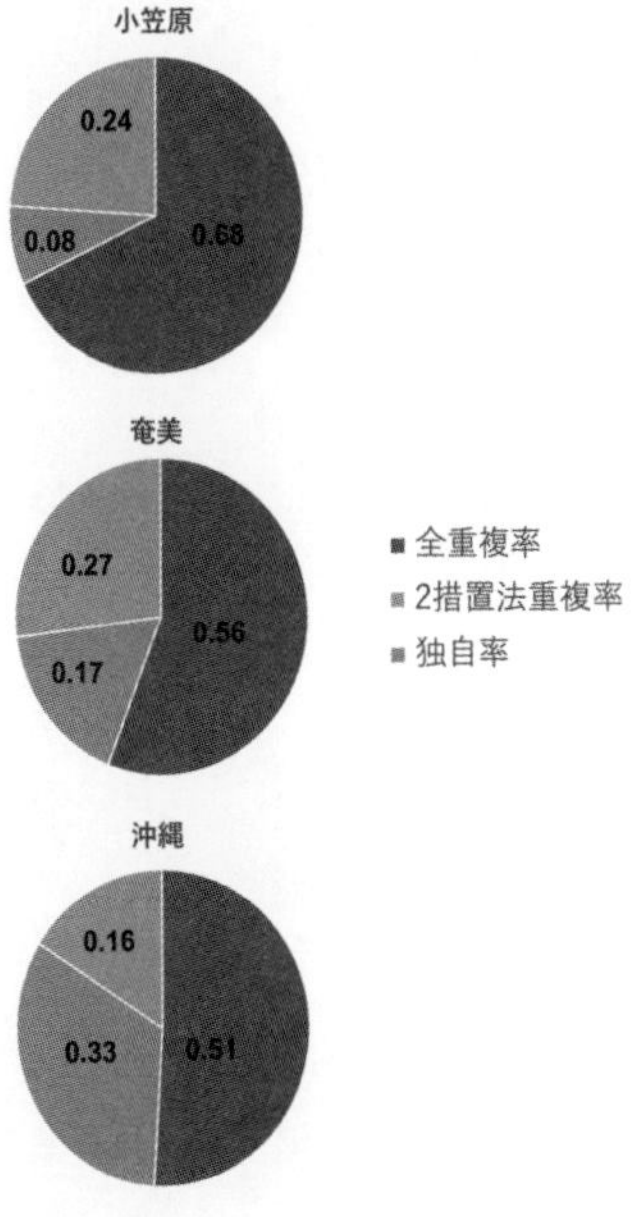

図7　各措置法における単語の重複率

あっせん、アメリカ合衆国、イノベーション、インターネット、エネルギー、ガス、ごみ、こん包、サービス、プール、へき地、運営、運送、運輸、運用、営業、影像、映画、永続、円滑、奄美、援護、援助、往来、沖縄、沖縄電力、億、科学、河川、火薬、荷さばき、課税、課程、貨物、我が国、介護、会議、会計、会社、会長、会務、解除、回復、改める、改修、改正、改善、改築、改良、海域、海外、海岸、海上、海洋、開港、開催、開始、開設、開拓、開発、外郭、外国、概要、各地、…、五八一個

既述のように、言語処理を適用する際にはストップワードの適切な除去がその後の解析の精度に影響を与える。またストップワードは文書の内容により変化することがある。そこで本稿では、沖縄振興特別措置法の出現単語よりストップワードを適切に除去するために、当措置法が施行された当時を知る、あるいは沖縄県の復帰に関心を持つ方々の集う「二〇二二年度うまんちゅ定例講座『「復帰」五〇年と沖縄経済』第七回データサイエンスで見た復帰五〇年」の参加者の皆さまに、ストップワードの選択を依頼した。簡単な手順を以下に示す。

1. 「沖縄振興特別措置法」に形態素解析を適用し形態素群を抽出
2. 形態素群より、沖縄県の復帰に直接関係ないと考えられる単語「ストップワード」の選択を依頼

3. 選択された上位五〇の形態素をストップワードと定義

二〇名の講座参加者にご協力をいただいた。抽出した上位五〇単語（括弧内は度数）を示す。

音声(15)、こん包、音響(14)、レクリエーション、案内、印刷物、下宿、化石、荷さばき、会務、今次(12)、し尿、デイサービス、トラック、温暖、加える、会長、患者、感染、機械、長又、福島(11)、あっせん、ごみ、ソフトウェア、影像、株式会社、休養、居宅、局、互選、参酌、士、週間、小口、照らし、症、上、乗じ(10)、プール、委員、違反、映画、億、器具、拠点、業者、業種、業務、型、掲げる、携帯、行う、作品、師、章、深める、録音、録画(9)

ストップワードとして最も多く選択されたのは､度数の大きい方から「音声・こん包・音響」といった結果になった。これらの単語について、法令文書内における出現頻度をカウントしたところ、「音声(1)・こん包(1)・音響(2)」となっており、本土復帰に伴う沖縄振興に向けた産業活動改善について記載された、情報通信産業や製造業の説明に使用されている単語であることがわかった。このように、出現頻度が少なく、かつ一部の説明にのみ使用される単語をストップワードとし、必要に応じて除去することで、法令文における重要単語を獲得しやすくなることが期待できる。

三　まとめ

本稿では、沖縄県の本土復帰後に蓄積された経済データや法令文データに、データサイエンスの手法を適用し解釈した事例を複数紹介してきた。

統計解析手法の一つである「相関係数」を用いて各産業の県内総生産の関係を求めた結果、相互関係を強く持つ産業の組み合わせや相関関係のみでは相互関係が求められない産業があることが示された。機械学習手法の一つである「決定木アルゴリズム」を適用した結果から、複数の産業の県内総生産の情報をもとに、増減を予測した事例について示した。復帰にあたり施行された沖縄振興特別措置法に、言語処理手法の一つである「形態素解析」を適用し、「単語の一致度」といった尺度で分析した結果、同様の目的で施行された二離島の措置法と比べ、単語の重複率や独自に出現する単語の割合が異なることが示された。データサイエンスの手法を用いることで、数値データのみならず文字列を含むテキストデータの扱いが可能となり復帰五〇年のデータをさまざまな側面から俯瞰できることがわかった。また今回うまんちゅ定例講座参加者の皆さまにご協力いただき、沖縄振興特別措置法におけるストップワードを特定することができた。

今後の課題として、ストップワード除去後の形態素群をもとにさらにテキスト解析を進め、沖縄県復帰と関連した文書と比較することで、引き続き考察を深めていきたい。

謝辞
本調査にご協力いただいた二〇名の講座参加者の皆さまに心よりお礼を申し上げます。また本研究の一部は日本学術振興会科学研究補助金20K18854の助成を受けたものです。

参考文献

(1) 大学の数理・データサイエンス教育強化方策について、"https://www.mext.go.jp/b_menu/shingi/chousa/koutou/080/gaiyou/_icsFiles/afieldfile/2016/12/21/1380788_01.pdf", 2016
(2) AI戦略2019、"https://www.maff.go.jp/j/kanbo/tizai/brand/attach/pdf/ai-15.pdf"(二〇二二年五月 accessed)
(3) 文部科学省におけるデジタル化推進プラン、"https://www.mext.go.jp/kaigisiryo/content/000089227.pdf"(二〇二二年五月 accessed)
(4) Quinlan, J. R:"Induction of decision trees." Machine learning, 1.1, pp.81-106, 1986
(5) 栫井昌邦、斎藤参郎、「決定木分析による都市型アミューズメント施設の来訪者特性評価」、地域学研究、Vol.35, No.1, 2005
(6) 島津 明、「法令工学：安全な社会システム設計のための方法論―法令文書の解析を中心に―」、IEICE Fundamentals Review, Vol.5, No.4, pp.320-328
(7) 竹中 要一、若尾 岳志：地方自治体の例規比較に用いる 条文対応表の作成支援 自然言語処理、Vol.19,

No.3, pp.194-212, 2012
(8) 大城 絢子、植田真一郎：「テキストマイニングによる臨床研究関連法令の特徴と関連性解釈の可能性」信学技報、vol.119, no.320, NLC2019-33, pp.35-40, 2019
(9) 県民経済計算（平成一八年度─平成三〇年度）（2008SNA, 平成二三年基準計数）：経済社会総合研究所─内閣府、"https://www.esri.cao.go.jp/jp/sna/data/data_list/kenmin/files/contents/main_2018.html"（二〇二二年五月 accessed）
(10) e-Gov法令検索─沖縄振興開発特別措置法─https://elaws.e-gov.go.jp/document?lawid=347AC0000000031_20220401_502AC0000000040&keyword=%E6%B2%96%E7%B8%84%E6%8C%AF%E8%88%88%E9%96%8B%E7%99%BA（二〇二二年五月 accessed）
(11) e-Gov法令検索─離島振興法─https://elaws.e-gov.go.jp/document?lawid=328AC1000000072（二〇二二年五月 accessed）
(12) e-Gov法令検索─小笠原諸島振興開発特別措置法─https://elaws.e-gov.go.jp/document?lawid=344AC0000000079_20200701_502AC0000000008&keyword=%E6%8C%AF%E8%88%88%E9%96%8B%E7%99%BA（二〇二二年五月 accessed）
(13) e-Gov法令検索─奄美諸島振興開発特別措置法─https://elaws.e-gov.go.jp/document?lawid=329AC1000000189_20190401_431AC0000000008&keyword=%E6%8C%AF%E8%88%88%E9%96%8B%E7%99%BA（二〇二二年五月 accessed）

(14) 大城絢子、岡﨑威生、植田真一郎：「単語一致度を用いた臨床研究関連法規の関係可視化の検討」臨床薬理。2023; 54(1): 43-48

沖縄の学校教育

―これまでの50年、これからの50年―

照屋翔大

照屋　翔大・てるや　しょうた
【所属】経済学部経済学科　准教授
【主要学歴】筑波大学大学院人間総合科学研究科教育基礎学専攻 単位取得満期退学
【所属学会】日本教育経営学会、日本教育行政学会、日本教育学会、日本教育制度学会、American Educational Research Association、大塚学校経営研究会
【主要著書・論文等】
著書（すべて共著または分担執筆）：
①『教育の制度と学校のマネジメント（第三刷）』時事通信社、二〇二二年
②『学校ガバナンス改革と危機に立つ「教職の専門性」』学文社、二〇二〇年
③『教育経営学の研究動向（講座「現代の教育経営」第三巻）』学文社、二〇一八年
④『学校を変える新しい力』小学館、二〇一一年 など
論文（すべて単著）：
①「アメリカにおける認証評価を活用した学校改善ツールの開発―ナショナルかつグローバルな展開に着目して―」大塚学校経営研究会編『学校経営研究』第四五巻、三―一一頁、二〇二〇年
②「アメリカにおける「教育の専門性」をめぐる現状と課題―NBPTSによる優秀教員資格認定の取り組みに着目して―」『日本教育経営学会紀要』第五九号、五八―七二頁、二〇一七年
③「沖縄県における授業改善を核とした学力向上施策の展開と地方教育行政のリーダーシップ」日本教育行政学会編『教育行政学研究と教育行政改革の軌跡と展望（学会創設五〇周年記念）』、七八―八四頁、二〇一六年
④「アメリカにおける「学区を基盤にした学校改善」の考え方と実践―学区事務局のリーダーシップに着目して―」大塚学校経営研究会編『学校経営研究』第四〇巻、四八―六九頁、二〇一五年 など
※役職肩書等は講座開催当時

本土復帰に大きな役割を果たしたのは、いうまでもなく沖縄の教師であった。…沖縄の政治的社会的指導者の多くは、教育界の出身者である。その点で、沖縄は教育の島であるということができよう。

（沖原一九七二、一頁）


学校は、私の言葉で言い表せば、単に従順であるのではなく、よい教育という理由から、ときとして社会が学校に要請することを拒否し、学校に何をすべきかを伝えることができると考える人たちに対して、頑固にこだわる（obstinate）ことで言い返す必要がある。

（ガート・ビースタ二〇二一、ⅱ頁）

一　はじめに

1　経済と教育の分かちがたい関係

最初に、本書全体における本章の位置づけについて説明しておきたい。沖縄経済を冠する本書の中にあって、「教育」を主題とする本章が入り込んでいることに幾何かの〝違和感〟を抱く読者の方もおられるのではないか。ところが、子ども（個人）に焦点を当てた時、その子の教育経験や人生全体にわたるキャリアを通じてその子のおかれた経済的環境の及ぼす影響が大きいことは、既に多くの研究で指摘されている。つまり、経済と教育の関係は分かちがたいほど強固なのである。

例えば就学前、特に幼児期に目を向けると、家庭教育などの幼児期における介入の質が、その子の認知的スキルだけでなく社会情動的スキル（非認知能力）にも影響を及ぼすことが指摘されている（ヘックマン二〇一五など）。国際的にも乳幼児期における教育とケアの重要性への関心は高く、ＯＥＣＤ（経済協力開発機構）はこれらの議論を主導するアクターの一つである（ＯＥＣＤ二〇二二など）。「子どもの貧困」をめぐる調査研究等においては、経済的困難さは物質的な欠如だけでなく、子どもたちから教育・経験の機会や他者とのつながりを「剥奪」する要因にもなることが明らかにされている（大阪府立大学二〇一七など）。

また、二〇二〇年以降の新型コロナウイルス感染症による一斉休校やその後のオンラインを併用した学習活動の継続は、家庭において子どもの学習を見守ることができるか否かによって、学習成果に違いを生じさせることを明らかにした（酒井二〇二二など）。つまり、休校中を含め、子どもの学習に寄り添える大人の存在の有無が学校教育の成果に影響を及ぼすことが鮮明になった。言い換えると、保護者等の雇用や勤務の在り方が教育格差の一因になりうるという事実が突き付けられたのである。

さらには、学校教育を終え就業へと人生のステージを移行した際にも、それまでの学校教育で得られた成果が就業の実際に影響力を持ち、それが次の子どもの世代に「再生産」されることは、古くて新しい課題として眼前に存在する。以上はほんの一例に過ぎない。しかし、教育のあらゆる段階において経済的要因が影響力を持つことを示すには十分ではないだろうか。ゆえに、教育課題は経済課題でもあるという意識も醸成され、近年では教育改革の強力な推進力となっている。

本章では、今期の講座が掲げた「SDGsが示す『誰一人取り残さない』新たな時代に向けた沖縄経済」の実現に向けて、学校教育という視角から「復帰前から続く沖縄が抱える課題の連続性と、復帰後に生まれた新たな問題・課題について、見つめ直す」と、どのような課題群（これからチャレンジしなければならないこと）が立ち表れてくるのかを考えたい。具体的には、一九七二年から二〇二二年までの五〇年間に沖縄県の学校教育がどのように発展してきたのかを、「教育振興」という視角から概観する。そのうえで、「令和の日本型学校教育」と称される近年の教育改革の動向が、これからの五〇年に向けてどのような課題を提示するものなのかを検討し、展望を描いてみよう。

ここで本章の研究的立ち位置について言及しておく。沖縄の学校教育については、戦前期を含む復帰前、特に占領期の沖縄を対象に、その制度的位置づけの特殊性もあってか、史的研究が中心となり優れた先行研究が多数存在する。比して、復帰後の沖縄を対象とした研究は格段に少なくなる。(1)本章はそこにアプローチする。本章は、史的研究とは異なり、学校経営学という筆者の学術的専門性のレンズを通して描く沖縄の学校教育の「これまで」と「これから」である。

2　二〇二二年という節目―復帰五〇年、学制一五〇年―

同時に、教育学を専門とする筆者にとって、この二〇二二年という年は復帰五〇年というだけでなく、日本における近代学校制度（学校教育が身分や性別等に依らず、すべての子どもに等しく開

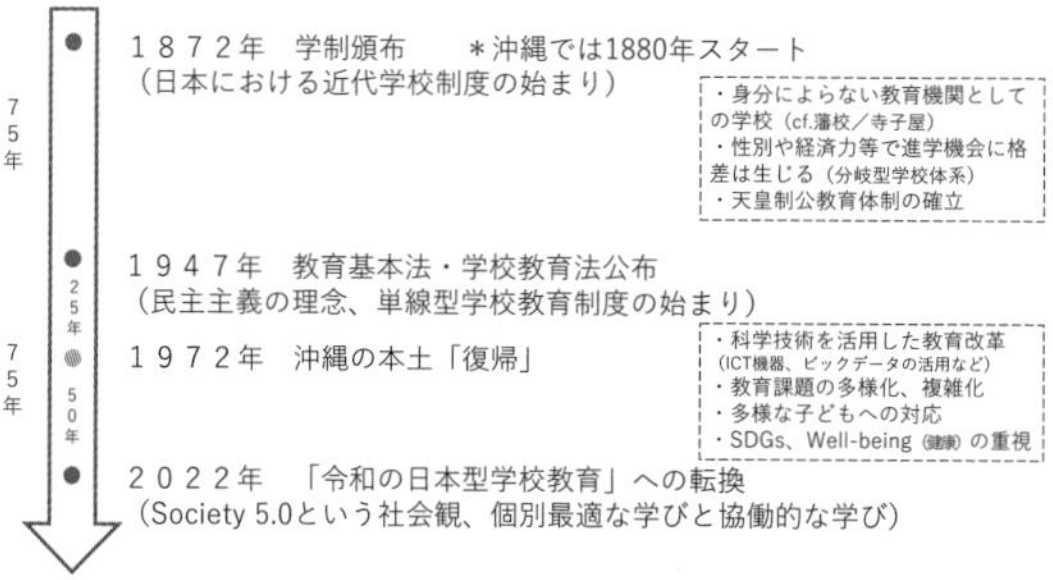

図１　学校教育の節目　　（出典）筆者作成

かれた学校制度）が始まって一五〇年という節目であることも感慨深い。図1に示したように、日本の学校制度をめぐってはいくつかの「節目」を確認することができる。

　第一は、日本において近代学校制度がスタートした一八七二（明治五）年の「学制」頒布である。沖縄でも一八八〇年に各学校が設置された。[2] それまでは、身分や性別、家庭の経済力等の要因によって、通うことのできる教育機関や教育機会に違いが生じていたことを踏まえると、就学機会が誰にでも開かれたという変化の節目といえる。第二は、第二次世界大戦後の、日本国憲法・教育基本法制下における民主主義の理念や六―三―三―四からなる単線型学校体系の制度化という特徴を持つ節目である。第三が、二〇二〇年の新型コロナウイルス感染症のパンデミックという社会変動を背景にしつつ、二〇二一年一月に公表された中央教育審議会答申「『令和の日本型学校教育』の構築を目指して～全ての子供たちの可能性を引き出す、個別最適な学びと、協働的な学びの実現～」（以下、「令和答申」とする）を契機とした、現在進行する一連の教育改革群を特徴とする節目と整理できよう。

二〇二二年はまさにその第三の節目の実質的な出発点と言ってよい。

このように日本の近代学校制度の歴史という観点からは、一九四七年の第二の節目を折り目に、ちょうど七五年ずつの歴史を紡いできたことになる。現在着々と検討・実施が進められている教育改革は、Society5.0という新たな社会観やＩＣＴを活用し個別最適な学び・協働的な学びを実現する学校教育への転換を基底的な理念に据えている。すなわち、沖縄の学校教育をめぐる「これからの五〇年」を考えるには、このような教育理念の変化を意識しておく必要がある。

二　「復帰」前夜──沖縄にとっての課題と願い

一九七二年以降の動向について検討する前に、その前夜、つまり復帰前の沖縄には学校教育をめぐってどのような特徴や課題が存在していたのかを確認しておこう。これが復帰後を見据えた各種の取り組みの原動力であったと考えるからである。

ここに興味深い資料がある。一九六五(昭和四〇)年十二月刊行の『教育委員会月報』(十七巻九号)に収められた座談会の記録である。タイトルは「沖縄の校長先生からみた本土の教育──内地派遣研修を終えて──」である。これは、文部省(当時)が設けた長期派遣研修[(3)]の機会(同年九月〜十一月の間の二か月間とみられる)に参加した次に挙げる小学校から高等学校までの学校長に対して、文部省初中局主任視学官であった小和田武紀が聞き取る形で進められた座談会であった。

【座談会出席者】

・具志幸善（那覇市小禄中学校　校長）
・大小堀松三（島尻郡糸満小学校　校長）
・平良泉幸（八重山高等学校　校長）
・親富祖永吉（中頭郡浦添中学校　校長）
・比嘉良正（中頭郡喜名小学校　校長）
・饒波正喜（中部農林高等学校　校長）

資料によると、彼らの訪問地域は、東京都、神奈川県（鎌倉市、川崎市、横浜市）、静岡県（静岡市、清水市、藤枝市）、茨城県（日立市）、兵庫県（芦屋市）、鳥取県など、文字通り日本各地に及んでいた。座談会では、彼らがそこでの見聞から得た学びと沖縄の特徴・課題について、まさに当事者ならではの語りが展開されている。テーマとなった内容は次のとおりである。①教員人事について、②教員の服務について、③教員の勤務条件について、④職員団体について、⑤教育内容について、⑥施設設備その他。次ページの表1は彼らの語りの要点をまとめたものである。

この座談会の記録から、復帰前の沖縄の学校教育について次のような特徴を見出すことができる。第一に、校長の権限の大きさである。座談会では、教員人事について校長の意見が通るという語りが表明されている。それと対比する形で、日本本土の学校では教育委員会の権限が大きいという理解が示されるとともに、復帰後も現在の沖縄の方式のままがよいとの希望が語られている。

表１　座談会のテーマと学校長の気づき

座談会テーマ	学校長の気づき
教員人事	・人事は学校経営の根幹。校長の意見が通る現行のままがよい。 ・沖縄は学校ごとの年齢のバランスが取れている。 ・都市とへき地の人事交流では、沖縄と本土ともに共通の悩みを抱えている。 ・本土には学歴の高い教員が多い。
教員の服務	・沖縄の校長は教育および校務をつかさどり所属職員を監督する。＊本土は下線部がない ・本土の校長先生方は大変勉強家で、よく本を読む。 ・沖縄には教頭を補佐する教務主任がいない。(導入したい) ＊ただし本土でもこのころは自然発生的に存在していたのであって、制度化は1975年の学校教育法改正後。 ・本土の校長は外部的な仕事が沖縄に比べて多い。沖縄はもっと校内に特化。 ・本土の先生方の研修意欲の高さに驚き。沖縄は研修の機会に恵まれていない。
教員の勤務条件	・給与は本土の方が少し良い。(ただし、物価は沖縄が30％高い) ・各種の手当（管理職手当、産業教育手当など）が本土は充実している。沖縄には手当も医療の共済制度もない。 ・公的な勤務時間が8時に始まり4時に終わる。(沖縄は8時から5時でお昼に1時間の休憩) しかしその後の時間や土日も含めて働いている。 ・本土の教員にはルーズさが感じられない。時間を有効に使っている。
職員団体	・(賃上げを目的としたストライキの話題をきっかけにして）本気な感じがしない。生活が安定しているという印象。 ・教育に直接関係ないようなことを教育をおろそかにしてまでやることが不思議。 ・沖縄では組合対策に校長が神経を使いすぎるということはない。
教育内容	・沖縄の高校の教育課程は弾力性が乏しい。(特色を発揮しにくい) ＊小中学校については、教育課程の編成は本土と同様。学習指導要領について本土で研修を受け、それを伝達講習として実施。まずは「のみこむ」と表現。
施設設備その他	・施設設備はあまりに差がありすぎて夢物語。「最初からあきらめている」

（出典）「沖縄の校長先生からみた本土の教育―内地派遣研修を終えて―」（『教育委員会月報』、57－72頁）を基に筆者作成

第二に、校長の職務実態の違いが挙げられる。例えば、沖縄では「教育をつかさどる」という文言が規定に含まれており、校長も授業を実施できる余地が残されていたことや、沖縄の校長はもっと学校内部のことがらに注力するといった語りに象徴される。これらは、沖縄がアメリカ施政下に置かれていたことによる教育制度・教育行政上の違いが背景要因となっていた可能性がある。

興味深いことは、確かに日本本土への「復帰」を念頭に置きながら本土の教育状況をつぶさにまた継続的に吸収しようとしてきたのだが、学校長らの発想は、「復帰＝日本本土型の学校教育制度への完全移行」では必ずしもなかった、という意識を垣間見ることができるという点である。例えば、萩原（二〇二一）は、沖縄の教育はサンフランシスコ講和条約の発効（一九五二年）以降、「日本人」になるための方向に大きく舵を切ったと分析し、「日本復帰運動が展開された時期の沖縄の学校教育を概観すると、沖縄が再び日本の一都道府県になることに備えて、子どもたちを「日本人」として育てようとした教育政策の一端がうかがえる」（七四頁）と述べている。[4] これは、本土の教科書や学習指導要領を使用し、それらを「のみこむ」という表現で語った学校長らの意識にも共通しよう。

しかしここで目を向けなければならないことは、加えて「沖縄の人々が本心から望んだというよりは、いかにその時代を生き抜くかという観点」（萩原、同上書、七四頁）によるものと分析されていることである。復帰を強く願いつつも、当時の日本本土の教育制度が必ずしも彼らの望む教育活動の展開を約束するものではなかったという点に、復帰を控えた沖縄が抱えたジレンマを見ることができるのではないだろうか。

三　二〇二二年までのあゆみ(1)――「建議書」基本的要求事項（六）教育・文化の内容――

本節と次節は、一九七二年から二〇二二年までの五〇年間のあゆみを整理する。なかでも本節では、その後の出発点となる『復帰措置に関する建議書』（琉球政府一九七二）を検討する。同文書には、「基本的要求（六）教育・文化」として教育上の要求事項三点とその理由が丹念に書き込まれている。

第一は、「民主的教育委員制度の確立」である。そこでは教育区の設定と教育委員の直接公選制の維持が述べられている。これらはアメリカの学区（district）と呼ばれる一般の行政区域とは別に設定される教育行政区域の考え方と実践、および同国における教育委員会制度（board of education）の発想を看取できる。ちなみに、日本本土でも、戦後制定された教育委員会法（一九四八年）によって、地域住民による直接選挙で教育委員を選出する直接公選制による教育委員会制度が設けられていた時期が存在する。しかし、独立を回復し、いわゆる「逆コース」と称される一連の制度改革の中で、一九五六（昭和三一）年に「地方教育行政の組織及び運営に関する法律」（以下、地教行法とする）が制定され、同法は廃止となった。地教行法は教育委員を「当該地方公共団体の長が議会の同意を得て任命する」と規定していたため、建議書はこの法律改正が「多くの権威ある学者、教育委員、教職員をはじめとする教育関係者、革新政党や革新民主団体等、良識ある国民の多くの反対を押しきって、現行制度に改悪された」（六六―六七頁）と評価する。(5) その評価を踏まえ、「復帰によって、本土の地方教育行政法（引用者註：地教行法のこと）がそのまま適用されることになると、教育委員は任命制となり、この沖縄の民主的教育行政制度は否定され、県民がこれを守り育てるために長年にわたって苦労し努力してきたことが、すべて水泡に帰す」（六四頁）ことになり、「教育にその自主、創造性を失わせ」（同上）ると訴えている。そのうえで、「私たち沖縄県民は、この際本土において、現行教育制度の非をあらため、沖縄の祖国復帰を契機として本土法も沖縄と同様な制度に改正されるよう要求する」（六七頁）としたのである。

第二は、「教師の権利と教育内容保障」である。これは、教育の中立性確保を理由に、教職員に争議権を認めないなどの政治行為の制限や勤務評定を適用せず、教職員の基本的人権の保障を要求する内容である。具体的には、地方公務員法、教育公務員特例法（以下、教特法とする）における規制条項を削除し、教育の中立性確保臨時措置法の適用は不要とする要求である。同時に、学校教育法と同法施行規則さらには学習指導要領についても、特別な措置と配慮を要請している。これらの要請の根底にあるのは、教師に「自由」を保障すべきとする理念であった。事実、一九六七（昭和四二）年には日本本土の地教行法や教特法を参考に、政治行為の制限、争議行為の禁止、勤務評定の導入を盛り込んだ教公二法（地方教育区公務員法と教育公務員特例法）の立法化が図られたが、教職員だけでなく多くの住民の反対により、廃案になっている。建議書は、「いま沖縄においては、公立学校職員の労働三権は保障されており、現に労働組合法によって、学校長、教頭等の管理職も加入して、沖縄県教職員組合が結成され」（六八頁）、「教育公務員の争議権禁止は、憲法で保障される生存権の擁護と相容れない」（七〇頁）、教育基本法の規定（第八条）(6)により政治的行為について制約を受けることへの理解は示しつつ、「沖縄においてこのように教育をゆがめ、社会に弊害を与えるような行きすぎた教職員の政治行動はありません」（同上）としている。以上をもって、「沖縄の教育振興をはかるためには、教職員に可能なかぎりの自由を保障することが必要」（六九―七〇頁）で、「この自由は復帰後においても当然保障されるべきものである」（七〇頁）と結論づけた。教師が復帰運動を主導するリーダーとしての役割を担ってきたという歴史的経緯を踏まえた時、本要請はまさに、復帰後の沖縄の在り方を占うとして強く主張する理由があったと想像できる。[7]

第三は、「教育文化諸環境の整備と格差是正」である。教育の条件整備は、教育の機会均等の実現において不可欠な要素であることは論を俟たない。建議書においても、「教育の目的を達成するためには、人的、物的条件整備がまず優先されなければなりません。それに要する費用は、義務教育無償の原則に立って、公費でまかなわれるべきことは当然」（七二頁）であり、「教育基本法でうたわれる教育の機会均等、教育上差別されてならないこともまた当然で、憲法でいう国民の教育を受ける権利が保障されるべき」（同上）と主張している。「校舎や設備の保有状況は類似県の約七〇％」（同上）とあることからも、学校教育を進める施設・設備の復興が追いついておらず、それを改善し水準を本土並みとすることが喫緊の課題であったことは想像に難くない。

屋良朝苗はその編著書『沖縄教職員会一六年―祖国復帰・日本国民としての教育を目指して』の中で、文教部長在任中に頭を悩ませた一つに「戦災校舎の問題」（四二頁）を挙げ、当時の状況を次のように回顧する。屋良だけでなくその時代が抱えた苦悩がありありと描かれてはいないだろうか。[8]

戦争によって沖縄の校舎は他の住宅や施設、文化遺産とともに完全に潰滅した。戦後再建された学校の姿は惨めなものであった。露天のままの学校もあれば、テント張りの学校もあった。また茅ぶきの校舎もあれば、米軍払い下げのカマボコ型コンセットの校舎もあった。学校と名はついていても、馬小屋にも劣る建物であった。いったいこの校舎はいつになれば復興するのか、われわれには全く見通しが持てず、ただ天を仰いで嗟嘆したものであった。

（屋良編著（一九六八）四七頁）

かかる現状を打破すべく「沖縄の学校校舎に対しては、当然戦災復旧の考え方に立って、国の責任においてその整備を図るべき」（七三頁）と要請したのである。「施政権の分離という異状態勢下においてそれを理由に施政権者と本土政府が責任を回避してきた」（同上）、「沖縄振興開発特別措置法案によっても教育環境全般について特別措置が十分に講じられておりません」（同上）という主張からは現状に対する強い憤りが伝わってくる。[(9)]

以上のように、復帰直後の沖縄における教育振興の方向性をめぐっては、単に日本本土と同化することを望むだけではなく、アメリカ施政下におかれる中で、文字通り命を懸けて守り育ててきた教育における諸権利を、今後も守り抜こうという強い意思が確かに存在していた。しかしながら、その主張はほとんど認められず、復帰後、その法制上の独自性は失われることになった。[(10)]

四　二〇二二年までのあゆみ(2)

―振興開発計画等における教育振興の内容の変遷―

復帰後の教育振興は、沖縄振興開発特別措置などを通じて、教育水準を日本本土並みに引き上げることを目指して進められた。本節では、一九七二（昭和四七）年以降、一〇年ごとに策定されてきた振興開発計画等の内容から、そのあゆみを確認する。振興開発計画等は、一九七二（昭和四七）年～一九八一（昭和五六）年の「第一次振興開発計画」を皮切りに、その後の「第二次振興開発計画」（一九八二（昭和五七）～一九九一（平成三）年）、「第三次振興開発計画」（一九九二（平成四）～二〇〇一（平成一三）年）、「沖縄振興計画」（二〇〇二（平成一四）～二〇一一（平成二三）年）、「沖縄二一世紀ビジョン基本計画」（二〇一二（平成二四）～二〇二一（令和三）年）、「新・沖縄二一世紀ビジョン基本計画」（二〇二二（令和四）～二〇三一（令和一三）年）まで、五度にわたる改訂を経ている。前期までの改訂ごとの教育に関する主な焦点をまとめたのが表2である。

本表を時代横断的に眺めてみると、確かに第一次や第二次振興開発計画の時期は、教育の条件整備という前節において確認した沖縄が独自に抱える困難さに焦点を当てた計画になっていることがうかがえる。しかし、第三次振興開発計画以降は、施設・設備の充実や用地確保に代表されるような教育の条件整備よりも、教育の内容や方法といった学校での教育活動の実際にかかわる言及が目立つ。特に、同時期における学習指導要領の方向性と軌を同じくしている。沖縄固有の課題への対応以上に、日本全体の理念を実現するという意向が、相対的には表れているように分析できよう。

表２　沖縄振興開発計画等のあゆみと初等中等教育に関する内容項目

振興計画等のあゆみ	初等中等教育に関連する内容項目
第１次振興開発計画 1972（昭和47）年～ 1981（昭和56）年	・学校規模、学校配置の適正化をはかるため、学校の分離、統合、増設を行ない、学校用地の確保につとめる。 ・教育内容の高度化に対応する教育機器の導入と教育方法の改善を行ない、さらに、屋内運動場、水泳プール等各種施設の充実を期する。
第２次振興開発計画 1982（昭和57）年～ 1991（平成３）年	・小学校、中学校の分離、統合、増設を行い、学校用地の確保に努め学校規模、学校配置の適正化を図る。 ・各種施設・設備等を整備充実し、併せて幼稚園の整備を進める。 ・高等学校の新設を行い、高等学校への進学者の増加に対処するとともに、学校規模、学校配置の適正化を図るほか、各種施設・設備等を整備充実する。 ・児童、生徒の基礎的、基本的な学力を高めるために、教育内容・方法の充実に努め、創造的な能力の育成を図るとともに、児童、生徒の心身の発達段階に応じた生徒指導及び生徒の能力、適正等に応じた適切な進路指導の充実に努める。 ・へき地教育の振興を図るためスクールバス、教職員住宅等の整備を促進する。
第３次振興開発計画 1992（平成４）年～ 2001（平成13）年	・幼児児童生徒の心身の全人的な発達を期して初等中等教育の充実を図る。このため、幼稚園教育においては３・４歳児就園率の向上に向けた諸条件の整備を図る。 ・小学校、中学校、高等学校教育においては、引き続き学力の向上を重点課題として位置付け、基礎的・基本的な内容の指導の徹底とその定着化を図るとともに、家庭・学校・地域社会が一体となった総合的な学力向上対策を推進する。 ・児童生徒の実態に即した生徒指導及び進路指導の充実を図り、進学率の向上及び中途退学対策の強化に努めるほか、国際化、情報化、技術革新等経済社会の進展に対応した外国語教育、理科教育及び職業教育の充実を図る。
沖縄振興計画 2002（平成14）年～ 2011（平成23）年	ア　学力向上対策等の推進 「生きる力」を身に付けることを重視し、知・徳・体の調和のとれた豊かな人間性の育成など イ　国際化、情報化等に対応した教育の推進 個性にあふれ、国際性豊かな広い視野を持ち、環境を大切にし、環境の保全やよりよい環境の創造のため主体的に取り組む人材の育成 ウ　魅力ある学校づくりの推進 国際化、情報化などに柔軟に対応し、地域に開かれた特色ある学校づくりを進めるとともに、教育の基盤となる施設・設備の充実を図る。
沖縄21世紀ビジョン基本計画 2012（平成24）～ 2021（令和３）年	・学力の向上や能力等を引き出す学校教育の一層の充実と、沖縄全域における公平な学習機会の確保、海外留学制度の拡充、高等教育の推進等を図り、幅広い知識や教養、道徳心及び国際性を持った個性豊かな人材を育成する ア　確かな学力を身につける教育の推進 イ　豊かな心とたくましい体を育む教育の推進 ウ　時代に対応する魅力ある学校づくりの推進

（出典）内閣府沖縄総合事務局（2018）を基に筆者作成

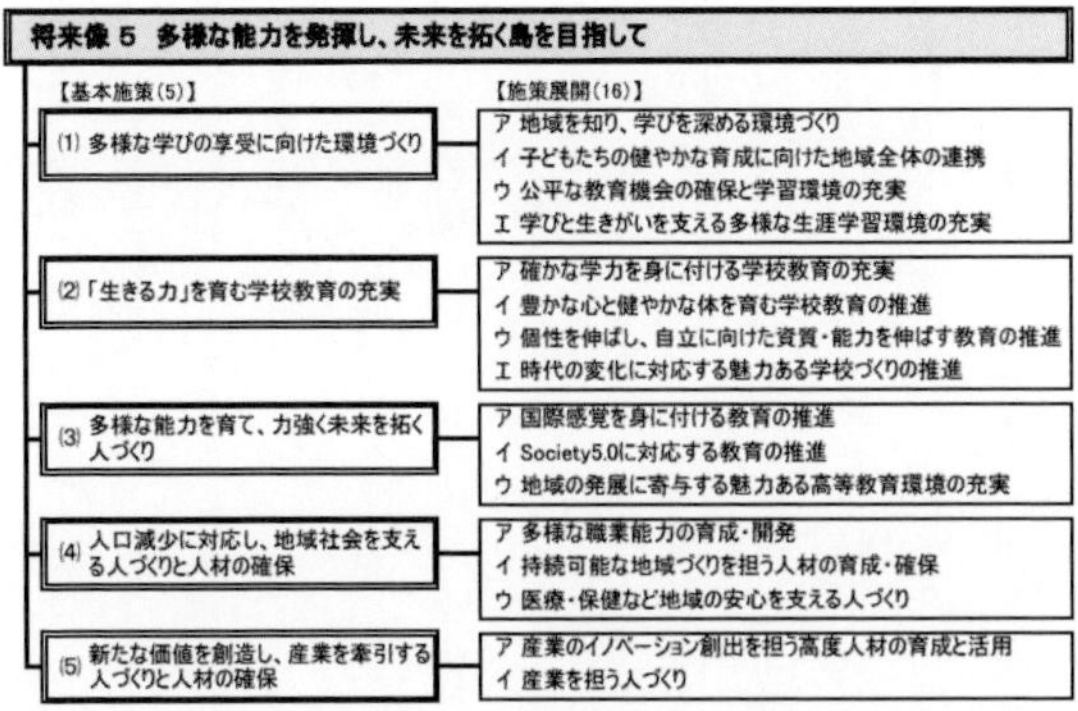

図２　将来像５の基本施策とその展開

（出典）『新・沖縄21世紀ビジョン基本計画（沖縄振興計画）』【資料編】、20頁より引用

二〇二二（令和四）年五月一五日付で決定された「新・沖縄二一世紀ビジョン基本計画」は、県の将来像を１～５として描いている。中でも、将来像５「多様な能力を発揮し、未来を拓く島」は教育領域との関連が深い。その施策の全体像を示したのが、上図である。同時に、教育に関する具体的な計画は、沖縄県教育委員会が同年に策定・公表した「沖縄県教育振興基本計画（令和四年度～令和一三年度）～新しい時代を切り拓く人づくり～」において取り組み案の詳細が示されている。

沖縄県では、これら一般行政分野における振興開発計画等と、教育に特化した教育振興基本計画が相当程度強い結びつきを持って展開されてきたようだ。実際、教育振興基本計画の一頁に掲載された図には、新旧の「沖縄二一世紀ビジョン基本計画」や前期（二〇一二（平成二四）～二〇二一（令和三）年）までの教育振興基本計画（第二期）と本計画との政策上のつながりが図示・説明されている。

さてここまで、「建議書」から今期（第三期）の教育振興基本計画に至るまで、沖縄県での「これまでの五〇年」の教育振興がどのような意図や政策的背景に支えられながら展開してきたかを概観してきた。その特徴を改めて整理するならば、次のようになるだろう。

第一は、復帰以前より、日本本土とのやり取り（特に教育内容の側面）は頻繁に行われ、来る「復帰」に向けて人を介した情報の収集と県内での伝達が行われていた。ただ、教育法制上の違いは復帰後をめぐる争点となった。

第二は、復帰に際して特に課題となったのが、教育の条件整備にかかわる点であった。まずは施設・設備面での教育水準の本土並みが目指された。その実現に向けて、振興開発にかかわる予算が充てられた。(11)

第三は、従前からの継続的課題に「学力向上」がある。沖縄県教育委員会の教育長（当時）であった高良清敏は、教育のハード面は全国水準まで達しているが、学力の現状や基本的生活習慣の側面では課題があると記している（沖縄県教育委員会一九九一：巻頭言）。この点に関連して、その後の学力向上施策を通じて目指すべき学力観の変化に対応できていなかったという自戒が教育行政関係者から表明されたことの意味は大きい（目取真二〇一九：四〇）。社会の変化と学校の在り方を双方向かつ敏感にキャッチする施策・実践が不可欠であることを示してくれるからである。

次節では、「これからの五〇年」を展望する足掛かりとして、今般の教育改革（主に二〇三〇～二〇四〇年代がターゲット）の特徴について検討してみよう。

五　二〇二二年からのあゆみ　―学校教育の編みなおし―

1　近年の教育改革のテーマを振り返る

矢継ぎ早の教育改革ということが言われて久しい。特に二〇〇〇年以降は、それ以前とは異なるスピードで改革、改革が叫ばれた時代と言ってよいだろう。これを学校現場の目線で語るならば、次から次へと「しなければならないこと」に急き立てられる時代であったと表現できるのではないか。では、ここ一〇～二〇年間の教育改革とはどのような性質のものだったのか。一見、手あたり次第あるいは個別に政策が展開されているように見えるかもしれないが、筆者自身はある一定の特徴を持って進められてきたのではないかと捉えている。主要な改革をキーワード的に示すならば、「かわる（刷新）」「つなぐ（接続）」「つながる（連携・協働）」という整理が可能だと考えている。

「かわる（刷新）」とは、学ぶ内容や方法の見直しを指している。例えば、学習指導要領改訂に伴い、「主体的・対話的で深い学び」という理念が示され、個別最適な学びと協働的な学びという新たな学びの姿が提起されている。学習内容としては、小学校での教科「英語」の導入、高校での探究学習の重視などがある。ほかにも、授業実践でのデジタル教科書やデジタル端末といったＩＣＴの利活用、プログラミング学習、主権者教育の実施、文理横断・融合型教育（ＳＴＥＡＭ教育）への関心、起業家教育の推進、高校家庭科での金融教育の導入など枚挙に暇がないほどである。今後もこのような動きは強まっていくのではないだろうか。

「つなぐ（接続）」とは、異なる学校種間を制度的につなぎ一つの学校に組み替える制度改革を指す。例えば、義務教育学校（小学校と中学校からなる義務教育期間を合わせた九年間の一貫教育を行う学校種。二〇一六年〜）、中等教育学校（中学校（前期中等教育）と高等学校（後期中等教育）を合わせた六年間の一貫教育を行う学校種。一九九九年〜）のほか、既存の県立高校と中高一貫教育を行う「県立中学校」の設置も全国各地で相次いでいる。[12] これまでの六—三—三制とは異なる初等中等教育の制度を求める動きとして捉えることができる。関連して、就学前に目を向けると、学校である幼稚園と児童福祉施設である保育所の機能を併せ持つ「認定こども園」の設立も目立つ。

「つながる（連携・協働）」とは、学校と地域（住民）の間、あるいは学校内で様々な専門性を持つ人々が互いに協力し合い、子どもたちの学習と生活を連携・協働して充実させる取り組みを指す。学校と地域間でのそれを促進する仕組みとして、コミュニティ・スクールがある（詳細は後述）。また、学校内でのそれを促進する仕組みとして「チームとしての学校（チーム学校）」に関連した一連の取り組みが進行中である。例えば、近年教師の働き方改革の文脈で語られることが多い部活動改革なども、この取り組みに期待するところは大きい。

以上の動向は、戦後の日本、いや明治の「学制」以来基本形をほとんど変えずに進められてきた学校のあり方を大きく変えようとするものと考えられている。それは、「令和の日本型学校教育」の実現という政策的スローガンの下で、二〇二一年以降、少しずつだが着実に進められている。

2 「令和の日本型学校教育」とは何か

では、「令和の日本型学校教育」とは何なのか、それは学校の姿をどのように変えようとするのか。この点について、現在の改革の嚆矢となった「令和答申」をもとに整理してみよう。

同答申によると「令和の日本型学校教育」とは、「知・徳・体を一体的に育む「日本型学校教育」の良さは継承しつつ、急激な社会変化に対応すべく、個別最適な学びと協働的な学びを理念に進められる、二〇二〇年代を通じて実現を目指す学校教育の姿」として説明できる。また同答申は、日本において全人的教育が続けられてきたことによる功績の大きさは認めつつ、近年の急激な社会変化や価値観の変容を背景に、①画一的・同調主義的な学校文化、②子どもたちの多様化、③生徒の学習意欲の低下、④教師の長時間勤務による疲弊、⑤情報化への対応の遅れ等を学校が抱えている課題として指摘した。このような課題を乗り越えるべく進められているのが、「令和の日本型学校教育」という旗印の下で展開される一連の教育改革群なのである。

とりわけこのような改革にお墨付きを与えているのが、Society5.0という社会観であり、それへの対応を意識した学校ver3.0という学校観である点には留意しておきたい。というのも、そのような発想の出発点に、私たちの生活、より正確にはグローバル経済をめぐる情勢の変化がはっきりと存在しているからである。(13)

3 「地域とともにある学校」という新しい学校の姿

今後さらなる進展が見込まれる新しい学校の姿に「コミュニティ・スクール」がある。コミュニティ・スクールとは、「学校運営協議会を設置した学校」のことを指す。二〇〇四（平成一六）年の地教行法改正によって誕生した、学校運営と教育活動の支援に保護者や地域住民が一定の権限を持って参画することを可能にした制度である。二〇一一年以降は、「地域とともにある学校」づくりを推進する役割が期待され、重要政策として注力されてきた。二〇一七年の地教行法一部改正に伴い、すべての公立学校についてその設置が努力義務となったことも、設置促進に拍車をかけた。

文部科学省の調べによると令和四年五月一日現在で、学校運営協議会を設置している学校数は全国四七都道府県で一五、二二一校（前年度から三、三六五校増）になる。これは全国の学校の四二・九％にあたる。当初小学校や中学校を中心に展開していたが、近年では幼稚園、高等学校、特別支援学校での導入も加速している。背景には、国の第三期教育振興基本計画[14]において、当該期間中（二〇一八（平成三〇）年~二〇二二（令和四）年度間）にすべての公立学校をコミュニティ・スクール化するという政策目標が掲げられたことがあろう。ちなみに、同調査結果から沖縄県内一三の市町村[15]で、幼稚園一一園、小学校一〇〇校、中学校四八校の導入を確認できる。県立学校の導入事例はない。結果、県内の公立学校全体に占める割合は二四・六％（義務教育段階の学校のみだと三七・一％（前年度は二九・〇％））となる。全国平均と比較すると導入は未だ低調なようだ。

また、コミュニティ・スクールは地域学校協働活動との一体的推進がねらわれている。地域学校協働活動は、「地域の高齢者、成人、学生、保護者、ＰＴＡ、ＮＰＯ、民間企業、団体・機関等の幅広い地域住民等の参画を得て、地域全体で子供たちの学びや成長を支えるとともに、「学校を核とした地域づくり」を目指して、地域と学校が相互にパートナーとして連携・協働して行う様々な活動」（文部科学省作成ｗｅｂページ）として定義されている。つまり、子どもの学びや育ちを学校に任せきりにするのではなく、「地域の子どもは地域の中で、また地域の子どもは地域住民の手で」を合言葉に、子どもたちのために学校と保護者、地域住民等が一緒になって知恵を出し合い、口も出しつつ、汗もかく、そんな学校の姿としてイメージできるだろう。ここに集うすべての人は学校教育の当事者なのであり、ゲストやご意見番は存在しない。

公教育の「公」（public）という語には、「みんなのもの」「みんなで世話をするもの」という意味があると聞く。そのように考えると、「地域とともにある学校」を目指すという営みは、教師の献身性によって支えられてきた学校教育を、今一度、学校にかかわるすべての人の手元にかえす／共有する営みとして位置づけられないだろうか。自分がワクワクできる「一人称」の語りを周りと共有・共感するところから「地域とともにある学校」という学校づくりにかかわることは、前項で確認した改革動向とは違ったかたちで、公教育を編みなおす強力なエンジンになるだろう。

六　おわりに ―「これからの五〇年」に向かって―

　これまで述べてきたように、学校や教育は文字どおり「転換点」にある。その中で、私たち一人ひとりには、現実を正しく理解し、受け入れるだけでなく批判的な目も持ちながら、公教育を担う当事者として互いに手を携えることが求められる。折しも、長引く感染症を背景に、「つながり（ソーシャル・キャピタル：社会関係資本）」の重要性がますます顕在化してきたように強く感じる。いわば、「ゆいまーるの精神」の実行がより強く求められる時代になっている。そのような変化の中にあって、学校という場が「地域の紐帯」として果たしうる役割は、きっとこれまで以上に大きくなるに違いない。なぜなら、つながりの構築やウェルビーイングの実現において学校が重要なアクターであり場であることは、すでに国際的な共通理解かつ政策目標であるからだ。

　しかし現在進行中の教育改革には、そのような学校の役割を等閑視し、その役割を限定しようとする意向も見え隠れする。経済や産業のロジックで教育政策が組み立てられ、教育をグローバル人材育成のツールとみなし、学校の役割をそのための「工場」に矮小化しようとする改革動機といってもよい。教育や学校の社会的使命とは、「役に立つ人材」を生み出すことなのだろうか。

　そこで最後に、本章冒頭のリード文に戻ってみたい。不思議な書き出しと感じた読者もおられたのではないか。この二つのリード文は、筆者なりの「これからの五〇年」に向けた期待、それも「これまでの五〇年」を踏まえたからこそ湧き上がってきた期待を込めて引用したものである。

まず何より、沖縄は「教育の島」なのである。そのあり方を決めるのは、一人ひとりの「声（voice）」に他ならない。voiceには「意見・考え」や「発言権」という意味もある。教育が各人の権利に基づき、権利を充足するべく営まれる社会的営為であるならば、voiceは最大限尊重されるべきである。

学校教育をめぐっては特に、その最前線に立つ教師のvoiceに大きく期待したい。ただ唯一の懸念は、日本の多くの教師たちが共有する「（制度や政策が）降りてくる」という「話法」である。これは、教師として政策にものを申す権利の放棄とはいえないだろうか。急激な社会変化の中で、教育とは何か、に対する応答も大きく揺らいでいる。その振幅は今後より一層大きくなるだろう。そのような時代が待ち受けているからこそ、教育の専門家である教師の底力に期待したくなる。教育とは、まだ見ぬ未来の世代のために世代間でバトンをつなぐリレーのようなものだ。「これからの五〇年」に向かって、一人ひとり、そして何より教育関係者は、今が踏ん張りどころである。

注

(1) 本学では二〇〇一年度に「沖縄における教育の課題」を冠した公開講座を実施している。その成果については次の書籍にまとめられているので参照されたい。沖縄国際大学公開講座委員会編（二〇〇二）『沖縄における教育の課題（沖縄国際大学公開講座一一）』編集工房東洋企画。

(2) 萩原（二〇二一：六七―六八）によると、一八八〇年に設けられた「学校」は会話伝習所（のちの師範学校：初等教育機関の教員養成を担う学校）、中学校（首里中学校一校のみ）、小学校一四校（首里三校、島尻一〇校、国頭一校）であった。

(3)　一九五二年に発足した「研究教員制度」によるものと考えられる。一九六〇年からは産業教育関係の教員の対象枠を設置、一九六五年からは校長や指導主事を対象に広げた。ここから、本座談会の出席者は一期生ということになると推察される。同年、戦後の教員養成機関（文教学校や教員訓練学校等）の卒業生を対象にして、教育理論の研修を行わせる教員大学留学制度なども実施された。一九五二―一九七二年までの二〇年間に一、四三一人が派遣されている（ＪＩＣＡ沖縄国際センター二〇〇五：四五）。なお、研究教員制度の創設については、屋良編著（一九六八：二四―二六）に経緯が記されている。

(4)　それを支援する日本本土側（文部省）の施策として教育指導員が派遣されていた。詳細については近藤（二〇一九）を参照されたい。

(5)　教育委員会法から地教行法への移行は、「文部省を頂点とする集権的教育行政の体制を整え、学校に対する教育委員会の統制を強め、戦後教育改革でクローズアップした学校の自主性を制限、縮小した」（小島二〇〇七：一四）として考えられている。

(6)　これは、教育基本法（旧法）のことである。同法同条は政治教育に関する規定で、第一項では「良識ある公民たるに必要な政治的教養は、教育上これを尊重しなければならない。」、第二項で「法律に定める学校は、特定の政党を支持し、又はこれに反対するための政治教育その他政治的活動をしてはならない。」としていた。なお、二〇〇六年改正の現行教育基本法では一四条が政治教育について規定している。

(7)　松田（二〇二二：一三七）は屋良編著（一九六八）を参考に、沖縄教職員会が「戦後荒廃した地での教育再興へ向けた活動を行うと同時に、日本復帰運動や新生活運動など、占領期沖縄の諸運動全体を先導した、教育に限らず当時の沖縄全土で大きな影響力を持ったとされる教職員団体」と説明している。教職員会会長、行政主席、県知事を歴任した屋良が復帰と教育についていかなる思いや考えを持っていたかについては野添（二〇二二）に詳しい。

(8) また屋良（一九七七：二〇）でも、沖縄教職員会の組織化の動機にもかかわらせながら、次のような言及がある。「教職員が立ち上がったのは、沖縄の教育を一日も早く復興の緒につけなければならない、という気持ちからだった。ふつう、組織がはじめに取り上げるのは自分たちの生活防衛、経済問題であろうが、教職員会は、それと同時に教育の場である校舎を自分たちの手で復興していくという決意に燃えていた。」

(9) 関連する具体的要求事項として以下の九点が挙げられていた。（イ）幼稚園教員給与並びに施設の補助、（ロ）私立学校施設設備の整備充実、（ハ）県立高等学校及び特殊学校施設設備充実、（ニ）教職員定数の維持及び確保と陣容の強化、（ホ）教育研修センター設備充実、（ヘ）教職員の研修強化、（ト）へき地教育環境の整備充実、（チ）学校施設用地の確保、（リ）風しん障害児就学奨励（通学費、学寮費、学用品費等）。琉球政府（一九七一）の八八―八九頁を参照。

(10) 沖縄県は、復帰五〇年の節目に本建議書に示された基本的要求事項の内容と現状との比較検証を行い、その結果を公表している。そこでも、本節で検討した三項目について、全国との一律性が結果として示されている。沖縄県（二〇二二）の六四―七一スライドを参照されたい。

(11) 新聞報道によると、学校の施設整備には現在でも振興予算が宛がわれているようである。振興予算と教育のつながりは現在も強いことがうかがえる。例えば、琉球新報（二〇二二）を参照。

(12) 本稿執筆時点において沖縄県には、県立与勝緑が丘中学校、県立開邦中学校、県立球陽中学校、県立名護高等学校附属桜中学校が設立されている。

(13) Society5.0という考え方の出自とこれが教育に対してどのような影響をもたらそうとするものであるのかについては、佐藤（二〇二一）が詳しい。

(14) これは、二〇〇六（平成一八）年の教育基本法改正によって新設された第一七条第一項に基づき、国としての教育振興に関する施策の総合的・計画的な推進を図るために政府が五年度ごとに策定する計画のことである。したがって、前節で確認した沖縄県における同名のそれではないことを補足しておく。

(15) 管内すべての学校をコミュニティ・スクールとしているのは、糸満市、恩納村、読谷村、中城村の四市村である。その他、導入のある市町村は、宜野湾市、浦添市、名護市、沖縄市、うるま市、南城市、嘉手納町、北谷町、西原町である。調査の詳細については、「令和四年度コミュニティ・スクール及び地域学校協働活動実施状況について」(https://manabi-mirai.mext.go.jp/document/chosa/2022.html、二〇二二年一〇月三一日確認）を参照されたい。

【引用・参考文献等一覧】

・ＯＥＣＤ編著／一見真理子・星三和子訳（二〇二二）『ＯＥＣＤスターティングストロング白書―乳幼児期の教育とケア（ＥＣＥＣ）政策形成の原点』明石書店。

・大阪府立大学（二〇一七）『大阪府　子どもの生活に関する実態調査』（https://www.pref.osaka.lg.jp/attach/28281/00000000/01jittaityosahoukokousyo.pdf、二〇二二年一〇月三一日確認）
・沖縄県（二〇二二）「「復帰措置に関する建議書」に係る検証結果について」（https://www.pref.okinawa.jp/site/kikaku/chosei/documents/01_kensyoukekka.pdf、二〇二二年一〇月三一日確認）
・沖縄県教育委員会（一九九一）『沖縄県教育長期計画 第一部 本県教育の現状と課題』。
・沖原豊（一九七二）『沖縄の教育』第一法規。
・小島弘道編著（二〇〇七）『時代の転換と学校経営改革―学校のガバナンスとマネジメント』学文社。
・ガート・ビースタ著／上野正道監訳（二〇二一）『教育にこだわるということ―学校と社会をつなぎ直す』東京大学出版会。
・近藤健一郎（二〇一九）「琉球政府期の沖縄への教育指導委員派遣―文部省による沖縄教育援助―」『教育学研究』第八六巻第四号、四九七―五〇八頁。
・佐藤学（二〇二一）『第四次産業革命と教育の未来―ポストコロナ時代のＩＣＴ教育』岩波ブックレット。
・酒井朗（二〇二二）「新型ウィルスが問う『学校』」『世界』九五五号、岩波書店、一九四―二〇三頁。
・ジェームズ・Ｊ・ヘックマン著／大竹文雄解説、古草秀子訳（二〇一五）『幼児教育の経済学』東洋経済新報社。
・ＪＩＣＡ沖縄国際センター（二〇〇五）『沖縄の教育復興経験と平和構築』（https://openjicareport.jica.go.jp/pdf/11823036.pdf、二〇二二年一〇月三一日確認）
・内閣府沖縄総合事務局（二〇一八）「これまでの沖縄振興計画等」（http://www.ogb.go.jp/soumu/3702、

二〇二二年一〇月三一日確認）
・野添文彬（二〇二二）「屋良朝苗と復帰運動」沖縄国際大学公開講座委員会編『人権二〇二一（沖縄国際大学公開講座三一）』編集工房東洋企画、二二一―二五〇頁。
・萩原真美（二〇二一）「沖縄の人々にとって『日本人』になるってどういうこと？」前田勇樹・古波藏契・秋山道宏編『つながる沖縄近現代史―沖縄のいまを考えるための一五章と二十のコラム』ボーダーインク、六六―七四頁。
・松田香南（二〇二二）「琉球政府期沖縄における校内研修体制の構築―一九五〇年代の沖縄教職員会による体系整備の萌芽―」『日本教育行政学会年報』第四八号、一二二―一四〇頁。
・目取真康司（二〇一九）「全国学力調査最下位の衝撃から一〇年」千々布敏弥編著『学力がぐんぐん上がる急上昇県のひみつ―あの県あの学校がやっている学力底上げの秘策』教育開発研究所、四〇―四九頁。
・文部科学省作成ｗｅｂページ「学校と地域でつくる学びの未来」(https://manabi-mirai.mext.go.jp/index.html、二〇二二年一〇月三一日確認）
・屋良朝苗（一九七七）『屋良朝苗回顧録』朝日新聞社。
・屋良朝苗編著（一九六八）『沖縄教職員会一六年―祖国復帰・日本国民としての教育をめざして』労働旬報社。
・琉球新報（二〇二二）「学校施設整備に遅れ　来年度振興予算大幅減受け」、二〇二二年三月一〇日朝刊。
・琉球政府（一九七一）『復帰措置に関する建議書』(https://www.archives.pref.okinawa.jp/ryukyu_government/13293、二〇二二年一〇月三一日確認）

賃金を経済思想史から考える

――沖縄県の賃金の推移――

吉原千鶴

吉原　千鶴・よしはら　ちづる
【所属】経済学部経済学科　講師
【主要学歴】立教大学大学院博士課程後期課程修了
【所属学会】経済学史学会
【主要著書・論文等】
論文：
・「一九二五年イギリスの金本位制復帰に関するピグーの見解」『立教経済学研究』第七五巻第二号、五三―八〇頁、二〇二二年一〇月
・「ピグーの経済理論および政策提言における賃金率と雇用量の関係：賃金の二つの側面をめぐって」『立教経済学研究』第六八巻第一号、一三七―一六五頁、二〇一四年七月
・「ピグーの経済学における『資本のもとのままの維持』」『立教経済学研究』第六七巻第三号、一七三―一九八頁、二〇一四年一月
・「ケインズ『一般理論』における貨幣賃金率・実質賃金率の変化と雇用量」『立教経済学研究』第六六巻第二号、四三―六六頁、二〇一二年一〇月
・「ピグーにおけるリスクおよび不確実性概念の再検討―ケインズによる『古典派』批判との関連で―」『立教経済学研究』第六四巻第二号、一九一―二一三頁、二〇〇九年一〇月

※役職肩書等は講座開催当時

私たちは生活を維持するために必要な財・サービスを購入する収入を得るため、働かなければならない。その労働の対価として支払われるのが賃金である。私たちは手にした賃金で満足な日常生活を営むことができるのか。労働者がある一定の（基本的にはその社会が受容する最低限の）生活水準を維持するために必要な賃金を「生活賃金［living wage］」と呼ぶとすれば、経済思想家たちは長きにわたってこの問題を検討してきた。[(1)] 本章では、その営みの一部を概観しつつ、近年の沖縄県の賃金にまつわる問題を考えたい。

一　経済思想史において賃金はどのように論じられてきたか

1　生活賃金概念が中心に据えられていた賃金論

古代ギリシャの時代から、「生活必需品を供給するために必要なものとして定められた生活賃金」という概念は認識されていた。この視点は中世の思想家にも受け継がれ、「労働者を必要最低限の生活以下に追いやるような賃金は、労働者が高潔であるための機会を奪うものであり、それゆえ不公正である」と考えられた（Stabile［二〇〇八］一五頁）。

このような生活賃金に基づく賃金観を市場経済システムとの関係から体系的に扱った思想家がアダム・スミスである。スミスは、賃金には自然率とよばれる水準があると考えた。自然賃金率は「その社会の一般的事情によって、すなわちその貧富によって、その進歩、停滞または衰退の状態によって、またひとつには労働と資本の各用途の特定の性質によって自然的に規制される」もので、その社会における賃金の「通常率または平均率」である（Smith［一七八四（一九七六）］七二頁）。そして、自然賃金率は「彼ら［労働者］自身の生活を維持するに足りるものでなければならない」し、労働者の家族の扶養を可能とするために「それよりいくぶん多くなければならない」（Smith［一七八四（一九七六）］八五頁）と述べていることから、スミスは賃金の生活賃金としての側面を意識していたといえよう。

市場できまる賃金率は自然賃金率から一時的に乖離することもあるが、常に自然賃金率水準に引きつける力が働く。スミスは公正価格に関するキリスト教思想の影響を受けたと指摘されるが（Stabile［二〇〇八］一六頁）、賃金率が自然賃金率水準に落ち着けば労働者に生活賃金が支払われることを基本的に想定していたわけである。

続いて、賃金の生活賃金としての側面を重視しつつ、新たな視点を付け加えた思想家としてカール・マルクスを挙げることができる。マルクスは、賃金は労働力の価値で決まると述べ、その水準は「労働する個人が労働する個人として通常の生活水準を保ちうるに十分なものでなければならない」とした。衣食住に代表される労働者自身を維持するために必要な生活手段の価値が賃金率を決めるが、その水準はその社会の文化段階や慣習による影響を受ける。また、労働力の再生産費のなかには労働者本人の生活手段だけでなく、その子どもの生活手段を含む養育費およびその職業に就くための教育・訓練費も含むべきであるとマルクスは主張した（Marx［一八六七］邦訳（上）

二五三―二五四頁)。

賃金水準に関するマルクスの議論で注意を払うべき点は、資本蓄積が進展する過程で生み出される相対的過剰人口の存在によって、労働条件の全般的悪化が進行することを指摘した点にある。相対的過剰人口の存在による現在就業中の労働者の労働条件の悪化とは、潜在的な競争相手の存在によって「賃金がほんらいの労働力の価値、すなわち労働力の再生産費を割り込むことが一般的になるとともに、長時間労働が蔓延する」(佐々木[二〇一二]一六七頁)ということである。

スミスらの古典派経済学の議論では、市場のはたらきによって賃金率は労働者の最低限の生存を保障する生活賃金の水準に収斂するとされていた。これに対してマルクスは、賃金率を生活賃金に基づいて考察する立場をスミスと共有しつつ、資本主義経済においては資本蓄積の進行とともに労働者の立場は弱くなり賃金が労働力の維持を可能とする生活賃金水準を下回る傾向がみられるということを強調した点に特徴があるといえよう。

2 生活賃金への需給均衡論的アプローチ

古典派経済学の賃金論では、基本的には労働の供給側に注目して賃金率水準が議論され、生活賃金水準が意識されていた。一九世紀後半、古典派経済学者たちの生活賃金の議論を踏まえつつ、限界分析を用いた需給論的なアプローチを中心にすえて賃金論を論じたのはアルフレッド・マーシャルである。マーシャルが経済学研究をしていた一九世紀後半から二〇世紀初頭にかけての時期は、労働者の「公正な一日の仕事に対して、公正な一日分の賃金が与えられるべきである」という公正賃金をめぐる議論が盛んだった。これは、資本主義が発展する当時のイギリスにおいて、非熟練労働者の低賃金が社会問題化していたということが背景にある。

労働者には「公正賃金」が支払われるべきであるという主張を検討するにあたってマーシャルは、そもそも公正な賃金とは何かということを経済学の理論的枠組みを用いて検討し、一般に言う公正賃金は自身の経済理論における「正常賃金」と同じものと考えるべきだと主張した。マーシャルにとって、正常均衡とは需要・供給に影響する諸条件がその影響をすべて出し尽くしたときに成立する理論上の均衡概念であり、この均衡賃金率が正常賃金率である。

マーシャルは、労働需要曲線と労働供給曲線の決定因を以下の通り説明した。まず、労働を需要するのは企業である。企業は利潤を最大化するため、賃金水準と労働の限界生産物が等しくなるような労働需要量を選択する。

一方、労働を供給するのは労働者である。労働者がどの程度の労働を供給するのかということは、労働者の「意志の強さ」に依存する。これは、「自分自身の体力の消耗とその労働がもたらす疲労およびその他の不効用」(Marshall［一九二〇(一九六一)］五二六―五二七頁) に関連し、賃金によって賄いたいと労働者自身が考える労働供給の費用と労働の対価として支払われる賃金率が等しくなるよう労働供給量が決定される。

賃金の生活賃金としての側面に注目するにあたって、マーシャルが理論上の「短期」・「長期」の時間概念の区別を労働供給態度の分析にも適用した点に留意する必要がある。マーシャルは労働を供給するにあたって短期と長期とでは労働者が賃金によって賄わなければならないと考える範囲に違いがあると主張した。労働による短期的な犠牲は、労働の努力、疲労、環境の不快さ、余暇の喪失などである。長期ではそれに加えて、各職種における労働者の一般教育および専門の職業教育費用、またその子どもの養育費も考慮しなければならない。短期分析は労働供給者数を所与とし、所与の労働者がどれだけの労働を供給するかという観点であるのに対し、長期分析ではその産業に従事する労働者の数自体の変動が考慮に入れられる。

マーシャルは長期の正常均衡で成立する賃金率こそが労働の「真実の費用」であると考えていた。そうであるなら、公正賃金とは経済学でいう正常賃金と同じものであるとマーシャルが指摘するとき、それは長期の正常賃金を指している。すなわち、長期正常均衡においては、労働者に生活賃金が支払われるはずだということが想定されていたわけである。

マーシャルは、労働者は長期においてはその労働を供給するのに必要な費用をすべて賄うことが可能な賃金率水準を要求する、すなわち、それを賄えないような賃金率水準が続くのであればその産業に従事する労働人口自体が減少するはずであると仮定することで、賃金は生活賃金の水準によって決まると考えた古典派の賃金論を発展的に継承しようと試みた。その労働供給分析に、企業の利潤最大化行動を基礎とする労働需要分析が付け加えられ、労働市場の分析枠組みが形作られた。ここには、当時経済学に取り入れられつつあった限界分析という新しい研究手法を用いながら、自

らの理論と古典派経済学との連続性の強調に心を砕いたマーシャルの特徴が表れている。(2)

現代経済学の労働市場分析は、労働需要曲線・供給曲線の交点で労働市場が均衡し、均衡で成立する賃金こそが均衡賃金率であるという基本的な枠組みにおいて、マーシャルの労働市場分析と類似している。しかし、現代の労働市場分析では、労働の限界不効用逓増と賃金率の関係から労働供給を説明することが一般的になった。そのような観点からの分析の場合、その賃金率でそもそも労働者は十分な生活を送ることができるのか、その賃金率の水準で自らの能力を発展させることが可能なのかという観点については表立って言及がなされないことが多い。マーシャルが古典派経済学から受け継ぎ、発展させ、自らの賃金論の土台として保持していた主に長期の労働供給に関する視点は、現代の労働市場分析においてはあまり関心が払われていないように思われる。

3　低すぎる均衡賃金率には人為的な介入がなされるべきか

マーシャルは、長期正常均衡において労働者が正常賃金を得ている場合、労働者は自分自身とその家族の生存に必要な経費はもちろんのこと、労働提供に必要な能力を身につける費用もすべて補償されていると考えていた。この想定が実現するのであれば、「労働者は働いて得た賃金で満足な生活を営むことができるのか」という問いは、問う必要がないものとなる。なぜなら、満足な生活を営めないと判断されるような賃金水準であれば労働者は労働を供給しないはずであり、そのような均衡賃金率が成立するはずはないからである。

しかし、現実には、当時も現在も、賃金が低すぎて生活が苦しいという声は存在する。この問題について経済思想家たちはどのように議論してきたのだろうか。

マーシャルは、労働者が技能を習得し実際に労働市場で活動するまでには長い時間が必要であるという労働という生産要素の特殊性に言及し、長期の正常賃金率はあくまで理論上の概念であり、現実の労働市場で成立する賃金率は長期の労働供給に対する正常な報酬をもたらすとはかぎらないことを認めていた（Marshall［一九二〇（一九六一）］五七三―五七四頁）。

賃金率が低すぎる場合、政府は賃金水準に人為的に介入すべきだろうか。労働者に各々の能率に一致した賃金が支払われているにもかかわらず、それが極端に低いものだった場合、その労働者の生活は「達成されるべきと社会で共有されている生活基準」に達しないということがありうる。この場合、労働者の能率に等しいが低すぎる賃金率に対して、政府による介入（多くは最低賃金制度のようなかたちをとる）がなされるべきだろうか。(3)

低賃金への人為的介入すなわち最低賃金制度の導入を支持する論者として当時代表的だったのは、シドニー&ベアトリス・ウェッブ夫妻である。ウェッブは、マーシャル経済学を自らの経済理論の指針とし、成長理論に関するマーシャルの理想の実現を模索していた。そして、賃金の生活賃金としての側面を強調し、最低限の生計費すら確保できないような賃金率水準が現存することを批判した。

ウェッブは、無秩序な市場取引において、雇用主が労働者を酷使する傾向があることを問題視し、労働環境についての最低限の基準を設定する必要性を訴えた。一国の産業上の能率が持続可能なものであるか否かは、国民の健康と活力の維持に依存する。それゆえ、労働者の活力を維持するのに十分な賃金を支払わない企業は他の企業に「寄生」しているのであり、そうした企業は淘汰されなければならない（Webb［一九二〇］七五一頁）。そこで国家は、労働時間、労働条件だけでなく、賃金水準についても全国規模での規制、すなわち最低賃金率の設定を行い、労働者の生活に必要な十分な賃金率が保障されるようにすべきであると提案したのである。ウェッブにとって最低賃金制度は、国民が最低限の生活水準を維持するために必要な条件、すなわちナショナル・ミニマムを構成する欠かすことのできない要素のひとつであった。

ウェッブの主張とは対照的に、国家による最低賃金率の設定に反対したのは、マーシャルの高弟アーサー・セシル・ピグーだった。彼はマーシャルの公正賃金についての議論を引き継ぎつつ、能率の低い労働者に対する生活保障を目的に能率以上の賃金率を支払うよう法律で強制すべきと主張する人々を強く批判した。ピグーが国家による最低賃金の設定に反対したのは「生活賃金」「家族賃金」という概念がそもそも曖昧であることに加えて、(4) 最低賃金率の設定は失業者を生み出すという理由によるところが大きい。能率を上回る賃金率の支払いを強制する場合、雇用主にとってそのような労働者は「雇うに値しない」ことになる。それゆえに、最低賃金制度の設定はそのような労働者を解雇に追い込み、労働者側に直接的な損失が生じてしまう（Pigou［一九三二］六一五—六一六頁）。

能率に応じた賃金率が低すぎるがゆえに生活賃金を確保することができない労働者に対してナショナル・ミニマムを提供するためには、国家による直接的提供という手段がとられるべきであるとピグーは考えた。このなかには「住居、医療、教育、食事、余暇、労働をする場所の衛生と安全の仕組みなどについて定められたある量と質」とが含まれる（Pigou［一九三二］七五九頁）。人々の生活に対する保障は、国家による最低賃金の設定によってなされるべきではなく、必要な財や環境を国家が直接提供する形態をとるべきであるというのがピグーの立場であった。

このように、ウェッブ夫妻とピグーは、労働者に最低限の生活、すなわちナショナル・ミニマムを保障すべきであると考える点においては共通していたにもかかわらず、最低賃金制度に対してまったく異なる立場をとった。

ある社会が合意できる生活基準を労働者に保障するにあたって、最低賃金制度を用いるべきか否かという論争において議論された論点は、現在の日本の最低賃金制度にも引き継がれている。最低賃金法第三条は、最低賃金額を設定するにあたって、「最低賃金は、労働者の生計費、類似の労働者の賃金及び通常の事業の賃金支払能力を考慮して定められなければならない」としている。この条文には最低賃金制度に関する経済思想家の議論がある程度集約されている。最低賃金を制度化する以上、それが労働者の生計を保障する水準であるべきということは、ウェッブが指摘するように必ず担保されるべき条件となる。しかし、この水準を具体的に設定するのは容易ではない。現実の制度設計においては「労働者に保障すべき生活水準とはどの程度が適切か」という議論が避けられず、そこでは、この社会で生きる人が最低限享受するべきだと考えられる生活水準はどの程度かということに対する私たちひとりひとりの認識が問われる。これは、社会的・歴史的文脈に非常に多くを依存し、その地域（もしくは国）・時代ごとに異なる慣習によって大きく異なる水準になるであろうことは多くの経済学者がこれまで指摘してきたところである。通常、社会が発展するにつれてこの水準は徐々に高くなることが想定される。しかし、ピグーが指摘した通り、企業が利潤最大化を目的に雇用水準を決定する以上、高すぎる人為的な賃金率の設定は失業を発生させてしまう可能性が高い。この点について最低賃金法では「通常の事業の賃金支払能力」の考慮というかたちで最低賃金額の設定において目配りすることになっている。現在の最低賃金制度では、この両面を睨みながら地域ごとの最低賃金額の決定が行われているといえよう。

以上のように、市場で成立する賃金率がその社会が求める一定水準の生活を維持する費用、すなわち生活賃金に達しないことがあるという指摘に対して、それを最低賃金制度というかたちで保障すべきか、別の枠組みで保障すべきかという問題は、これまで繰り返し論じられてきた。経済思想の歴史における生活賃金についての議論は、市場メカニズムにまかせておけば生活賃金は達成されるのか、達成されないとすればどのような介入がどの程度必要かということをめぐって長く議論が続いてきたことを示している。この問いは経済理論の枠組み内でのみ考えられるものではなく、私たちひとりひとりが暮らしやすい社会の実現に向けて今後も議論を続けていくべき問題であるといえるだろう。

二 「復帰」後、沖縄県の賃金水準はどのように推移してきただろうか

1 「復帰」から五〇年の賃金推移

沖縄県の賃金構造を概観するにあたって、まず、「復帰」前から現在までの沖縄県の賃金推移を確認する。第二次大戦後、沖縄県では公定賃金が定められたが、一九四九年の自由化後、民間企業では賃金が上昇した。しかし、その水準は依然として「労働者が生計を維持するために十分な賃金とは言えない水準にとどまっていた」（沖縄県商工労働部編［一九九四―二〇一七］一巻四〇頁）。その後、一九六〇年代に入ると沖縄県経済の目覚ましい成長にともない、賃金水準は著しく上昇した（沖縄県商工労働部編［一九九四―二〇一七］二巻三四頁、三巻五三―五五頁）。

「復帰」後の賃金推移は図1に示す通りである。沖縄県の常用労働者の一人平均月間現金給与総額（三〇人以上事業所）は「復帰」後の一九七三年の一〇万八六九八円から一九九〇年代半ばまで一貫して上昇を続ける。一九七四年から一九八七年まで沖縄県では（数年を除いて）全国平均を上回る経済成長率を達成、その後一九九〇年代初頭にかけて経済成長率こそ全国平均に及ばなかった（バブル景気の加熱で全国の経済成長率が高水準となったため）ものの、沖縄県の名目賃金は上昇を続けた。しかし、バブル崩壊による企業業績悪化等の影響もあり、一九九四年、沖縄県の名目賃金は初めて前年比マイナスとなった。一九九九年の三三万六二四八円が名目賃金の最高額であり、これ以降二〇〇〇年～二〇一二年の間名目賃金はゆるやかな下落傾向を示し、二〇一三年以降は小

さく上下するものの概ね横ばいで推移している。二〇〇〇年以降の名目賃金全国平均もほぼ同様の傾向をみせる。

沖縄県の名目賃金は全国平均に対してどの程度の割合で推移したのかという点に注目すると、図1に示す通り、「復帰」時点で沖縄県の賃金水準は全国平均の八八・七％であった。「復帰」に際して賃金についても「本土」並みが目標とされたが、沖縄県経済の好況を背景に一九七五年に一度だけ一〇〇・二％と全国平均をわずかに上回るものの、その後割合は低下傾向を続け、およそ全国の八五％程度まで下落する。また、一九八〇年代後半になると全国平均名目賃金がバブル景気の影響で急上昇するものの、沖縄県の賃金上昇率は全国平均に

図1　常用労働者の１人平均月間現金給与総額（全国・沖縄県）

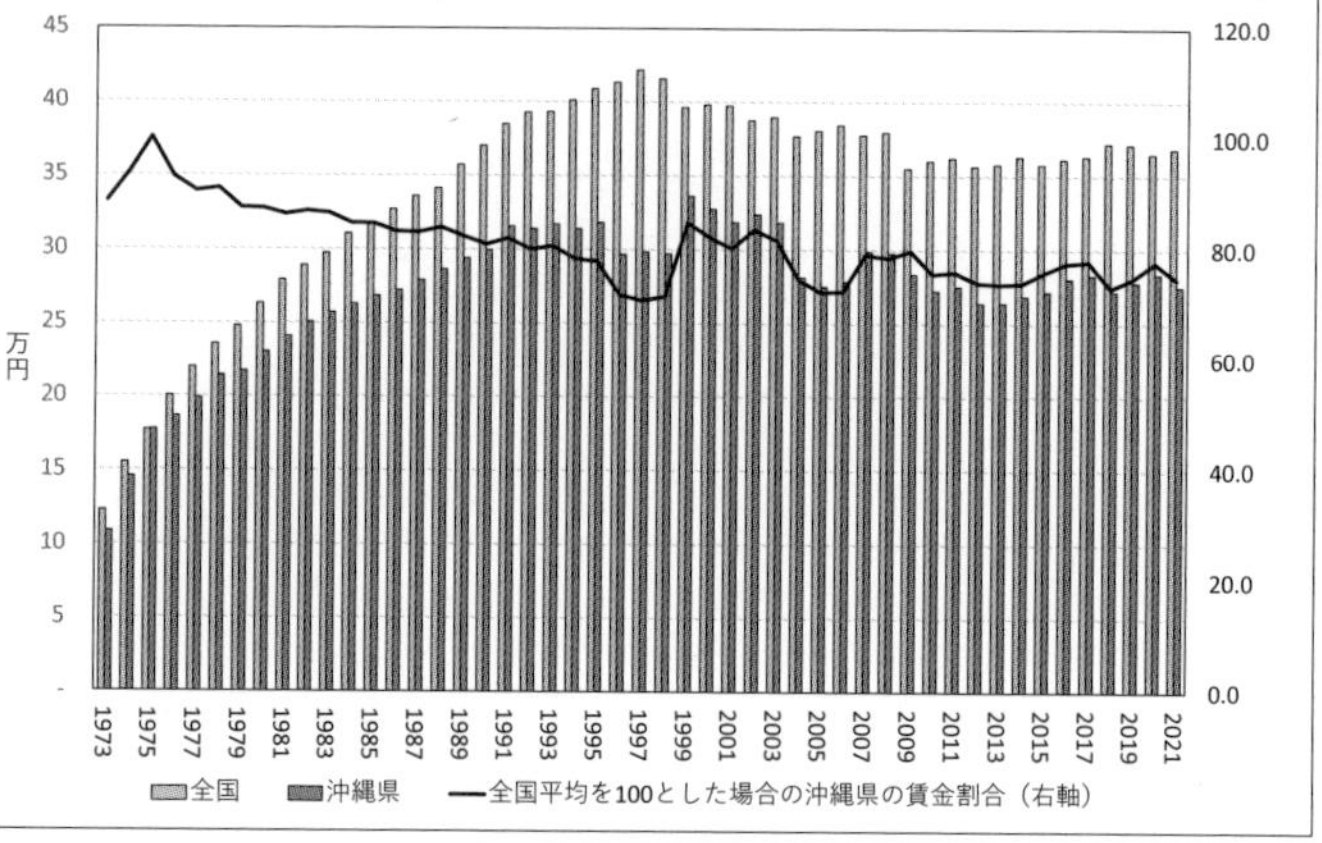

注：常用労働者の１人平均月間現金給与総額（30人以上事業所、年平均、1973-2021年）

出所：厚生労働省「毎月勤労統計調査」

及ばず、全国平均が最高額を記録した一九九七年には、沖縄県の賃金水準は全国の七〇・八%にまで低下してしまう(割合としては過去最低)。二〇〇〇年代初頭には八〇%台に回復するものの、その後再び下落傾向をみせ二〇〇四年から現在まで、おおよそ七五%付近で上下している。

続いて「復帰」後の賃金の実質価値の推移をみてみよう。図2に示す通り、名目賃金は一九九〇代にかけて着実に上昇していたものの、同時期の実質賃金の変化(二〇二〇年を一〇〇とする)をみると、実質賃金の上昇率は名目に比べてかなり低かったことがわかる。一九九九年に最高値を記録し、その後二〇〇四年に低下して以降、二〇〇〇年代から現在

図2　実質賃金指数・名目賃金指数の推移
(全国・沖縄県；2020年を100とする)

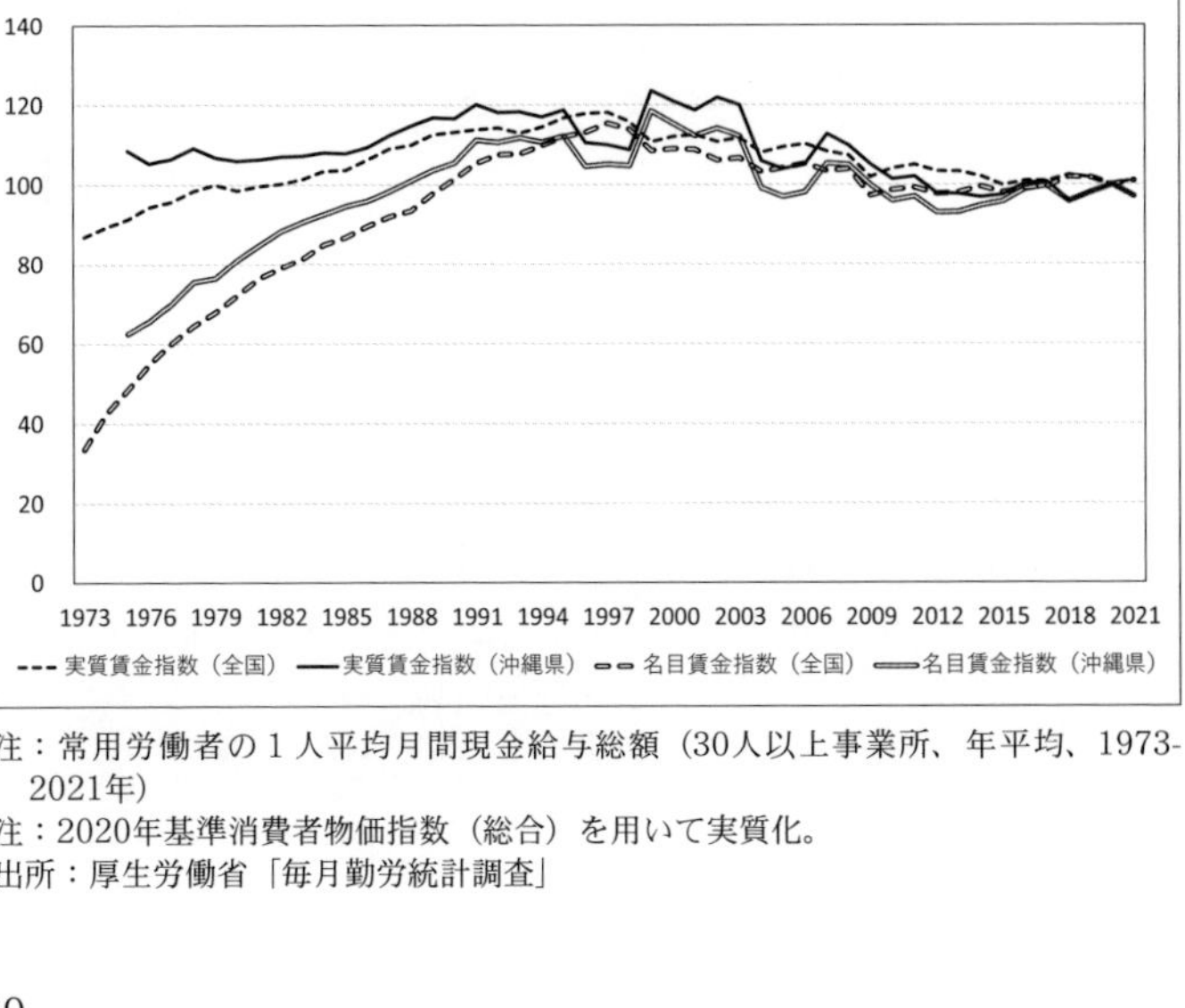

注：常用労働者の１人平均月間現金給与総額（30人以上事業所、年平均、1973-2021年）
注：2020年基準消費者物価指数（総合）を用いて実質化。
出所：厚生労働省「毎月勤労統計調査」

まではほぼ横ばいである。すなわち、二〇〇〇年代以降、沖縄県の賃金は名目・実質ともにほぼ伸びていないといえる。

続いて、最低賃金額の変化を確認する。[5] 沖縄県の最低賃金額の推移は図3に示す通りである。「復帰」以降着実な上昇を続けている。特に二〇〇七年最低賃金法改正によって他の生活保護政策との整合性に配慮することが定められたこと、および賃金引き上げの政府方針がたびたび示されたことから、最低賃金率水準の引き上げ幅も大きくなっている。[6] しかし、この間、沖縄県最低賃金額と全国加重平均額との差はわずかながら拡大傾向にある。

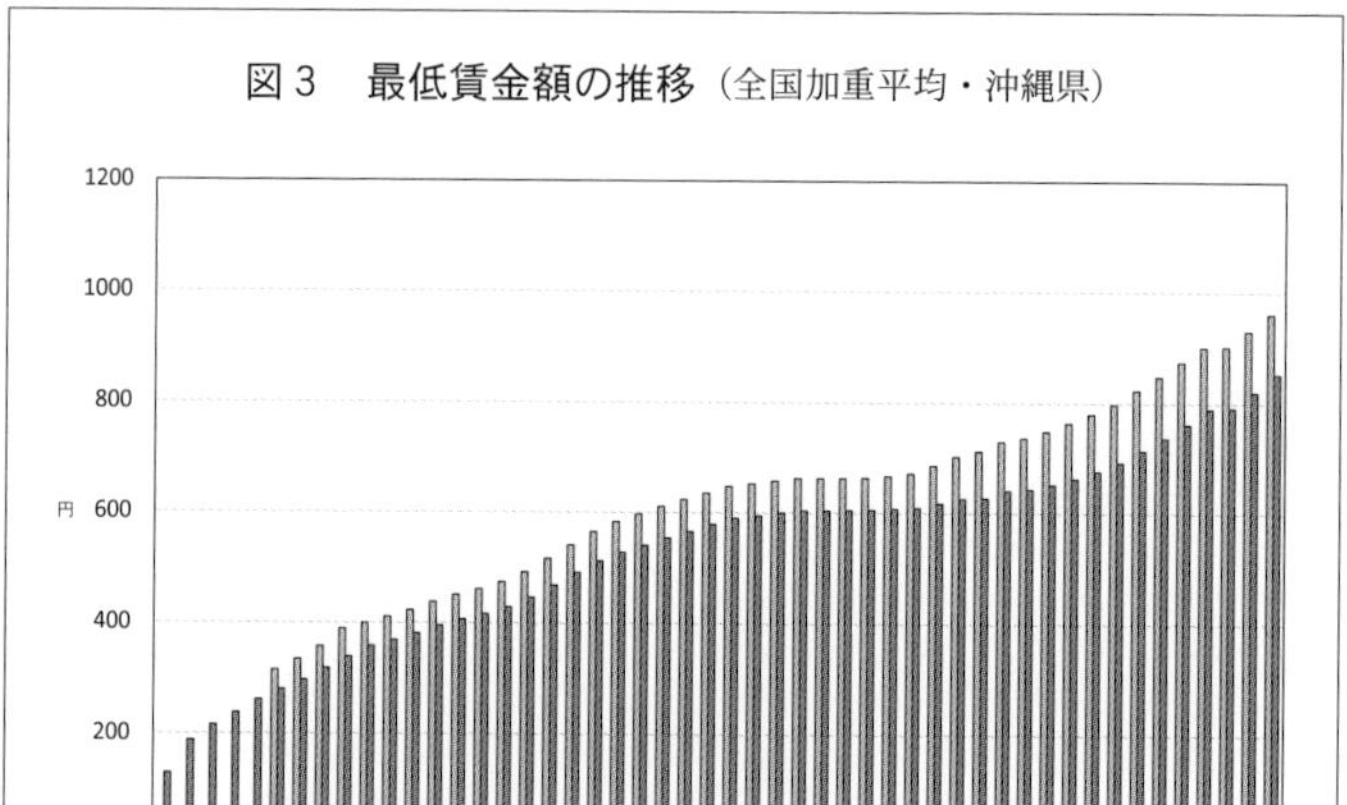

出所：全国加重平均額については「中央最低賃金審議会目安に関する小委員会平成16年度第1回資料」、「平成14年度から令和3年度までの地域別最低賃金改定状況」、沖縄県最低賃金額については沖縄労働局「令和2年度沖縄県の賃金」

2　沖縄県の賃金構造の特徴

「復帰」前の沖縄県の賃金水準は一九六〇年代から続いた経済成長を背景に著しい上昇をみせていたが、その間、産業別の賃金格差が大きいこと、事業所規模別の賃金格差が大きいことが常に課題として指摘されていた（琉球銀行調査部編［一九六六］四頁、［一九七二］七頁）。また「復帰」の時点で沖縄県の賃金は「全国の八割程度であり、格差が存在」することも問題視されていた（沖縄県商工労働部編［一九九四―二〇一七］三巻五五頁）。

その後「復帰」二〇年時点で出版された『沖縄経済概観一九九二年』では、沖縄県の賃金の実態について「（一）本土との賃金格差が大きい、（二）産業間での賃金格差が大きい、（三）事業所間での賃金格差が大きい、（四）賃金水準の低い小規模事業所が多い」ことが特徴として挙げられていた（琉球銀行調査部編［一九九二］一六頁）。

「復帰」五〇年の現在、この特徴はどのように変化しただろうか。先に挙げられた論点に照らせば、現在の沖縄県の賃金水準の特徴として、（一）事業所の規模に関わらず全体として全国平均と比較して低い賃金水準にとどまる、（二）賃金の産業間格差が大きく、その差は拡大傾向にある（三）事業所規模による賃金格差は存在するもののそれ以前より縮小傾向にあり、全国平均と比べて事業所規模による賃金格差が特段大きいわけではない、（四）賃金水準の低い小規模事業所で勤務する人の割合が全国平均に比べて高いという点が挙げられる。

（一）に関しては、「本土並み」という目標を掲げ「復帰」後様々な取り組みがなされてきたものの、先に図1・2で示した通り沖縄県の賃金水準は名目・実質ともに伸び悩んでいる。全国平均に対する沖縄県の名目賃金額の割合は「復帰」二〇年の時点でも「復帰」当初に比べて緩やかに下落していたが、その後さらに下落し、このところは七五％程度という状態が続いている。なぜ沖縄県の賃金水準が全国に比べて低いのか。これに関しては、沖縄県の労働生産性が低いことが給与の低さにつながっているとの指摘が多い（名嘉座［二〇一五］、宮城［二〇一八］、島田［二〇二二］）。また、高付加価値の製造業が少ないことから事業所としての付加価値が低く従業員の給与水準が低水準にとどまるとの指摘（島田［二〇一八］）や、沖縄県の非正規雇用の多さが低賃金につながっているとの指摘（島袋［二〇一九］［二〇二二］）もある。

（二）に関しては、「復帰」二〇年時点では沖縄県の「産業間のばらつきは八九・五ポイントと全国五四・七ポイントを大きく上回り、産業間の賃金格差が目立っている」と指摘されていた（琉球銀行調査部編［一九九二］一五頁）。二〇二一年時点での沖縄県の産業間賃金格差は、表1に示す通りである。最も高い「電気・ガス・熱供給・水道業」と最も低い「宿泊業、飲食サービス業」の差は一六四であり、全国の最高業種と最低業種の差一四二・四を上回る。また、調査産業の分類が異なるため単純に比較はできないものの、産業間格差は「復帰」二〇年時点に比べて拡大傾向にあると考えられる。

表1　産業間の賃金格差（沖縄県・全国）

	調査産業平均	建設業	製造業	電気・ガス・熱供給・水道業	情報通信業	運輸業,郵便業	卸売業,小売業
沖縄県	100.0	125.4	88.1	219.9	120.2	99.8	77.4
全国	100.0	130.3	120.4	179.1	152.5	108.0	90.3

金融業,保険業	不動産業,物品賃貸業	学術研究,専門・技術サービス業	宿泊業,飲食サービス業	生活関連サービス業,娯楽業	教育,学習支援業	医療,福祉	サービス業（他に分類されないもの）
175.6	96.6	140.9	55.9	79.4	122.2	113.0	82.8
149.2	118.7	146.9	36.7	65.0	115.0	92.9	82.7

注：現金給与総額（事業所規模5人以上、2021年）
注：調査産業平均を100として指数化。
出所：厚生労働省「毎月勤労統計調査」

（三）に関しては、「復帰」二〇年時点では、事業所規模三〇人以上の「決まって支給する給与」（毎月勤労統計調査）を一〇〇とすると、五―二九人規模では七二・九（全国平均八八・八）、一―四人規模では五五・五（全国平均六九・七）であり、全国と比べて事業所の規模による賃金の格差が大きいことが指摘されていた（琉球銀行調査部編［一九九二］一六頁）。二〇二一年時点で事業所規模三〇人以上の「決まって支給する給与」を一〇〇とすると、五―二九人規模では九二・八（全国平均九六・五）、一―四人規模では七三・四（全国平均七三・二）であり（毎月勤労統計調査）、事業所規模による賃金格差は、縮まってきてはいるものの、依然として存在する。ただし、全国平均と比較して事業所の規模による賃金格差が沖縄県において極端に大きいという状況ではなくなってきているといえよう。

（四）に関しては、「復帰」二〇年時点で民営三〇人以上規模の常用雇用労働者比率は三〇・四％と低く、事業所規模による賃金格差の問題の影響がより強く出てしまうことが指摘されていた（琉球銀行調査部編［一九九二］一三―一四頁）。「経済センサス（二〇二一年）」によれば、事業所規模三〇人以上に勤める民営常用雇用者の比率は五二・六％（全国平均五九・〇％）、五―二九人規模は四〇・四％（全国平均三五・五％）、一―四人規模は六・九％（全国平均五・五％）であり、沖縄県では小規模事業所に勤める人の割合が全国平均に比べて高い状況は変わっていない。事業所規模による賃金格差は縮まってきているが、相対的に賃金水準の低い小規模事業所に勤務する労働者が多いことを踏まえると、（三）で指摘した事業所規模による賃金格差の問題はいまだ大きいと判断できよう。

以上の通り、「復帰」二〇年の時点で指摘されていた沖縄県の賃金構造における問題点は、「復帰」五〇年が経った現在でもあまり変化していない。さらに、二〇〇〇年代以降、非正規雇用の増加という新たな問題が加わった。

3　非正規雇用の増加とそれが賃金水準に及ぼす影響

沖縄県を含めて日本経済は二〇〇〇年代以降、賃金がほとんど上昇していない。その一方、二〇一〇年ごろから労働市場の需給状態は改善傾向をみせていた（その後新型コロナの影響により再び悪化）。沖縄県に関しては、有効求人倍率は常に全国平均を下回っているものの二〇一〇年から一貫して上昇傾向を示し、二〇一六年には初めて一倍を超えて上昇を続けた（二〇二〇年から再び一倍を切った）。また、失業率も常に全国平均を上回っているものの二〇一〇年から二〇二〇年まで一貫して低下していた（その後、若干上昇した）。労働市場の情勢を示す指標は、二〇一〇年以降（新型コロナによる混乱が生じる前までは）雇用情勢の引き締まり傾向を示していた。通常の労働市場分析によれば、労働市場のひっ迫が続けば賃金は上昇するはずである。しかし、沖縄県・全国ともにこの時期名目賃金はほぼ横ばいを続けた。これはなぜか。玄田編［二〇一七］は、その理由を「需給変動、行動経済学、制度、規制、正規・非正規雇用、能力開発、年齢」の要因に分けて検討している。本節では、玄田［二〇一七］でも多くの論者が言及していた正規・非正規雇用の割合に注目して沖縄県の賃金停滞の問題を検討する。

「就業構造基本調査（二〇一七年）」によれば、沖縄県の非正規雇用の割合は四三・一％で全国一位（全国三八・二％）である。また、特に若年層（一五―三四歳）の割合は四四・四％と非常に高く、全国一位（全国三二・九％）である。ライフスタイルを考慮し自ら望んで非正規雇用を選択する労働者もいるものの、非正規の仕事に就く理由として「正規の職員・従業員の仕事がないから」を挙げた者の割合が沖縄県では一五・〇％であり、全国六位（全国一二・六％）である。先に示した非正規雇用の割合自体の高さも合わせて考えれば、沖縄県では相当数の労働者が正規雇用の職に就きたいと希望しながら、非正規雇用の形態で働いていると考えられる。

そして、図４に示す通り、非正規雇用の賃金水準は正規雇用と比較すると相対的に低い。沖縄県では、非正規雇用者のうち所得が三〇〇万円未満のものが非正規雇用者全体の九五％を占め（全国九一％）、雇用者総数の七〇％が三〇〇万円未満の所得となる（全国五二％）。雇用者総数の七〇％

図4　雇用形態別の所得分布（沖縄県；2017年）

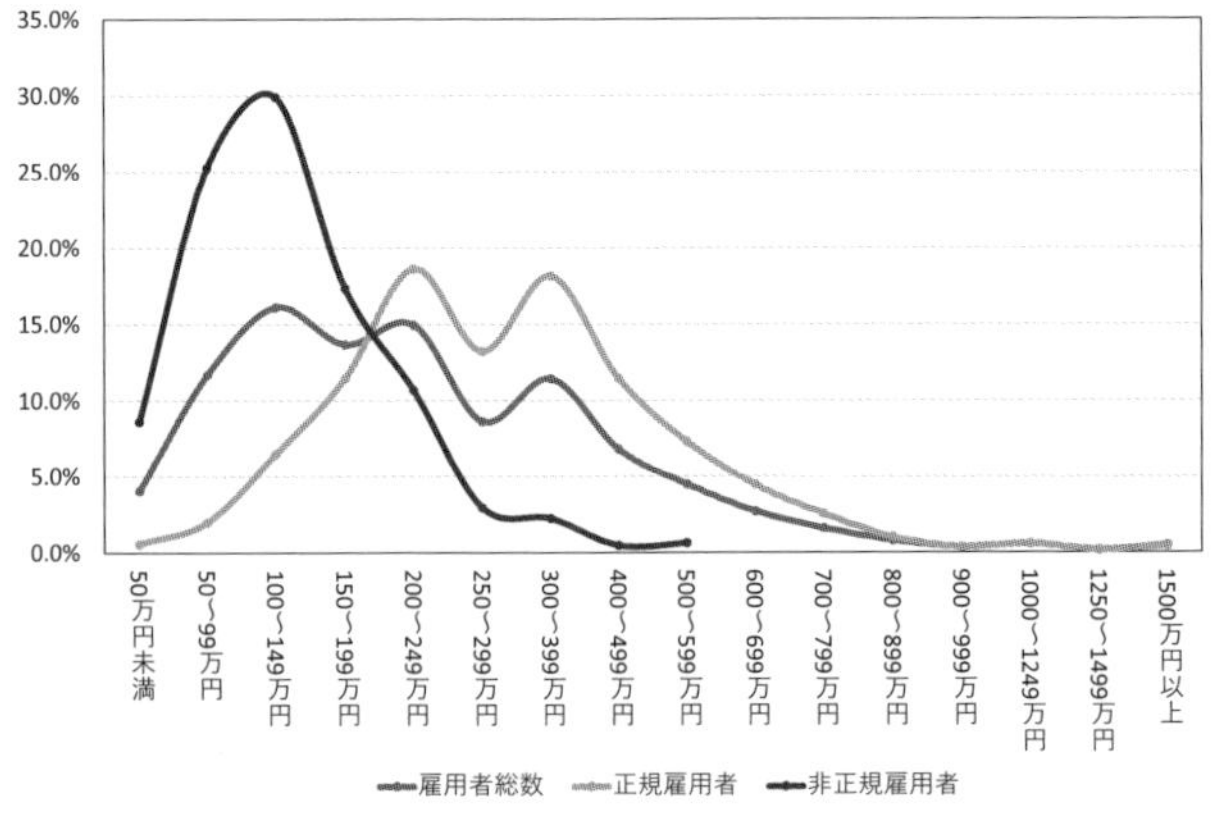

注：従業上の地位別所得（主な仕事からの年間収入・収益、2017年）
注：非正規雇用者について500-599万円は500万円以上
出所：総務省統計局「就業構造基本調査」

が所得三〇〇万円未満である原因は、正規雇用者の賃金が全国に比べて低いことも影響しているが、非正規雇用の所得水準が低いことおよびその割合が全国に比べて高いことも大きく影響しているものと考えられる。二〇〇〇年代以降、沖縄県においても非正規雇用職に就く者の割合は基本的に上昇傾向にあり、賃金水準が相対的に低い非正規雇用の割合が増えれば全体としての賃金率水準にも下押し圧力がかかる。これは日本全体の賃金構造に対して度々指摘されている傾向だが、非正規雇用比率が高い沖縄県では、全国に比べてさらにその影響が強く出ているものと考えられる。この点は「復帰」二〇年の頃には見られなかった沖縄県の賃金構造における新たな特徴といえるであろう。非正規雇用から正規雇用への転職がそれほど容易ではないということを考え合わせると、沖縄県における若年層の非正規雇用比率が全国に比べて非常に高いという特徴は特に今後の沖縄県の賃金構造への影響が大きいものと考えられ、対策が必要とされているといえよう。

三　賃金水準を上昇させるためにはどうしたらいいだろうか

1　マーシャルの高賃金論に注目して

どのようにして賃金上昇を達成していくのかという問題は、当面の間、日本の重要な政策課題であり続けるだろう。二〇〇〇年代以降増大してきた高齢者と女性の労働参加による労働供給増加が落ち着けば、今後賃金が加速度的に上昇を始めるという見通しもあるが（川口・原［二〇一七］）、ここでは労働者の能率上昇と賃金上昇の好循環の可能性についてマーシャルの高賃金論を手がかりに考えたい。(7)

マーシャルは、非熟練労働者を中心とした低賃金が労働者階級に及ぼす悪影響を深く憂慮していた。低賃金労働者は衣食住が不十分な状態で長時間労働を強いられ、心身ともに衰弱する。その状況で自らの能力を高めることは難しい。また、その子どもにも十分な教育を施すことはできず、子どもたちは能力を高められずに早期に就業し、低賃金で長時間働くことになる。つまり低賃金による貧困は世代累積的な悪循環をもたらす。一方、もし労働者の賃金を上昇させることができれば、これを反転させることができる。賃金上昇によって衣食住の質を上げることが可能になれば労働者自身の労働の質が改善し、能率が上昇する。その子どもにも十分な教育を施すようになり、子どもたちは高い能力をもった労働者に成長し、高賃金を得るようになる(Marshall[一九二〇(一九六一)]五六二―五六三頁)。

このように、賃金上昇によって労働者の生活状況を改善し、労働者の肉体的・精神的な力が強化されることをマーシャルは主張した。労働者の能率向上と賃金率上昇の好循環を実現することが経済成長につながると考えていたわけである。

ただしマーシャルは、高賃金を実現しさえすれば労働者の能率が自動的に向上するわけではないという点も指摘した。労働者の能率向上は、人々が賃金の上昇を「生活基準」の上昇に結びつけるか否かにかかっている。たとえ賃金が上昇したとしても、人々が単に欲望を増大させるだけに終わってしまい、人間性が改善されず、生活が悲惨なままでは、高賃金が労働者の能率上昇につながらない。労働者が賃金の上昇を「生活基準」の上昇に結びつけるとは、具体的には、「知性・活力および自尊心の向上を意味し、それにともなって支出のしかたがより注意深く思慮に富んだものとなり、食欲はみたすが体力を増進しはしないような飲食を避け、肉体的にも道徳的にも不健全な生活をしりぞける」(Marshall［一九二〇（一九六一）］六八九頁）ことを意味する。つまりマーシャルは労働者に消費態度の改善を通じた生活習慣の改善、そして人間性の向上を求めているのである。

では、このような高賃金による生活基準の向上、それによる労働者の能率向上を達成するために重要となるのは何か。教育である。マーシャルは、多くの産業で共有財産となる能力および一般的知識・知力を「一般的能力」と呼び、特定業種の特殊工程に必要な経験と肉体上の器用さを「特化された能力」と呼んで区別した。そしてこれらの能力を強化するために重要とされたのが教育であった。これは家庭教育、公的教育、労働組合活動を通じた労働者教育、生産活動を通じた教育などを含む。

2 マーシャルの理想と現実的な問題点

適切な教育によって労働者の能率は向上し、高賃金が実現する。さらに、その高賃金によって生活基準の向上を実現し、さらなる労働者の能率向上につながり経済が成長するという好循環の実現をマーシャルは期待した。賃金上昇を実現させるにあたっての教育の重要性は、現代においても頻繁に指摘がなされるところである。

ところが、マーシャルはまた、労働者への教育（人的投資）には費用回収までに非常に長い期間が必要であるという重要な特質とそれから生じる問題点を指摘していた。教育によって身に付く「能力は労働者自身の保有するところとなるのだから、労働者の手助けをした人々はその行為のもたらす道徳的な満足以外に報酬を受けることは少ない」（Marshall［一九二〇（一九六一）］五六五頁）。だからこそ人々は「将来に対する配慮」「先見性」を身につけ、長期の視点をもつ必要があることをマーシャルは強調しており、家庭教育の重要性(8)および学校教育の充実(9)を訴えていた。

労働者への教育は費用の回収までに長期間を必要とするとの指摘は教育全般に関係するが、特に企業による労働者教育の分野において大きな重要性をもつ。親が子の将来について長期的見通しをもつことで実行されやすくなる家庭教育や教育の外部効果を考慮して行われる公教育と異なり、企業による労働者教育は、企業が投下したその教育費用に見合った収益をきちんと獲得できるという見通しが得られない場合実施されづらいものだからである。

教育費用の回収期間が長期にわたるという問題点については、現代における企業を取り巻く経営環境変化の影響を受けて、マーシャルの時代以上に困難さが増している。梅崎［二〇一七］は、二〇〇〇年代以降日本企業をとりまく経営環境は株主価値増大の観点から短期業績を重視する傾向が強まったことを指摘する。それにより人事評価も短期的視点からなされるようになり、「市場原理に基づく雇用関係」が基本になったが、これが長期雇用による企業内での労働者の技能育成という課題と矛盾をきたすようになったという。「人的投資が長期の効果を持つと思っても、それを企業内で証明できない。そもそも育成しても定着施策に失敗すれば、人的投資は無駄になる。それゆえ、多くの企業が…［人材］育成には消極的になっている」と指摘し、企業内での人材の内部育成（企業内ＯＪＴ）が縮小傾向にあることを説明している（梅崎［二〇一七］九四頁）。また、金融危機以降、研修、セミナー、実習等の職場外で行われる訓練のOff-JTと労働者が自身で行う自己啓発が以前に比べて減少傾向がみられるとの指摘もある（川口・原［二〇一七］一一五―一一七頁）。社会の変化が速くなり、仕事に求められる能力も多様化することを背景に、学校教育以降の労働者教育の重要性は高まっている。一方、それにともなう費用を企業が負担することは益々難しくなっているのが現状なのである。

高賃金は企業にとっても利益になり、それによる一国経済全体の成長の実現を期待していたマーシャルは、「企業間の競争で優位を占め、いちばん進んだ方法を使っていちばんよい仕事をしようとの野心をもつ雇用者にとって、高賃金の労働こそはほんとうは安い労働だということは事実である。彼らはその従業員に高い賃金を支払い、周到な訓練を施す」と述べた。雇用主が従業員に周到な訓練を施すのは、そうしても儲かるからというのが基本だが、マーシャルはさらに「生産の技法で先端に立とうとするにふさわしい性格をもったものは、従業員たちの福祉についてもゆたかな関心をもちやすい」(Marshall［一九二〇(一九六一)］五六五―五六六頁）という理由を付け加えた。

こうした主張の背景には、「経済騎士道」の精神が企業家たちの間に広く行き渡ることに社会的な可能性があるとの見通しがある。マーシャルは、中世の騎士が無私の忠誠心をもったように、企業家が無私の心、すなわち公共的な精神をもつことに対する期待を表明した（Marshall［一九〇七(一九二五)］三三〇頁)。経済騎士道は、直接的に労働者の教育や福祉に向けられた概念ではなく、貧困者の救済を念頭においた概念であるものの、労働者教育も含めた労働環境の整備にあたって企業家が果たすべき役割に敷衍することもできる。マーシャルは『原理』最終版執筆時点で従業員の福祉に関心をもつ企業家は「増加しているもののまだ少ない」と述べていた（Marshall［一九二〇

〔一九六一〕五六六頁）が、企業がより長期的な視野をもって労働者教育を担う傾向が広まることを期待していたと考えることができよう。

企業家が経済騎士道精神をもつことの広まりに関してマーシャルは次のような期待を抱いていた。社会が「富が獲得された経緯を尋ねることなく、ただ富それ自体に経緯を払うことを徐々にやめる」ようになる、すなわち事業活動の結果得られた利益の大きさに関心を払うだけでなく、その過程で労働者をどのように扱ったのかということおよびその社会的影響にも注目するようになれば、「企業家に経済騎士道にのっとった行動を選択させる可能性が高まる」だろう（Marshall〔一九〇七（一九二五）〕三三三―三三四頁）。マーシャルはこのような世論の醸成に、経済学者が貢献することを求めていた。

マーシャルが経済騎士道にのっとった企業家は「増加しているもののまだ少ない」と述べ、その広まりに対する期待を表明してからおよそ一世紀がたった。先に言及した通り、経営をとりまく環境は厳しさを増し、企業にこのような期待をもつことはマーシャルの時代以上に難しくなっている。マーシャルの抱いた理想が実現するまでの間は、公的部門による一般教育および職業教育の充実等に期待することが現実的なのかもしれない。しかし、私たちが企業の人材育成という面にも関心を払い、労働者教育という観点からも私たち自身が暮らしやすい社会を作っていくという視点を捨て去ってはならないだろう。

注

(1) Stabile［二〇〇八］は生活賃金に関する経済思想の歴史を持続可能性、能力、外部性という三つの軸で再構築した。本章の内容は、この三つの軸のうち、特に持続可能性と能力に関連するものである。

(2) ただし、マーシャルの賃金論は、均衡状態における賃金率の決定を説明することに主眼が置かれているわけではない。賃金論における彼の主たる関心は賃金率水準が経済成長にどのような影響をもたらすのかということを検討することにこそある。

(3) 現実にはそもそも労働者が各々の能率に等しい賃金を受け取れない場合もある。これは労働者の交渉上の地位が雇用主に対して相対的に低いことに起因する。マーシャルが「肉体的、知性的、道徳的によい賃金をえられるような一日の仕事を行うことができないような取り残された人々」に対する救済策としての最低賃金制度を概ね支持した（Marshall［一九二〇(一九六一)］七一四頁）ように、この種の低賃金への対策として最低賃金制度を適用することは、基本的に肯定的な評価がなされてきた。

(4) ピグーは生活賃金を「ある者が平均的な家族を扶養しなければならず、また疾病についても平均的なめぐりあわせを受けるとして、あるよい生活を送るに十分な所得を得ることができるだけの賃金」と仮定すると、たとえそれを達成したとしても、「平均」でない者にとってはそれは「生活所得」の確保を意味しないと指摘し、生活賃金という概念そのものの曖昧さを鋭く批判している（Pigou［一九三二］五九九頁）。

(5)「復帰」前の沖縄県の最低賃金制度に関しては砂川［一九八二］に詳しい。

(6) 一節において、最低賃金率を定めて労働市場に政府が人為的介入を行うことの是非についての経済思想家の議論を紹介した。最低賃金率の設定やその引き上げが雇用状況に及ぼす影響については、実証面からも研究が進められているものの、雇用状況へ影響を及ぼす要因は賃金だけには限られないため因果関係の特定は困難である。最低賃金引き上げが沖縄県の雇用にもたらす影響を分析した野崎［二〇一五］は、最低賃金上昇が最低水準以下の雇用を削減する一方、新しく設定された最低賃金の近傍に「スパイク」とよばれる雇用増大がみられるものの、一方で雇用が減少することも指摘している。

(7) マーシャルの高賃金論については西岡・近藤［二〇〇二］第四章に詳しい。また、経済思想の歴史において高賃金が労働者の能率上昇に寄与し、結果として経済成長につながるという議論を展開した人物は多く存在し、アダム・スミスもその一人である。スミスの高賃金論については新村［二〇一二］に詳しい。

(8) 労働者が身に着けるべき能力のうち一般的能力は青少年期の環境に左右されるところが大きく、その基本は家庭教育にあるとマーシャルは繰り返し述べていた。

(9) 高度な学校教育によって労働者階級の潜在的能力と才能を伸ばすことは経済成長に不可欠である。マーシャルは、学校での普通教育では、技術教育より一般教育を重視すべきであると主張した。学校で知識を習得することの重要性は、「習得した知識そのもののうちにあるよりむしろ将来一層の習得を可能にしていく点にある」。重要なのは知識を得る過程をとおした自己教育であるというのがマーシャルの一貫した主張であった（Marshall［一九二〇（一九六一）］二〇八—二〇九頁）。

参考文献

Marx, K. [1867] *Das Kapital: Kritik der politischen Ökonomie*. Buch I.（今村仁司他訳『資本論 第一巻 上・下』、筑摩書房、二〇〇五年）

Marshall, A. [1887(1925)] "A Fair Rate of Wages," reprinted in Pigou [1925] : 212-226.

——— [1920(1961)] *Principles of Economics*, 8th ed., reprinted in Principles of Economics, 9th(variorum) ed., London: Macmillan (1st ed. 1890).（馬場啓之助訳『経済学原理（Ⅰ～Ⅳ）』東洋経済新報社、一九六五～一九六七年）。

——— [1907(1925)] "Social Possibilities of Economic Chivalry," reprinted in Pigou [1925] : 323-346.

Pigou, A. C. [1925] *Memorials of Alfred Marshall*, London: Macmillan.（永澤越郎訳『経済論文集』岩波ブックサービスセンター、一九九一年）。

——— [1932] *The Economics of Welfare*. 4th ed., London: Macmillan.（気賀健三・千種義人訳『ピグウ厚生経済学（Ⅰ～Ⅳ）』東洋経済新報社、一九五三～一九五五年）。

Smith, A. [1784 (1976)] *An Inquiry into the Nature and Causes of the Wealth of Nations* (1st ed. 1776) , the Glasgow edition of the Works and Correspondence of Adam Smith, Vol.1, Oxford: Clarendon Press.（水田洋監訳、杉山忠平訳『国富論（Ⅰ～Ⅳ）』岩波文庫、二〇〇〇—二〇〇一年）。

Stabile, D. R. [2008] *The Living Wage: Lessons from the History of Economic*, Cheltenham:

Edward Elgar.

Webb, S. & B. [1920] *Industrial Democracy*, London: Longmans, Green(1st ed. 1897).（高田岩三郎監『産業民主制論』法政大学出版局、一九二七年）。

梅崎修［二〇一七］「人材育成力の低下による『分厚い中間層』の崩壊」、玄田編［二〇一七］所収：八五―九九。

沖縄県商工労働部編［一九九四―二〇一七］『沖縄県労働史　第一巻〜第七巻』沖縄県。

川口大司・原ひろみ［二〇一七］「人手不足と賃金停滞の併存は経済理論で説明できる」、玄田編［二〇一七］所収：一〇一―一一九。

玄田有史編［二〇一七］『人手不足なのになぜ賃金が上がらないのか』慶應義塾大学出版会。

佐々木隆治［二〇一二］『私たちはなぜ働くのか　マルクスと考える資本と労働の経済学』旬報社。

島袋隆志［二〇一九］「沖縄における貧困問題とその要因」『賃金と社会保障』一七四二：一一―一七。

――［二〇二二］『好況』は何かをもたらしたのか？非正規雇用の偏重と変わらぬ低賃金構造」『けーし風』新沖縄フォーラム』一〇七：二九―三二。

島田尚徳［二〇一八］「沖縄県内の雇用環境の現状と課題：政策立案に向けた一考察」『地域研究』（沖縄大学地域研究所）：三九―六一。

――［二〇二二］「沖縄振興計画と本土「復帰」五〇年の労働環境の変化と特質」『季刊労働法』二七七：七七―九〇。

砂川恵勝［一九八二］「沖縄の最低賃金」、たいらこうじ監修［一九九〇］所収：二一五―二三〇。

たいらこうじ監修［一九九〇］『リーディングズ労働市場論：沖縄を中心に』沖縄労働経済研究所。

名嘉座元一［二〇一五］「労働生産性から見た沖縄県産業の特性分析」『沖縄国際大学経済論集』（沖縄国際大学経済学部）九（一）：四三―六二。

新村聡［二〇一二］「労働と賃金：アダム・スミスの分業論と高賃金論」『古典から読み解く経済思想史』（二〇一二年、ミネルヴァ書房）所収：一九九―二一九。

野崎四郎［二〇一五］「最低賃金のもたらす地域経済への影響」『沖縄国際大学経済論集』九：七―三〇。

西岡幹雄・近藤真司［二〇〇二］『ヴィクトリア時代の経済像―企業家・労働・人間開発そして大学・教育拡充―』萌書房。

宮城和宏［二〇一八］「沖縄経済の成長、生産性と「制度」に関する一考察」『地域産業論叢』（沖縄国際大学大学院地域産業研究科）一四：一―三一。

琉球銀行調査部編［一九六六］『沖縄経済概観一九六六年』琉球銀行調査部。

琉球銀行調査部編［一九七一］『沖縄経済概観一九七一年』琉球銀行調査部。

琉球銀行調査部編［一九九二］『沖縄経済概観一九九二年』琉球銀行調査部。

歴史を学ぶこと・問うこと

―琉球・沖縄史の展望―

小濱　武

小濱　武・こはま　たける
【所属】経済学部経済学科　講師
【主要学歴】東京大学大学院農学生命科学研究科博士課程修了
【所属学会】日本農業史学会、沖縄経済学会
【主要著書・論文等】
著書（単著）：
・『琉球政府の食糧米政策　沖縄の自立性と食糧安全保障』東京大学出版会、二〇一九年。
著書（共著）：
・沖縄県教育庁文化財課史料編集班編『沖縄県史　各論編　第七巻　現代』沖縄県教育委員会、二〇二二年（担当：第三部第五章「サトウキビ・ブームと農村の変容」）。
・平良好利・高江洲昌哉編『戦後沖縄の政治と社会』吉田書店、二〇二二年（担当：第二章「沖縄と外資―外資政策の展開と拒絶の論理」）。　他
論文：
・「琉球政府の米価政策―一九六〇年代後半における課徴金の決定構造に着目して―」『経済史研究』第二〇号、二〇一七年。
・「アメリカ統治期沖縄の米穀政策―一九六〇年代前半を中心に―」『農業史研究』第四七号、二〇一三年。
教科書等：
・沖縄国際大学経済学科編『沖縄経済入門』編集工房東洋企画、二〇二〇年（担当：第三章「沖縄の高度成長」）。　他

※役職肩書等は講座開催当時

はじめに

沖縄が日本に「復帰」して、五〇年が経った。県内では、琉球・沖縄史への関心がかってなく高まっているようにみえる。書店に入れば、琉球・沖縄史の入門書をいくつも確認することができる。(1)専門書でも、『沖縄県史　現代編』をはじめとして、多くの成果が棚に並ぶ。(2)

学校教育においても、沖縄県内の小中高校の多くでは、琉球・沖縄の歴史や文化について学ぶ授業（以下、琉球・沖縄史学習という。）を実施している。(3)とくに高校では、全体の四割を超える二九校で、琉球・沖縄史に関する学校設定科目を設置し、まとまった学習時間を確保している。(4)さらに、大学入試においても、本学（沖縄国際大学）では、「日本史」や「世界史」と並ぶ選択科目の一つとして「琉球・沖縄史」（以下、入試科目としての琉球・沖縄史をカッコつきの「琉球・沖縄史」で表す。）を導入している。(5)

こうした琉球・沖縄史への関心の背景として、辺野古への新基地建設の強行に象徴される、沖縄のおかれた政治状況を思い浮かべるのは難しいことではない。在日朝鮮人の歴史を研究する外村大は、アイデンティティーの確立と関わって歴史がまとめられるという側面について、以下のように指摘する。

自己が何者かを考えるのは、他者を意識する時である。「私たちの歴史」も、他者を意識

する時にまとめられる。強大な帝国に脅かされたり、その危険を感じたりしていた集団において、それは顕著である。(6)

辺野古への新基地建設問題に見られるような、沖縄に問題群（いわゆる「沖縄問題」）を押し付ける構造が過酷になるほど、琉球・沖縄史の重要性は一層増すばかりである。そしてこれは、琉球・沖縄史が日本史の一部（地方史）として位置付けられるべきでない理由の一つにもなる。日本史の枠組みのなかで琉球・沖縄の歴史が語られるとき、それはもはや沖縄にとっての「私たちの歴史」とはならない。琉球・沖縄史の営みは、沖縄の人びとがアイデンティティーを巡る葛藤の足跡である。そうした性格を消し去ることなど、すべきではないし、できもしないだろう。

琉球・沖縄史が日本史の一部として位置づけられるべきでない理由は、もう一つある。沖縄の人びとが大切にする歴史であっても、日本史のなかでは組み入れられにくいものがある。沖縄の人びとへの抑圧、差別の歴史などについては、日本（本土）が、それに触れられることを忌避する、あるいはその事実を否認するといったこともある。その場合、日本史のなかで、それらの事実が語られることはなくなってしまう。(7)沖縄の人びとは、そうした悲劇を幾度も経験してきた。

二〇〇〇年に開館した平和祈念資料館では、展示内容の改変が問題となった。企画段階では、泣いた幼児の口封じを強要して沖縄住民に銃を構えて立つ日本兵の模型が設置されるはずだったが、沖縄県当局の容喙によって、銃を取り外した人形の制作が発注された。(8)二〇〇七年には、沖縄戦での強制集団死（集団自決）に日本軍が関与していたという教科書の記述を削除させる動きがあり、沖縄県内で激しい抗議運動が起こった。(9) 二〇一三年のいわゆる「主権回復の日」式典の閣議決定（第二次安倍内閣）は、サンフランシスコ講和条約が何をもたらしたのかについての、日本史と琉球・沖縄史の間のあまりに深い溝を露わにした。(10)

歴史を学ぶとは、年表を覚えることではない。現在を生きる「私たち」が、過去に「問い」を投げかけ、対話を重ねることをとおして、現在を歴史のなかに位置づけ、未来を展望する、そうした営みである。

近・現代の琉球・沖縄史を研究した屋嘉比収は、琉球・沖縄史研究と現在との緊張関係を、以下のように表現した。

> 沖縄では、「戦後への問い」は過去に対する問いではなく、「沖縄の現在」に対する問いと直結している。沖縄では、「戦後」を問うことは「現在」を問うことであり、「沖縄の現在」を問うことは、「沖縄の戦後」を問うことを含意している。そのことは、戦後六十年を経ても今なお巨大なアメリカ軍基地が沖縄本島の中央部に存在し、更に日米両政府によって新たなアメリカ軍基地の建設計画が強行されようとしている今日の沖縄をめぐる政治状況が如実に示している。(11)

琉球・沖縄史を学ぶとは、「沖縄の現在」に向き合うことでもある。そこには、どのような希望や課題があるのだろうか。以下では、近年における最も挑戦的な実践の一つである、本学における「琉球・沖縄史」導入という事例を起点として、考えていきたい。[12]

一 「琉球・沖縄史」導入が問いかけるもの

本学経済学部では、二〇二一年度一般選抜試験から、「琉球・沖縄史」を選択科目として導入した。それまでも、本学を含む県内大学の入学試験において、歴史科目（例えば「日本史」）の一部で琉球・沖縄の歴史や文化に関する出題がなされることはあったものの、単独の一つの科目として設置されたことはなかった。本件に関して、地元紙『琉球新報』では、次のような社説が掲載された。[13]

教育界にとどまらず、沖縄全体にとって画期的だ。これまでは大学の専門科目などを受講しない限り、小中高校を含めて琉球・沖縄史を学ぶ機会は少なかった。これを機に、他の大学による同様の取り組みや、中学・高校の入試、教員採用試験、公務員・民間企業の採用試験にも出題が増えることを期待したい。

現在の沖縄に至る琉球・沖縄史を学ぶ機会が、児童・生徒・学生らの間で広がることには重要な意味がある。自身が生まれ育ったり住んだりしている沖縄の歴史を深く知れば、「自分は何者か」を学び、自己認識を深めることができるからだ。
・・・(中略)・・・
これらの沖縄の歩みに通底しているのは、抑圧と差別の歴史だ。琉球・沖縄史を学ぶ意義は知識を身に付けるだけにとどまらない。沖縄の現状を深く理解することにもつながる。沖縄の現在と重なる痕跡を発見できるからだ。
・・・(中略)・・・
このような機会は、しまくとぅばとともに、沖縄のアイデンティティーや自己決定権の確立に重要な要素となる。日本復帰後、県の基本構想などで長らく「沖縄の自立」が目指されてきたが、歴史を知らずに真の自立はあり得ない。沖縄の人々が自らの歴史を知り、共有することは分断を乗り越える礎にもなる。(14)

ここには、本学「琉球・沖縄史」導入をきっかけとして小中高校などで琉球・沖縄史学習が広がることへの期待が寄せられている。そしてその先にあるのは、歴史を知ることが「分断を乗り越える礎」になるという未来である。沖縄の人びとの願いが切り裂かれていく様相を見つめてきた地元紙の思いに、胸が熱くなる。しかし、ここで重要視したい点は、「抑圧と差別の歴史」を、歴史的視点から沖縄の現状を理解しようとする際のカギとして挙げている点である。

「抑圧と差別の歴史」を否定するわけではない。「琉球処分」以降の民族統一過程や、沖縄戦における日本軍による住民迫害や強制集団死、戦後アメリカ統治下での人権の蹂躙や生存の危機、近年のオスプレイ配備や辺野古への新基地建設の強行など、その事例には事欠かない。むしろ「抑圧と差別の歴史」は、沖縄の現状を理解するだけでなく、被抑圧地域や被抑圧民族との連帯という点で沖縄と世界の紐帯になる可能性すら見出だせるはずである。[15]

そうではなく、考えてみたいのは、「抑圧と差別の歴史」は、琉球・沖縄史学習で学ばれる歴史あるいは「琉球・沖縄史」で問われる歴史とどのような関係を結ぶのかという点である。言い換えれば、どのような歴史が学校教育で学ばれるべきか、どのような歴史が大学入試で問われるべきかという、ラディカルな問いである。このような問いを発するのは、「琉球・沖縄史」が琉球・沖縄史学習を変質させる側面があるのではないかと思われるからである。[16]

琉球・沖縄史学習は、文部科学省の学習指導要領で定められた科目ではないため、学習内容についての何らかの指針があるわけではなく、検定教科書もない。[17] その利点の一つとして、例えば、何をどう学ぶのかについての担当教師の裁量が大きいため、生徒の主体性を重視した授業づくりが可能になることが挙げられる。琉球・沖縄史学習は、史跡巡りをとおした地域の再発見や、戦争体験者の語りを聞きながら沖縄戦の経験を継承する試みなどを含む、豊かな学びの起点となるポテンシャルを秘めている。

しかしその学びの自由度の高さは、大学入試の場で琉球・沖縄史が問われるときには、枷となってしまうようにもみえる。琉球・沖縄史学習で学ばれる歴史は、高校によって、あるいは担当教師によって大きく違っている可能性がある。そうであるならば、「琉球・沖縄史」は何を問いうるのだろうか。さらに、二〇二二年の「歴史総合」の導入によって、歴史科目の試験では、年号や人名・用語などを暗記する力を問うのではなく、史資料を読み取り解釈する力を求める傾向がいっそう強くなっている。[18] そこでは、なにをもってある歴史的事実の解釈が正解とされるのかという、正統性の調達ともいうべき問題が問われてくる。

もっとも、正統性の調達という問題については、「琉球・沖縄史」のみならず、「日本史」や「世界史」でも同様であるはずである。日本（本土）の「日本史」等で正統性の調達という問題が顕在化していないのは、教科書の歴史叙述への信頼が大きいと思われる。歴史像は多様であるが、そのなかで、多くの歴史像で共有される史実や解釈もある。そうしたものが定説となり、定説をもとに教科書が作成される。[19] そのようなプロセスへの信頼である。膨大な数の研究成果が毎年発表されるなかで定説は描き直されていく。そうした知見を反映させながら歴史叙述をおこなうためにも、教科書の作成過程では、多くの歴史研究者の参加が望ましいだろう。例えば、山川出版社による日本史探求の教科書『詳説日本史』（令和三年度教科書検定合格）は、四名の編集者の下、二〇名の執筆者によって作成されている。[20]

他方で、琉球・沖縄史においては、新城俊昭『新訂ジュニア版　琉球・沖縄史』が「教科書」として広く利用されているが、同書はあくまで新城による単著の成果である。「琉球・沖縄史」における「問い」の前提とすることは難しいだろう。そもそも、琉球・沖縄史研究は、沖縄戦による史資料の喪失や、研究者の少なさなどもあり、重要であることが認められつつも史実が十分に究明されていない領域や、定説を議論できるほど研究蓄積が深まっていない領域などが多く残されている。『沖縄県史』はあるが、分量も多く、琉球・沖縄史学習に活用されるためには、現状、担当教師の並々ならぬ熱意が必要とされる。かかる状況で、「琉球・沖縄史」で問われる歴史と、琉球・沖縄史学習で学ばれる歴史は、どのように対話することができるのだろうか。この点についての検討を欠けば、「琉球・沖縄史」で問われた歴史が正当性を獲得するような倒立した事態を招く可能性すらあるように思われる。

二　琉球・沖縄史研究と課題

ここでは、歴史研究の視点から、琉球・沖縄史についてみる。近世琉球史などを研究する渡辺美季は、歴史学の核となる最も重要な営みとして、「自らの歴史像を提示する（＝生産する）こと」を挙げ、そのために必要となる作業について、以下のように整理している。(21)

作業①過去への「問い」

自らの何らかの関心にもとづいて、過去に対する問いを立てる。

↓

作業②事実の認識
関連する資料を通じて、過去の諸事実を認識（特定・確認）する。
←作業③事実の解釈
その諸事実を組み合わせ、その時代における意味を考える（解釈する）ことによって、歴史の部分像を描く。
←・・・作業②・③を繰り返す・・・
←作業④歴史像の提示
歴史の部分像をつなげ、最初の問いに答えるような、より全体的な歴史像を描き、オリジナルな成果として論文・書籍などの形で発信する。

多くの研究者がこうした営みを繰り返すことによって、多様な歴史像が描き出される（あるいは既存の歴史像に修正や補足がなされる）。ある歴史像が変化したり、矛盾し合うような歴史像が同時に複数存在したりしても構わない。多くの歴史像で共有される史実や解釈が定説となるが、定説も歴史像や事実認識・解釈の更新に連動して、変化する。

琉球・沖縄史研究のなかでも、琉球政府をめぐる研究史から、この点について具体的に説明しよう。戦後アメリカの統治下の沖縄では、二つの「政府」が存在した。アメリカの沖縄統治機関である琉球列島米国民政府（United States Civil Administration of the Ryukyu Islands: USCAR、一九五〇～一九七二年）と、USCARの下部組織として、かつ住民自治政府として設立された琉球政府（一九五二～一九七二年）である。まずは、『新訂ジュニア版 琉球・沖縄史』から、琉球政府の性格についての記述をみてみよう。

琉球政府の機構は、米国の三権分立制をモデルに、立法（立法院）・行政（行政主席）・司法（裁判所）の三権をそなえた沖縄における全権機関として位置付けられましたが、その上には琉球列島米国民政府が、敢然と立ちはだかっていました。[22]

この記述を読む限り、琉球政府は、形式上は三権を備えていたものの、実質的には米国民政府の支配下に置かれていたようである。実際に、琉球政府は、「琉球列島米国民政府の布告、布令及び指令に従う」ことが定められていたし、米国民政府の長である民政長官ないし高等弁務官は、琉球政府の三権に対する拒否権を有していた。また、財政基盤が弱かった上に、統治者アメリカの方針により、均衡財政主義がとられていたため、独自の政策を執行するには、財源をめぐる葛藤を避けることはできなかったともいわれている。

しかしながら、琉球政府は米国民政府の言いなりだったのかという点については、近年、必ずしもそうとはいえないのではないかという研究成果も出されている。琉球政府の実施する政策に対して、米国民政府が反対したとしても、琉球政府はそれを押し切ることもあった。[23] 逆に、米国民政府の反対によって政策が実現しなかったこともあれば、両政府の調整の結果、政策は実現したものの当初のものとは性質が変わってしまうようなこともあった。[24] 今日の研究水準からみれば、琉球政府の性格についての記述としては、「米軍基地の維持活用に関するようなものは、アメリカの利害が最大限優先されたが、そうでない領域では、琉球政府はある程度自律的に政策を形成・執行できた」という程度が妥当なように思われる。

琉球政府研究は、沖縄の自治をめぐる社会の関心のなかから生まれてきた側面がある。一九九五年の少女暴行事件や、その後今日まで続く普天間基地の移設問題を背景として、沖縄の自治のありようをめぐる問いがアカデミズムのなかでも活発化した。さらに、一九九五年に沖縄県公文書館が設置されたことにより、琉球政府の行政資料を利用しやすくなった。その後沖縄県公文書館が国立国会図書館と共同でアメリカの沖縄統治文書（通称USCAR文書）を収集し、県内で公開するようになると、アメリカ統治期の琉球政府の活動について実証的な分析はさらに容易になった。先の成果は、こうした背景の中で生まれてきた。琉球・沖縄史研究においては、現在に対する問いと直結する形で、歴史への問いが発せられている。そうした営為の上に、琉球・沖縄史研究の成果が積み重ねられている。

三　歴史修正主義

歴史は、特定の政治的主張を正当化するために利用されることがある。ときには、「歴史修正主義」と呼ばれる、「歴史的事実の全面的な否定を試みたり、意図的に矮小化したり、一側面のみを誇張したり、何らかの意図で歴史を書き換えようとする」試みをともなう。[25] 琉球・沖縄史もそうした動きと無縁ではない。沖縄近現代史を研究する秋山道宏は、「沖縄イニシアティブ論」と「琉球独立論」の歴史認識について、以下のように述べている。

結論を先取りするならば、両者は、左右の側からの歴史修正主義的な動きであり、それぞれに特有の主体（性）の立ち上げの裏で、国家との緊張関係を否認する論理構造をもっている。それらは、琉球（沖縄）における歴史について、「忘却」（沖縄イニシアティブ論）ないし、その一面を強調し「純化」することで（琉球独立論）、そこに含まれた豊かで、時には痛みを伴うような多様な意味合いを消去している。[26]

史実を認識し、解釈をおこない、歴史像を描き出す営みにおいて、歴史家は、自らの求める歴史像にとって都合の良い史実だけを選び出していないのか、自らを厳しく律する必要がある。フランス経済史などを研究する小田中直樹は、歴史家と歴史小説家の違いを、解釈の正しさではなく、「根拠を求めつづけるか否か、根拠が存在するという意味で「正しい」解釈を、それも「より正しい」解釈を求めつづけるか否か、という姿勢」に見出した。(27) そうした姿勢で歴史に挑みつづけることでしか、「豊かで、時には痛みを伴うような多様な意味合い」に到達することはできない。

ここでは、「琉球民族独立総合研究学会」の設立趣意書と、惠隆之介『沖縄を豊かにしたのはアメリカという真実』のそれぞれにおける歴史記述を並べておく。前者は「琉球」が「差別、搾取、支配」されてきたことを訴える一方、後者はアメリカの統治下における沖縄社会の発展を強調する。主張は全くの逆であるが、どちらも琉球・沖縄史の一側面を誇張して描き出したに過ぎないという点では変わらない。

他方で、一六〇九年の薩摩侵攻に端を発し、一八七九年の明治政府による琉球併合以降、現在にいたるまで琉球は、日本、そして米国の植民地となっている。琉球民族は、国家なき民族(stateless nation)、マイノリティ民族(minority nation)となり、日米両政府、そしてマジョリティのネイションによる差別、搾取、支配の対象となってきた。このことは、例えば一九四五年に琉球の地を日本が太平洋戦争の地上戦の場(=捨て石)としたことや、一九五二年に自らの主権回復のために琉球を質草にしたこと、米国軍政府による戦後二七年間に及ぶ抑圧的支配、そして、一九七二年のいわゆる日本「復帰」(=日米の密約を伴う琉球再併合)後も日米が「日本国土」の〇・六%の琉球に米軍基地の七四%を押し付け続けていることなどからも明らかである。さらに、現在進行形の出来事として、一九九七年、米軍用地特別措置法改定により琉球の土地を強奪し、そして、全四二議会の反対決議、知事や全市町村長、琉球民族一人一人による反対にもかかわらず、二〇一二年、日米によりMV22オスプレイが琉球に強行配備された。これもまた明らかな琉球差別であり、植民地支配である（以上、「琉球民族独立総合研究学会」設立趣意書）。[28]

戦前、沖縄は感染症のデパートで、種々の感染症が流行り、大衆は頑迷固陋で排他的性格が強く、我が国政府は沖縄振興に頭を抱えていた。とりわけ琉球王国時代約三〇〇年間にわたって実施された「地割り制」（原始共産主義体制）こそは民衆の自立心を戦後まで悉く沮喪させていたのである。

・・・（中略）・・・

沖縄の支配権を掌握した米国は沖縄に食糧援助を含む種々の支援を実施するとともに、沖縄女性の社会進出を促進した。女性参政権も日本本土より半年早く付与していたのである。いずれも沖縄女性のポテンシャルに瞠目してのことであった。

次に大学、看護学校、海外留学制度を作り、女性の社会進出をバックアップしながら、スーパーナースの育成に専心した。その結果、公衆衛生看護システムが確立し、昭和三〇年代には域内の各離島僻地に公看が駐在し、住民の啓蒙と衛生思想普及に努めたのである。これは感染症の撲滅に絶大な効果を発揮した（以上、恵隆之介『沖縄を豊かにしたのはアメリカという真実』）[29]。

琉球・沖縄史についての歴史像の中には、歴史研究者から見ると、論証過程（実証手続）に難があるようなものも少なくない。さらに、そうした難のある歴史像と、真摯な歴史研究の成果として生み出された歴史像が、実際には混在していることもままある。それらを分別する作業は至難でもあるが、琉球・沖縄史の豊かな学びのために欠かす事はできない。

結びにかえて

本学で「琉球・沖縄史」を導入するにあたって、本学経済学部「琉球・沖縄史」出題準備委員会は、その趣旨について、次のように述べている[30]。

○沖縄県は日本本土とは異なる独自の歴史、文化、地理的・自然的環境、言語を有しており、それを既存の枠組み（日本史等）の中で学習するには限界がある。

○今日、経済のグローバル化が進む中で、グローバルに物事を考える視点だけでなく、その視点を生かして地域経済や社会に貢献できる人材（グローカル人材）が求められている（Think globally, act locally.）。

○沖縄の未来を担う人材あるいは沖縄発・世界に貢献できるグローカル人材を育成するには、グローバルな視点だけでは不十分であり、沖縄の若者が自らの足元の歴史・文化等を理解することが不可欠である。幸い、現在、県内二九の高校において「琉球・沖縄史」が学校設定科目として採用されている。沖縄国際大学経済学部はこれらの高校と連携してその取り組みをバックアップし、「琉球・沖縄史」学習のための環境整備を行っていきたいと考えている。

○以上の観点から、沖縄国際大学経済学部では二〇二一年度入学選抜の一般選抜・選択科目に「琉球・沖縄史」を新たに導入することとする。

ここで述べられているように、そしてこれまでみてきたように、琉球・沖縄史への期待は大きいが、一方でそれをより豊かに学び、問うために、解決すべき課題は少なくない。本学には、地域における大学として、その解決に努める責務がある。

琉球・沖縄史を学ぶこと・問うことは、現在を学ぶこと・問うことである。

注

(1) 県内書店による選書企画「この沖縄本がスゴい!」では、第三回(二〇二一年)、第四回(二〇二二年)ともに、琉球・沖縄史に関連する書籍が受賞した。第三回は、新城和博『ぼくの沖縄〈復帰後〉史プラス』(増補改訂版)ボーダーインク、二〇一八年が、第四回は、沖縄文化社編『よくわかる琉球・沖縄史』(第三版)沖縄文化社、二〇二二年(初版二〇一六年)であった。また、琉球・沖縄史の入門書も多く出版されており、近年の代表的なものを挙げれば、次のとおりである。櫻澤誠『沖縄現代史　米国統治、本土復帰から「オール沖縄」まで』中公新書、二〇一五年。来間泰男『琉球王国の成立と展開』日本経済評論社、二〇二一年、及び来間泰男『琉球近世の社会のかたち：よくわかる沖縄の歴史』日本経済評論社、二〇二二年。前田勇樹・古波藏契・秋山道宏編著『つながる沖縄近現代史：沖縄のいまをかんがえるための十五章と二十のコラム』ボーダーインク、二〇二一年。上里隆史『マンガ　沖縄・琉球の歴史　新装版』河出書房新社、二〇二二年。

(2) 二〇二〇年以降に出版された、琉球・沖縄史の研究書の一部を以下に紹介しておこう。小林武『沖縄憲法史考』日本評論社、二〇二〇年。野添文彬『沖縄米軍基地全史』(歴史文化ライブラリー五〇一)吉川弘文館、二〇二〇年。我部政男『日本近代史のなかの沖縄』不二出版、二〇二一年。謝花直美『戦後沖縄と復興の「異音」米軍占領下　復興を求めた人々の生存と希望』有志舎、二〇二一年。櫻澤誠『沖縄観光産業の近現代史』人文書院、二〇二一年。平良好利・高江洲昌哉編『戦後沖縄の政治と社会　「保守」と「革新」の歴史的位相』吉田書店、二〇二二年。土井智義『米国の沖縄統治と「外国人」管理　強制送還の系譜』法政大学出版局、二〇二二年。洪玧伸『新装改訂版　沖縄戦場の記憶と「慰安所」』インパクト出版会、二〇二二年。

(3) 小中学校での琉球沖縄史学習については、高校のそれ以上に、時間数の確保が課題となっている。県小中学校歴史教育研究会によるアンケート調査では、社会科の授業で沖縄の歴史に関する授業を実施した時間が年間で「一〜四時間」にとどまった学校が五八%(一一六校)で、「〇時間」も九・五%(一九校)であった。特別授業のような扱いが多く、体系的に沖縄の歴史を学ぶことができていないとの分析結果が示されている。また、「教師の勉強不足・学ぶ機会の不足」「教材不足」を課題とする声も多く上がったという(以上、「沖縄の歴史、年間にどのくらい教えてる?県内小中学校「一〜五時間」五八%「ゼロ」九% 歴史教育研が初調査」『琉球新報』二〇二二年一〇月二九日)。

(4) 高校では、学習指導要領で定められるもののほかに、必要に応じて学校設定科目を設置することができる。なお、県内における琉球・沖縄史学習に関する学校設定科目の導入状況については、沖縄国際大学の二〇一九年五月三一日の入試説明会で配布された資料による。この数値をもとに、県内高校六八校に占める割合を求めれば、四二・六%となる。「二〇二一年度入学者選抜 沖縄国際大学経済学部経済学科・地域環境政策学科 一般選抜・選択科目「琉球・沖縄史」導入に向けて」二〇一九年五月三一日(作成:沖縄国際大学・経済学部「琉球・沖縄史」出題準備委員会)。

(5) 本学の一般選抜試験では、二〇二一年度入試から、経済学部(経済学科、地域環境政策学科)を志望する受験者に限り、「琉球・沖縄史」を選択することができるようになった。同科目を選択できる学部が広がるかは、今後の課題である。

(6) 外村大「「私たちの歴史」を超えて ―ともに生きる社会のために」(東京大学教養学部歴史学部会編『歴

史学の思考法』岩波書店、二〇二〇年)、二〇八頁。

(7) 以上の記述は、外村「前掲書」二一三頁の次の記述を踏襲した。

しかし、民族的マイノリティが集団として大切にする歴史であっても、国民としての「私たち」の歴史には組み入れにくいものもありうる。民族的マイノリティへの抑圧、差別の歴史などについて、国民のなかのマジョリティが、それに触れられることを忌避する、あるいはその事実を否認するといったこともある。その場合、国史としての「私たちの歴史」のなかで、その事実を語ることが困難となる。

表現を変えて本文のように述べたのは、第一に、先に引用した外村の文章における「私たちの歴史」は琉球・沖縄史と重ねることができるが、今回の文章では、同じ「私たちの歴史」であっても、「日本史」として読まなければならないことに起因する混乱を避けるためである。第二に、沖縄の人びとをここでの「民族的マイノリティ」に重ねてよいのかについては、検討が必要であると考えていることによる。

(8) 屋嘉比収『沖縄戦、米軍占領史を学びなおす　記憶をいかに継承するか』世織書房、二〇〇九年、五七―六五頁。展示企画の変更のきっかけは、当時の沖縄県知事稲嶺恵一の「事実ではあるが、あまりに反日的になってはいけない」「沖縄も日本の一県にすぎないので、日本全体の展示(記述)については考えなければならない」という発言であった。住民に銃口を向けた日本兵の姿は、日本史が否認し続けてきた事実であり、日本国民の戦争の記憶から排除された沖縄戦の実相である。日本史の歴史認識を内面化し、そうした沖縄戦の認識を沖縄側から変更するような動きについても、注意深くなければならないだろう。

(9) 二〇〇八年度から使われる高校教科書の文部科学省の検定で、沖縄戦での強制集団死に日本軍が関与したという記述について、「強制したかどうかは明らかではない」として修正を求める意見が付けられた。後に文部科学省は姿勢を転換し、検定意見は撤回しないものの、出版社の訂正申請を承認する形で強制性の記述が復活した（「集団自決巡る教科書の記述から「軍の強制」削除〈沖縄は復帰したのか～五〇年の現在地〉」『東京新聞』二〇二二年五月六日）。なお、教科書における沖縄戦の記述をめぐっては、一九八二年にも日本軍による住民殺害について修正意見が付されている（安仁屋政昭『裁かれた沖縄戦』晩聲社、一九八九年）。

さらに、本件と関連して、朝日新聞社による小中高生副教材「知る沖縄戦」（コンパクト版一二頁の学習教材）における沖縄戦の記述をめぐる批判についても述べておく。同教材は、二〇一四年に三八万部発行され、希望のあった小中高校に配布された。沖縄戦で家族を失った女性、元ひめゆり学徒隊をはじめ、対馬丸撃沈や強制集団死についての証言などで構成された。同教材に対して、衆議院文部科学委員会で、「非常に一方的な内容が多い」「学習現場にふさわしくない」という批判が出され、当時の下村博文文科相も「報道等によると、光と影の、影の部分しか記述がないのではないか」「（一面的な内容なら）副教材として適切でない」として同調した。産経新聞でも、「日本軍の残虐性強調」「指導要領を逸脱の指摘も」といった見出しの記事が掲載された。「沖縄戦教材に「内容一方的」　体験者抗議へ」『沖縄タイムス』（二〇一四年一一月二八日）。

(10) 沖縄では同日、「四・二八政府式典に抗議する『屈辱の日』沖縄大会」が開催され、約一万人超（主催者発表）が参加した。「沖縄切り捨て再び　一万人が式典抗議」『琉球新報』二〇一三年四月二九日。

(11) 屋嘉比収『前掲書』、二二五―二二六頁。

(12) 以下の論考については、いうまでもなく著者の個人的な主張であり、沖縄国際大学や同大経済学部などのものとは異なることを、念のためお断りしておく。また、著者の主な研究対象は戦後沖縄の経済史であるが、琉球・沖縄史学習や「琉球・沖縄史」に対する考えは、同じ琉球・沖縄史研究者であっても、専門とする時代や分野によって違う可能性があることも言い添えておこう。この論考がきっかけとなり、琉球・沖縄史の豊かな学びについての議論が活発化すれば、望外の喜びである。

(13) 以下の本文では、地元紙の『琉球新報』の記事を取り上げたが、同じ地元紙の『沖縄タイムス』でも「琉球・沖縄史」導入の紹介記事が掲載された。記事では、本学の宮城和宏教授と沖縄大学の若林千代准教授の意見を引きながら、県内大学が入学試験で琉球・沖縄史を問うてきた試みの歴史の中に、沖縄国際大学「琉球・沖縄史」導入を位置付けている。その一部を抜粋して、以下に示す。「同大【沖縄国際大学―引用者注】経済学部の宮城和宏教授は「学校で体系的に沖縄の歴史を学ぶ機会がなく、歴史を知らないまま大人になる現状がある」と説明。「沖縄の将来を担う人材にとって、足元の歴史文化を理解することは不可欠。沖縄の立場で未来を選択できる人材を育てたい」と狙いを語る。」（「沖国大入試に琉球史／二一年度　選択科目で初導入／先史から近現代まで」『沖縄タイムス』二〇一九年七月一七日）。

(14) 『琉球新報』二〇一九年七月九日。

(15) 鹿野政直は、沖縄の近現代史を、「最後尾の県」とされた時代（「琉球処分」～戦前・戦中）、「捨て石」（ないし「防波堤」）とされた時期（沖縄戦）、「太平洋の要石」（＋「捨て石」）とされた（されている）時代（米軍占領下～現在）に区分した上で、今日の沖縄を、「されて」時代からの転回の時期と捉えた。そして新しい時代の希望を、沖縄をアジアのなかでの被圧迫民族の一つと位置付け、それを共有する思想を深めていた比屋根照夫の研究から見出した。鹿野政直「沖縄史の日本史からの自立」（森宣雄ら編『あま世へ　沖縄戦後史の自立に向けて』法政大学出版局、二〇一七年、所収）一四二―一四五頁。

(16)　本章で取り上げることができなかったが重要な問題として、試験による評価への志向が高まることで、「教科書」をとおした座学の講義への平準化が進みはしないかという点は考える必要がある。史跡巡りをとおした地域の再発見や、戦争体験者の語りを聞きながら沖縄戦の経験を継承する試みなどを含む豊かな学習のあり方が失われてしまうのならば、小中高校における琉球・沖縄史学習の充実を求めていたはずが、逆の結果がもたらされてしまうことになる。こうした点については、小中高校における琉球・沖縄史学習の実践と連携していく必要があるだろう。

(17)　多くの高校では、新城俊昭が執筆した『新訂ジュニア版　琉球・沖縄史』を「教科書」として利用している。新城俊昭『新訂ジュニア版　琉球・沖縄史』編集工房東洋企画、二〇一八年。表紙・背表紙には、新城自身が顧問を務める「沖縄歴史教育研究会」の名称が著者名に添えられているが、奥付の著者表記では、新城の名のみが記されている。

沖縄国際大学「琉球・沖縄史」導入以前から、沖縄県内の小中高校で琉球・沖縄史学習は一定の広がりを持っていたが、それを支えたうちの一人が新城である。『新訂ジュニア版　琉球・沖縄史』は新城による単著であるが、県内での琉球・沖縄史学習の普及に取り組んできた多くの人びとの思いが込められている。そうした実践の中で育まれてきたからこそ、例えば本文三五二頁のうち四五頁もの分量が、沖縄戦を中心とした「一五年戦争と沖縄」という章に充てられている。

(18) 単なる「用語や年号の暗記」を問う問題であっても、正統性の調達という問題を完全に免れるわけではない。ある史実についての知識を問うだけであっても、作問者は、その史実を取り上げるべき理由についての説明責任を負うべきであるという点による。

(19) 渡辺美季「前掲書」二二頁。教科書については、その検定制度をとおして歴史修正主義的介入が行われたことは、深刻な課題である（例えば従軍慰安婦や集団自決に関しての軍の強制に関する記述について）。教科書の歴史叙述が、社会的にある種の正統性を獲得してしまう機能があるからこその問題でもあるともいえる。こうした点に関連して、実際に教科書執筆を担当した研究者がこうした点にどう腐心したのかについては、長谷川修一・小澤実編著『歴史学者と読む高校世界史』勁草書房、二〇一八年を参照されたい。

(20) 「執筆者」は大学での日本史研究者だけではない。二〇名のうち、三名は高校教諭、二名は中学教諭である。

(21) 渡辺美季「前掲書」二二一―二二三頁。

(22) 新城俊昭『前掲書』二八二頁。

(23) 例えば、租税制度をめぐっては、琉球政府は米国民政府の方針に反抗し、日本（本土）へ「復帰」した時に備えて、日本的な制度を構築していた。人事制度でも、琉球政府はアメリカ的な制度ではなく、戦前、あるいは同時期の日本（本土）の制度を積極的に参照していた。池宮城秀正『琉球列島における公共部門の経済活動』同文舘出版、二〇〇九年。川手摂『戦後琉球の公務員制度史―米軍統治下における「日本化」の諸相』

東京大学出版会、二〇一二年。

(24) 澤田佳世『戦後沖縄の生殖をめぐるポリティクス―米軍統治下の出生力転換と女たちの交渉』大月書店、二〇一四年。小濱武『琉球政府の食糧米政策　沖縄の自立性と食糧安全保障』東京大学出版会、二〇一九年。

(25) 武井彩佳『歴史修正主義　ヒトラー賛美、ホロコースト否定論から法規制まで』（中公新書）中央公論新社、二〇二一年、三頁。

(26) 秋山道宏「琉球独立論を考える　―左右からの歴史修正主義に抗して」『唯物論』九〇号、二〇一六年。「沖縄イニシアティブ論」及び「琉球独立論」については、以下の書籍を参照されたい。大城常夫・高良倉吉・真栄城守定『沖縄イニシアティブ：沖縄発・知的戦略』ひるぎ社、二〇〇〇年。松島泰勝『琉球独立への道：植民地主義に抗う琉球ナショナリズム』法律文化社、二〇一二年、同『琉球独立論：琉球民族のマニフェスト』バジリコ、二〇一四年、同『琉球独立：御真人の疑問にお答えします』Ryukyu企画（琉球館）、二〇一四年。

(27) 小田中直樹『歴史学ってなんだ?』ＰＨＰ新書、二〇〇三年、四八頁

(28) 「琉球民族独立総合研究学会　設立趣意書」『琉球独立学研究』創刊号、二〇一四年、所収。同資料は、琉球民族独立総合研究学会（ACSILs: The Association of Comprehensive Studies for Independence of the Lew Chewans）ウェブサイトで公開されている（二〇二二年一〇月一五日現在）。学会設立の発起人として松島泰勝の名を確認することができる。

(29) 惠隆之介『沖縄を豊かにしたのはアメリカという真実』宝島社新書、二〇一三年、二―三頁。

(30) 「二〇二一年度入学者選抜　沖縄国際大学経済学部経済学科・地域環境政策学科　一般選抜・選択科目「琉球・

沖縄史」導入に向けて」二〇一九年五月三一日（作成：沖縄国際大学・経済学部「琉球・沖縄史」出題準備委員会）。本資料は、二〇一九年五月三一日の高校向け入試説明会で配布されたものである。なお、本学「琉球・沖縄史」導入に至る経緯については、学内文書やオーラル・ヒストリーなどから検討し、その成果を公表することが望ましいだろう。今後の課題としたい。

参考文献一覧

安仁屋政昭『裁かれた沖縄戦』晩聲社、一九八九年。

新城俊昭『新訂ジュニア版　琉球・沖縄史』編集工房東洋企画、二〇一八年。

屋嘉比収『沖縄戦、米軍占領史を学びなおす　記憶をいかに継承するか』世織書房、二〇〇九年。

森宣雄ら編『あま世へ　沖縄戦後史の自立に向けて』法政大学出版局、二〇一七年。

長谷川修一・小澤実編著『歴史学者と読む高校世界史』勁草書房、二〇一八年。

池宮城秀正『琉球列島における公共部門の経済活動』同文舘出版、二〇〇九年。

川手摂『戦後琉球の公務員制度史—米軍統治下における「日本化」の諸相』東京大学出版会、二〇一二年。

小濱武『琉球政府の食糧米政策　沖縄の自立性と食糧安全保障』東京大学出版会、二〇一九年。

松島泰勝『琉球独立への道：植民地主義に抗う琉球ナショナリズム』法律文化社、二〇一二年。

松島泰勝『琉球独立論：琉球民族のマニフェスト』バジリコ、二〇一四年。

松島泰勝『琉球独立：御真人の疑問にお答えします』Ryukyu企画（琉球館）、二〇一四年。

惠隆之介『沖縄を豊かにしたのはアメリカという真実』宝島社新書、二〇一三年。

小田中直樹『歴史学ってなんだ？』ＰＨＰ新書、二〇〇三年。

大城常夫・高良倉吉・真栄城守定『沖縄イニシアティブ：沖縄発・知的戦略』ひるぎ社、二〇〇〇年。

櫻澤誠『沖縄現代史　米国統治、本土復帰から「オール沖縄」まで』中公新書、二〇一五年。

澤田佳世『戦後沖縄の生殖をめぐるポリティクス―米軍統治下の出生力転換と女たちの交渉』大月書店、二〇一四年。

武井彩佳『歴史修正主義　ヒトラー賛美、ホロコースト否定論から法規制まで』（中公新書）中央公論新社、二〇二一年。

東京大学教養学部歴史学部会編『歴史学の思考法』岩波書店、二〇二〇年。

刊行のことば

沖縄国際大学学長　前津榮健

二〇二二年度の沖縄国際大学うまんちゅ定例講座は、新型コロナウイルス感染拡大防止対策を講じた上、三年ぶりに対面にて開催致しました。このたび、今年度、一〇回開催された本講座をまとめ、『「復帰」五〇年と沖縄経済』と題して刊行致しました。

大学は高等教育機関として社会に有用な人材の育成を目指すことを第一の使命としています。本学は、「沖縄の伝統文化と自然を大切にし、人類の平和と共生を支える学術文化を創造する。そして豊かな心で個性に富む人間を育み、地域の自立と国際社会の発展に寄与する。」ことを教育理念として、人材育成に努めております。また、大学は人材育成を目指す教育機関としてだけではなく、教育活動の成果を地域社会に還元し、地域社会の発展に寄与することも使命の一つとしております。

本学では地域社会で暮らす皆様に向けて、うまんちゅ定例講座、学外講座、大学入門講座、大学正規科目の公開、そして講演会の五つの公開講座を提供しております。その中で、「うまんちゅ定例講座」シリーズの刊行は、第一巻の『琉球大国の時代』から始まり、今回で三二巻目にあたります。

今年度は、経済学部一〇名の教員により講座を開講致しました。沖縄県が復帰によって果たそうとした「本土並み」の姿と復帰から五〇年を経た現在の「復帰」後の沖縄の姿を照らし合わせ、復帰前から続く沖縄が抱える課題の連続性と、復帰後に生まれた新たな問題・課題について見つめなおす機会となりました。二〇二〇年以降のコロナ禍において、沖縄経済を支える観光やその他産業の今後の方向性など沖縄県経済が抱える課題を洗い直し、ＳＤＧｓが示す「誰一人取り残さない」新たな時代に向けた沖縄経済の展望をともに考察するため、講座では沖縄の今を捉えるべく、沖縄振興や産業振興の課題、雇用・教育の課題のほか、沖縄経済の国際化や情報化への課題等を取り上げました。

沖縄国際大学は、日本復帰直前の一九七二年二月に創立して以来、建学の精神に則り、前述の教育理念に基づき、地域に根ざし、世界に開かれた大学を目指して参りました。二〇二二年二月二五日に創立五〇周年を迎え、今後さらに力強く発展するために、地域と連携・協力し、地域を世界につなげる人材育成に邁進してまいります。

万国津梁の沖縄に寄与することのできる人材育成を目指し、未来を展望するためにも、「うまんちゅ定例講座」シリーズの刊行がその役割の一つを担っているものと考えております。老若男女を問わず、多くの皆さまが「うまんちゅ定例講座」に参加し、活発な議論を交わして頂くことができれば、本講座の大きな目的がかなえられたと言えるでしょう。皆様の人生をより豊かなものにして頂く一助となりますよう、これからも「うまんちゅ定例講座」をよろしくお願い致します。

沖縄国際大学公開講座32

「復帰」50年と沖縄経済

発　行――二〇二三年三月三一日
編　集――沖縄国際大学公開講座委員会
発行者――鹿毛　理恵
発行所――沖縄国際大学公開講座委員会
〒九〇一―二七〇一
沖縄県宜野湾市宜野湾二丁目六番一号
電話　〇九八―八九二―一一一一（代表）
印刷所――株式会社　東洋企画印刷
発売元――編集工房　東洋企画
〒九〇一―〇三〇六
沖縄県糸満市西崎町四丁目二一―五
電話　〇九八―九九五―四四四四

ISBN978-4-909647-54-2　C0033　¥1700E

地域を映す
沖縄国際大学公開講座

沖縄国際大学公開講座シリーズ　四六版

1 琉球王国の時代

一九九六年発行　発売元・ボーダーインク　本体価格　一四五六円

琉球王国以前の沖縄　高宮廣衞／琉球の歴史と民衆　仲地哲夫／琉球王国の英雄群像　遠藤庄治／琉球王国と言語　高橋俊三／琉球王国の通訳者　伊波和正／琉球王国と武芸　新里勝彦

2 環境問題と地域社会―沖縄学探訪―

一九九七年発行　発売元・ボーダーインク　本体価格　一四五六円

地形図をとおしてみた沖縄―沖縄の自然と文化　小川護／沖縄の土壌―ジャーガル・島尻マージ・国頭マージの特性　名城敏／沖縄の自然とその保全―やんばるの森はいま！　宮城邦治／沖縄の信仰と祈り―民間信仰の担い手たち　稲福みき子／沖縄の地域共同体の諸相―ユイ・郷友会・高齢者など　玉城隆雄／沖縄から見た世界のスポーツ　宮城勇

3 女性研究の展望と期待

一九九七年発行　発売元・那覇出版社　本体価格　一四五六円

ノーベル文学賞と女性　喜久川宏／英米文学史の中の女性像　伊波和正／アメリカ南部の女性像　ウィリアム・ランドール／近代女性作家の戦略と戦術　黒澤亜里子／沖縄県における女子労働の実態と展望　比嘉輝幸／教科書に見られる女性労働と女性像　カレン・ルパーダス

4 沖縄の基地問題

一九九七発行　発売元・ボーダーインク　本体価格　一四五六円

沖縄の基地問題の現在　阿波連正一／米軍の犯罪と人権　福地曠昭／反戦地主、「おもい」を語る　新崎盛暉・真栄城玄徳／米軍基地と平和的生存権　井端正幸／地方分権と機関委任事務　前津榮健／沖縄社会と軍用地料　来間泰男／国内政治の変遷と沖縄基地　高嶺朝一／日米安保体制と沖縄　長元朝浩／国際都市形成構想の意義　府本禮司／基地転用と国際都市形成構想の課題　野崎四郎

5 アジアのダイナミズムと沖縄

一九九七年発行　発売元・ボーダーインク　本体価格　一五〇〇円

アジアの経済的ダイナミズム　富川盛武／華南経済圏と沖縄　富川盛武／中国本土における経営管理　天野敦央／台湾の政治と経済の発展　湧上敦夫／沖縄・福建圏域の構想と実現化―中国との共生を目指して　吉川博也／岐路に立つ韓国経済　呉錫畢／タイの経済発展新垣勝弘／シンガポールの社会経済の発展と課題　大城保／国境地域の経済　野崎四郎／華僑のネットワーク　小熊誠／外来語にみる日本語と中国語　兼本敏／タイに学ぶ共生の社会　鈴木規之／韓国の文化と社会　稲福みき子

沖縄国際大学公開講座委員会刊

地域を映す
沖縄国際大学公開講座

6 沖縄経済の課題と展望

一九九八年発行　発売元・那覇出版社　本体価格　一五〇〇円

沖縄経済の現状と課題　湧上敦夫／国際都市形成構想　宮城正治／規制緩和と沖縄の経済発展—フリー・トレード・ゾーン（FTZ）を中心に　富川盛武／米軍基地と沖縄経済　眞栄城守定／地方財政の動向と地域振興　前村昌健／軍事基地と自治体財政　仲地博／沖縄の経済開発政策　野崎四郎／沖縄の政策金融　譜久山當則／内発的発展による沖縄の経済発展と自立化—沖縄と済州島の比較　呉錫畢／沖縄のアグリビジネス—主として薬草産業（健康食品産業）を中心に　比嘉堅／沖縄の雇用問題—次世代の主役たちのための社会的資源の適正配置を考える　喜屋武臣市／マルチメディア・アイランドの形成に向けて　金森邦雄／返還跡地と業態立地—北谷町の事例を中心に　金城宏／国際都市と自由貿易構想の検討—主として流通論を中心に　新城俊雄／沖縄の産業と規制緩和　宮城弘岩

7 南島文化への誘い

一九九八年発行　発売元・那覇出版社　本体価格　一五〇〇円

南島文化への誘い—南島文化とは何か・模合から見た沖縄とアジア—　波平勇夫／南島現代社会論への誘い—現代沖縄の郷友会社会—　石原昌家／南島考古学への誘い—沖縄のルーツ—　當眞嗣一／南島近世史への誘い—日本の中の異国—　仲地哲夫／南島民俗宗教への誘い—南島の祖先祭祀—　平敷令治／南島文化人類学への誘い—中国から来た風水思想—　小熊誠／民俗社会における「正当性」を巡る考察　李鎭榮／琉球方言への誘い—琉球方言の地域性—　加治工真市／琉球・社会方言学への誘い—沖縄の若者言葉考—　野原三義／沖縄民話への誘い—キジムナーとカッパ—　遠藤庄治／琉球文学への誘い—『おもろさうし』の魅力　嘉手苅千鶴子／沖縄民俗音楽への誘い—神歌からオキナワン・ポップスまで—　比嘉悦子／南島民俗芸能への誘い—祭りや村遊びに出現する踊り神・来訪神　宜保榮治郎

8 異文化接触と変容

一九九九年発行　発売元・編集工房東洋企画　本体価格　一五〇〇円

源氏物語と異文化—「辺境」からの創造—　葛綿正一／中世神話と異文化—養蚕をめぐる貴女の物語—　濱中修／大城立裕—内包される異文化—　大野隆之／イスラムとユダヤの出会い　須永和之／ことばと異文化接触　兼本敏／沖縄の異文化家族—エスニシティーへの理解と言語習得・教育の諸問題—　ダグラス・ドライスタット／アフリカ系アメリカ人の文学と沖縄文学—二重意識の問題を中心に—　追立祐嗣／大学における国際化と文化的交流　西平功／バルザックの世界と異文化—アジアの国々をめぐる想像の産物—　大下祥枝／日本とドイツ—人の交流—　漆谷克秀／文学における異文化接触　米須興文

9 転換期の法と政治

二〇〇〇年発行　発売元・編集工房東洋企画　本体価格　一五〇〇円

転換期における国際政治と外交　松永大介／転換期における医療保険の現状と未来　伊達隆英／生命保険契約法の改正について—その社会的背景と展望—　脇阪明紀／人権の国際的保護　緑間榮／日本の外交政策—転換期の環境問題—　赤阪清隆／安楽死是非論　高良阮二／転換期における東欧と民族紛争—コソボ危機を中心に—　伊藤知義／転換期の国家法一元論　徳永賢治／消費者法の展開—製造物責任法と消費者契約法—　阿波連正一／企業再編時代の到来—会社法の現在、そして未来—　山城将美／二一世紀に向けた国際政治の潮流と沖縄　江上能義／変わりゆく家族—国際的な状況の変化と家族法のゆくえ—　熊谷久世／変貌する少年法制　小西由浩／地方分権と行政課題—情報公開を中心として—　前津榮健／遺伝子鑑定の現実と社会的環境　新屋敷文春

沖縄国際大学公開講座委員会刊

地域を映す
沖縄国際大学公開講座

10 情報革命の時代と地域

二〇〇一年発行　発売元・ボーダーインク　本体価格一五〇〇円

マルチメディア社会とは何か　稲垣純一／沖縄県にソフトウェア産業は根付くか　又吉光邦／産業ネットワークと沖縄経済の振興　富川盛武／情報技術革新下の課題と方途―情報管理の視点から情報化の本質を考える―　砂川徹夫／情報技術の商業的な利用法について　安里肇／情報通信による地域振興　古閑純一／デジタルコンテンツビジネス産業の可能性について　稲泉誠／情報化と行政の対応　前村昌健／IT（情報技術）とマーケティング　宮森正樹／沖縄県におけるコールセンターの展望　玉城昇

11 沖縄における教育の課題

二〇〇二年発行　発売元・編集工房東洋企画　本体価格　一五〇〇円

教育崩壊の克服のために―教育による人間化を―　遠藤庄治／日本語教育から見たパラダイム・シフト―より豊かな「つながり」を目ざして―　大城朋子／学校教育とカウンセリング　逸見敏郎／教育課程改革の動向と教育の課題―「総合的な学習の時間」導入の背景と意義―　三村和則／現代沖縄と教育基本法の精神―人権・平和・教育の課題への問い―　森田満夫／教師に求められる新たな人間観・教育観　玉城康雄／「生きる力」を培う開かれた教育　津留健二／総合学習と地理教育の役割―環境論的視点から―　小川護／沖縄の国語教育―作文教育の成果と課題―　渡辺春美／教育情報化への対応　吉田肇吾／情報教育の課題―有害情報問題をめぐって―　山口真也／平和教育の課題　安仁屋政昭／大学の現状と課題―大学の危機とポスト学歴主義―　阿波連正一／憲法・教育基本法の根本理念　垣花豊順／八重山の民話と教育　遠藤庄治／学校教育と地域社会教育の連携と教育の再興　大城保

12 自治の挑戦　これからの地域と行政

二〇〇三年発行　発売元・編集工房東洋企画　本体価格　一五〇〇円

地方分権と自治体の行政課題　前津榮健／国際政治のなかの沖縄　吉次公介／地方議会の現状と課題　照屋寛之／沖縄の基地問題　屋良朝博／市民によるまちづくり・NPOの挑戦　横山芳春／アメリカの自治に学ぶ　佐藤学／地方財政の現状と課題　前村昌健／沖縄の地方性と政治　西原森茂／政策評価とこれからの地方自治　佐藤学／八重山の自然環境と行政　西原森茂／今なぜ市町村合併か　照屋寛之／政治の中の自治と分権　井端正幸

13 様々な視点から学ぶ経済・経営・環境・情報
―新しい時代を生きるために―

二〇〇四年発行　発売元・編集工房東洋企画　本体価格　一五〇〇円

テーゲー経済学序説―環境・経済・豊かさを語る―　呉錫畢／キャッシュ・フロー情報の利用　鵜池幸雄／IT時代の情報管理モデル　砂川徹夫／食糧生産と地理学―米と小麦生産を中心に―　小川護／日本社会経済の再生―地域分権化・地域活性化・全国ネットワーク化―　大城保／長期不況と日本経済のゆくえ―構造改革路線を考える―　鎌田隆／タイの観光産業の現状とマーケティング活動　モンコンノラキット・モンコン／久米島の環境　名城敏／ヨーロッパ公企業論―タバコ産業の場合―　村上了太／マーケティングの心とビジネス　宮森正樹／自動車システムから学ぶ人間の生き方　比嘉堅

沖縄国際大学公開講座委員会刊

地域を映す
沖縄国際大学公開講座

14 沖縄芸能の可能性

二〇〇五年発行　発売元・編集工房東洋企画　本体価格　一五〇〇円

国立劇場と沖縄芸能の可能性　大城學／琉球舞踊と玉城盛義　玉城節子／沖縄の民話と芸能　遠藤庄治／琉球芸能の可能性　狩俣恵一／沖縄芝居と沖縄方言　八木政男／琉歌を語る、歌う　島袋正雄／祭祀芸能の地理的基盤—本部町村落の景観変化—　崎浜靖／本土芸能と琉球芸能——覚書　葛綿正一／琉球舞踊と初代宮城能造　宮城能造／創作組踊の可能性—大城立裕の「新五番」　大野隆之／組踊、いまむかし　島袋光晴

15 基地をめぐる法と政治

二〇〇六年発行　発売元・編集工房東洋企画　本体価格　一五〇〇円

なぜ米軍は沖縄にとどまるのか　我部政明／米軍基地と日米地位協定　新垣勉／戦後沖縄の「保守」に関する基礎的考察　吉次公介／米軍再編と沖縄基地、普天間の行方は？　伊波洋一／米国の保守支配を考える　佐藤学／普天間飛行場跡地利用を考える　上江洲純子／軍事基地と環境問題　砂川かおり／基地と情報公開　前津榮健／米軍再編と沖縄　問われる発信力　松元剛／基地問題と報道　三上智恵／刑事法から見る「日米地位協定」　小西由浩／基地所在市町村における公共投資支出　平剛

16 グローバル時代における地域経済

二〇〇七年発行　発売元・編集工房東洋企画　本体価格　一五〇〇円

ベトナムに進出したウチナーンチュ企業　鎌田隆／二一世紀沖縄の社会経済の自立に向けて—道州制を展望する—　大城保／変革の時代における働き方—希望格差の拡大と働く意欲—　名嘉座元一／エジプトの観光経済—沖縄から考える—　村上了太／成長する中国の開発戦略　新垣勝弘／消費社会と政策—大量消費社会を展望する—　名城敏／フラワービジネスと企業戦略—わが国と中国を事例として—　小川護／ケルトの虎、アイルランド—アイルランドの経済・文化より沖縄の夢を語る—　呉錫畢／グローバル時代における地域経済—フラット化する世界とローカルな世界—　野崎四郎

17 生活目線のネットワーク社会「ゆんたく」de ＩＴとくらし

二〇〇八年発行　発売元・編集工房東洋企画　本体価格　一五〇〇円

ユビキタス社会における地域資源を活用した産業づくり　上地哲／情報化・ＩＴ化とディスクロージャー　清村英之／情報関連産業の集積と人的資源開発　兪炳強／建設業における原価企画の展開　木下和久／メディアとしてのブログ　大井肇／ウチナー社会にも押し寄せる情報化の波　伊波貢／ＩＴによる意思決定支援　平良直之／沖縄産マンゴーのブランド力強化と栽培履歴情報システムの普及要件　廣瀬牧人

沖縄国際大学公開講座委員会刊

地域を映す
沖縄国際大学公開講座

18 なかゆくい講座　元気が出るワークショップ

二〇〇九年発行　発売元・編集工房東洋企画　本体価格　一五〇〇円

逆ギレを防ぐ―相手を挑発をしないコツ―　山入端津由／フライングディスクで新たな感動と興奮のスポーツ発見！　宮城勇／落ち着かない子ども達への対応ワークショップ～発達障害児をもつ保護者への心理教育アプローチから～　知名孝／沖縄県におけるスクールソーシャルワーカー活用事業の実態―〝スクールソーシャルワーク元年〟にアンケート調査から見えてくるもの―　比嘉昌哉／子どもの社会性を育む遊びワークショップ―子どもSSTへの招待―　栄孝之／感覚であそぼ―知覚と錯覚の不思議体験―　前堂志乃／解決志向のセルフケア―不幸の渦に巻き込まれないコツ―　牛田洋一／心とからだとストレス―生活習慣病の予防としてのストレス管理―　上田幸彦／ユニバーサルスポーツ体験講座―車いすサッカーの魅力―　下地隆之／こころとからだのリラックス～動作法入門～　平山篤史

19 うまんちゅ法律講座

二〇一〇年発行　発売元・編集工房東洋企画　本体価格　一五〇〇円

日本国憲法の原点を考える　井端正幸／裁判員制度について　吉井広幸・渡邉康年／刑事裁判の変貌　小西由浩／不況と派遣労働者　大山盛義／個人情報保護法制定の意義と概要　前津榮健／グレーゾーン金利廃止と多重債務問題　田中　稔／会社法の課題　―企業グループの運営における支配会社の責任　坂本達也／歴代那覇地裁・那覇家裁所長から裁判所行政を考える　西川伸一／日本の立法過程：政治学の観点から　芝田秀幹／郷土の法学者　佐喜眞興英の生涯　稲福日出夫

20 地域と環境ありんくりん

二〇一一年発行　発売元・編集工房東洋企画　本体価格　一五〇〇円

新エネルギーとして導入が進む太陽光発電　新垣武／持続可能な観光と環境保全　上江洲薫／沖縄県における「基地外基地」問題について　友知政樹／沖縄ジュゴン訴訟　砂川かおり／地域の環境保全に活かされる金融　永田伊津子／島嶼型低炭素社会を探る　野崎四郎／沖縄本島と沖永良部島におけるキク類生産の現状と課題　小川護／観光を楽しむための情報技術　根路銘もえ子／沖縄の自然環境と環境問題　名城　敏／コモンズ（入会）と持続可能な地域発展　呉錫畢

21 産業を取り巻く情報

二〇一二年発行　発売元・編集工房東洋企画　本体価格　一五〇〇円

銀行ATMの「こちら」と「むこう」　池宮城尚也／情報化と行政について　前村昌健／観光調査の情報分析と政策への提言　宮森正樹／パソコンや家電が身振り手振りで操作できる！　小渡悟／情報を知識に変えるマネジメント　岩橋建治／海外市場における日本製娯楽ソフトの不正利用状況と消費メカニズム　原田優也／オリオンビールの新製品開発と原価企画　木下和久／県内企業と決算情報　河田賢一

沖縄国際大学公開講座委員会刊

地域を映す
沖縄国際大学公開講座

22 世変わりの後で復帰40年を考える　二〇一三年発行　発売元・編集工房東洋企画　本体価格　一五〇〇円

島津侵入～近世琉球への模索～　田名真之／琉球処分　赤嶺守／沖縄戦　―　壊滅から復興へ　吉浜忍／占領という「世変わり」と自治の模索　鳥山淳／沖縄の開発と環境保護　宮城邦治／文化財行政、世界遺産　上原靜／沖縄の生殖・家族とジェンダー　澤田佳世／民俗宗教と地域社会　信仰世界の変容　稲福みき子／記憶と継承　記憶・保存・活用　藤波潔／先住民族運動と琉球・沖縄　石垣直

23 自治体改革の今　沖縄の事例を中心にして　二〇一四年発行　発売元・編集工房東洋企画　本体価格　一五〇〇円

沖縄の発展可能性と戦略　富川盛武／琉球政府と沖縄県―権力移行期における「議会」の比較―　黒柳保則／市町村合併と自治体改革　古謝景春／那覇市繁多川公民館の試みから　大城喜江子・南信乃介／中核市・那覇の未来を拓く　翁長雄志／地方制度改革の現状　佐藤学／議会改革の現状と課題―アンケート調査結果を中心に―　前津榮健／行政評価と自治体財政　平剛／国と地方のあり方～地方分権改革の視点から～　照屋寛之

24 沖縄を取り巻く経済状況　二〇一五年発行　発売元・編集工房東洋企画　本体価格　一五〇〇円

横断的問題解決手法　浦本寛史／沖縄経済論―二つの陥穽について―　宮城和宏／沖縄の雇用労働問題―中小企業イコールブラック企業か―　名嘉座元一／沖縄経済と観光　湧上敦夫／沖縄の基地経済～課題と展望～　前泊博盛／大学の社会的責任―経済性と社会性に関する非営利組織論的アプローチ―　村上了太／アブダクションを用いた製品設計のための方法論の検討―沖縄における創造性―　金城敬太／地域資産としての沖縄の文化的景観　崎浜靖／沖縄における金融状況　安藤由美／沖縄における交通産業の生成と発展　梅井道生

25 産業情報学への招待　二〇一六年発行　発売元・編集工房東洋企画　本体価格　一五〇〇円

観光資源未開発地域の活性化に関する一考察　宮森正樹／沖縄県財政の特徴―類似県との比較を通じて―　仲地健／沖縄県におけるスポーツの果たす可能性を探る　慶田花英太／沖縄県におけるIT人材育成の課題と方途　砂川徹夫／クルーズ客船の経済学　田口順等／アジア新中間層における日本エンターテインメントの消費行動　原田優也／沖縄県における六次産業化の現状について　高嶺直／地域経済からみる中国国際貿易市場　佐久本朝一／人工知能見聞録　曹真

沖縄国際大学公開講座委員会刊

地域を映す
沖縄国際大学公開講座

26 しまくとぅばルネサンス

二〇一七年発行　発売元・編集工房東洋企画　本体価格　一五〇〇円

琉球文とシマ言葉　狩俣恵一／しまくとぅばと学校教育　田場裕規／ベッテルハイムと『英琉辞書』漢語　兼本敏／沖縄を描く言葉の探求　村上陽子／崎山多美の文体戦略　黒澤亜里子／香港における言語状況　李イニッド／琉球語の表記について　仲原穣／琉球民謡に見るしまくとぅばの表現　西岡敏／「しまくとぅば」の現状と保存・継承の取り組み　中本謙／南琉球におけるしまくとぅばの現状　下地賀代子／「うちなーやまとぅぐち」から「しまくとぅばルネッサンス」を考える　大城朋子／現代台湾における原住民族語復興への取り組み　石垣直／なぜ琉球方言を研究するか　狩俣繁久

27 法と政治の諸相

二〇一八年発行　発売元・編集工房東洋企画　本体価格　一五〇〇円

子どもの人権と沖縄の子どもの現状　横江崇／労働者に関する法と手続～よりよい労働紛争の解決システムを考える～　上江洲純子／外国軍事基地の国際法と人権　新倉修／学校と人権―校則と人権のこれまでとこれから―　安原陽平／高校生の「政治活動の自由」の現在　城野一憲／沖縄の経済政策と法　伊達竜太郎／弁護士費用補償特約について　清水太郎／消費者と法　山下良／子ども食堂の現状と課題（講演録）　スミス美咲／海兵隊の沖縄駐留の史的展開―一九五〇年代と一九七〇年代を中心に―　野添文彬／市町村合併の自治体財政への影響―沖縄県内の合併を事例に―　平剛

28 変わる沖縄

二〇一九年発行　発売元・編集工房東洋企画　本体価格　一五〇〇円

沖縄経済と米軍基地～基地経済の政府の沖縄振興の検証　前泊博盛／島嶼村落における時間割引率による環境配慮行動の違い　渡久地朝央／観光地の活性化と観光関連税　上江洲薫／沖縄から全ての「基地」と「補助金」が無くなったら沖縄経済はどうなるのか？―全基地撤去及び全補助金撤廃後の沖縄経済に関する一考察―　友知政樹／フランスの沖縄?!～ブルターニュ地方が喚起させるもの～　上江洲律子／AR活用による地域活性化の可能性　根路銘もえ子／沖縄農業におけるマンゴー生産の地域特性とその認識度―豊見城市を事例として―　小川護／遺伝子配列から解き明かす沖縄の生物多様性　齋藤星耕／金融で変える地域経済　島袋伊津子／あんやたん！沖縄の貝～貝類利用の移り変わり～　山川彩子／湿地の保全とワイズユースについて―沖縄市泡瀬干潟と香港湿地公園を事例として―　砂川かおり／干潟における環境と地域発展～沖縄、日本、韓国を事例として～　呉錫畢

29 産業と情報の科学

二〇二〇年発行　発売元・編集工房東洋企画　本体価格　一五〇〇円

ゲームを活用した観光振興―eスポーツ・位置情報ゲーム―　小渡悟／沖縄県における中心市街地活性化の現状と課題―商業と観光の両面から―　髭白晃宜／タイの近代的小売業の発展におけるセブンイレブンのビジネス展開　原田優也／初等教育におけるプログラミング教育の動向　平良直之／観光産業における観光ブランド構築の意味　李相典／沖縄県におけるスポーツツーリズム再考　慶田花英太／ウェブテクノロジーとビッグデータが未来を変える　安里肇／ハワイの観光促進戦略「HTA戦略プラン二〇一六―二〇二〇」から学ぶ沖縄観光の進む道　宮森正樹／沖縄県内主要企業の盛衰　岩橋建治／コンピュータ技術の発展と可能性　大山健治

沖縄国際大学公開講座委員会刊

地域を映す
沖縄国際大学公開講座

30 ボーダレス・ダイバーシティ社会に向けて

二〇二一年発行　発売元・編集工房東洋企画　本体価格　一五〇〇円

多言語景観から見るマルチリンガリズムの包括性と排他性　李イニッド／多文化共生社会における持続可能なコミュニティ通訳翻訳に向けて―沖縄の現状と課題―　井上泉／「世界は舞台」―シェイクスピア作品に描かれる流動化社会の様態―　西原幹子／しまくとぅばがオンラインで学べるために　西岡敏／西欧と日本における〈日本〉のイメージ―〈とざされた世界〉をめぐる近代から現代の議論―　岡野薫／多文化化する沖縄社会　崎濱佳代／ダイバーシティ社会に向けて～ろう者の手話言語獲得の歩から考える～　岩田直子／日本語教師の専門性はどこにあるのか―多文化共生の推進に向けて考える―　奥山貴之／琉球諸語の語学教育―ポリノミックモデルを応用して―　ハイス・ファン＝デル＝ルベ

31 人権2021

二〇二二年発行　発売元・編集工房東洋企画　本体価格　一五〇〇円

生存権保障の今日的意義―生活保護の保護基準引き下げをめぐる裁判例の検討　井村真己／学習権の保障と教育の自由―教育施策の歴史的変遷を辿って―　野見　収／SDGs／ESG時代における企業法と沖縄経済特区　伊達竜太郎／同性パートナーシップ制度・同性婚と生命保険　清水太郎／チビチリガマと子どもの人権の〝間〟　小西由浩／新型コロナウイルス禍と人権　西迫大祐／人権の国際的な保障　比屋定泰治／屋良朝苗と復帰運動　野添文彬／司法へのアクセス権の保障と人権―民事裁判のＩＴ化がもたらすもの―　上江洲純子／動物倫理をめぐる三つの立場―種差別批判とその問題点―　村井忠康

32 「復帰」50年と沖縄経済

二〇二三年発行　発売元・編集工房東洋企画　本体価格　一七〇〇円

沖縄振興の50年　宮城和宏／復帰後50年　県民は幸せになったのか―県民生活の変化、幸福度、経済の自立化―　名嘉座元一／沖縄振興予算の経済効果　比嘉正茂／沖縄経済における観光産業の貢献と課題　鹿毛理恵／沖縄県における株式の変遷　安藤由美／沖縄財政の50年　高哲央／データサイエンスで見た復帰50年　大城絢子／沖縄の学校教育―これまでの50年、これからの50年―　照屋翔大／賃金を経済思想史から考える―沖縄県の賃金の推移―　吉原千鶴／歴史を学ぶこと・問うこと―琉球・沖縄史の展望―　小濱武

沖縄国際大学公開講座委員会刊

地域を映す
沖縄国際大学公開講座

沖国大ブックレット　A5版

1. アメリカの大学と少数民族そして沖縄
   ハワイ国際大学学長　崎原貢　著
   一九九六年発行　発売元・那覇出版社　本体価格四八五円
2. 21世紀への私立大学の課題
   早稲田大学総長　奥島孝康　著
   一九九六年発行　発売元・ボーダーインク　本体価格四八五円
3. 琉球王国と蝦夷地
   札幌学院大学法学部教授　山畠正男　著
   一九九八年発行　発売元・編集工房東洋企画　本体価格四八五円
4. 多数派と少数派、民主主義の意味
   インド・政策研究センター教授　桜美林大学客員教授
   ラジモハン・ガンディー　著
   一九九八年発行　発売元・編集工房東洋企画　本体価格五〇〇円
5. 思考方法としての写真
   写真家／プランナー　勇崎哲史　著
   一九九九年発行　発売元・編集工房東洋企画　本体価格五〇〇円
6. 東アジアにおける沖縄民俗の地位
   創価大学文学部特任教授　竹田旦　著
   二〇〇〇年発行　発売元・ボーダーインク　本体価格五〇〇円
7. 21世紀・社会福祉の展望
   日本社会事業大学教授・日本社会福祉学会会長　大橋謙策　著
   二〇〇一年発行　発売元・ボーダーインク　本体価格五〇〇円
8. タクラマカン砂漠と住民生活
   立正大学副学長・立正大学地球環境科学部教授・文学博士　澤田裕之　著
   二〇〇一年発行　発売元・編集工房東洋企画　本体価格五〇〇円

沖縄国際大学公開講座委員会刊

地域を映す
沖縄国際大学公開講座

9 沖縄と世界の海の神話／西洋の海の神話
学習院大学教授・同大学文学部長　吉田敦彦　著／フランス・グルノーブル第三大学教授・同大学想像性研究所所長　フィリップ・ワルテル　著
二〇〇二年発行　発売元・編集工房東洋企画　本体価格五〇〇円

10 21世紀における大学教育
札幌学院大学教務部長 廣川和市、名城大学学長 網中政機、京都学園大学人間文化学部長（次期学長）海原 徹
桜美林大学学長 佐藤東洋士、熊本学園大学理事・事務局長 目黒純一、沖縄国際大学理事長・学長 波平勇夫　著
二〇〇三年発行　発売元・編集工房東洋企画　本体価格五〇〇円

11 個人のライフスタイルとコミュニティーの自立
心理学者　ジル・ジョーダン　著
二〇〇三年発行　発売元・編集工房東洋企画　本体価格五〇〇円

12 グローバリゼーションの中の沖縄
沖縄国際大学理事長・学長 波平勇夫、イリノイ大学名誉教授 コージ・タイラ、静岡県立大学教授 伊豆見 元、宜野湾市長 伊波洋一、フランス国立科学研究センター研究主任・社会科学高等研究院日本研究所所長 パトリック・ベイヴェール、翰林大学校教授・日本学研究所所長 池 明観　著
二〇〇四年発行　発売元・編集工房東洋企画　本体価格五〇〇円

13 元米海兵隊員の語る戦争と平和
アレン・ネルソン　著
二〇〇六年発行　発売元・編集工房東洋企画　本体価格五〇〇円

14 インドの生命科学　アーユルヴェーダに学ぶ、真の沖縄の健康づくり
クリシュナ・ウパディヤヤ・カリンジェ　著
二〇〇九年発行　発売元・編集工房東洋企画　本体価格五〇〇円

15 「復帰」50年とこれからの沖縄経済─地域とともに沖縄の未来を考える─
沖縄国際大学経済学部教授 宮城和宏、比嘉正茂、名嘉座元一、那覇空港ビルディング株式会社代表取締役社長 安里昌利、沖縄国際大学経済学部長・教授 村上了太　著
二〇二三年発行　発売元・編集工房東洋企画　本体価格七〇〇円

沖縄国際大学公開講座委員会刊